电力企业
人才管理与典型案例

国网安徽省电力有限公司 编

中国电力出版社
CHINA ELECTRIC POWER PRESS

图书在版编目（CIP）数据

电力企业人才管理与典型案例 / 国网安徽省电力有限公司编. —北京：中国电力出版社，2023.11
ISBN 978-7-5198-6791-1

Ⅰ. ①电… Ⅱ. ①国… Ⅲ. ①电力工业–工业企业管理–人才管理–案例–安徽 Ⅳ. ①F426.61

中国版本图书馆 CIP 数据核字（2022）第 084669 号

出版发行：中国电力出版社
地　　址：北京市东城区北京站西街 19 号（邮政编码 100005）
网　　址：http://www.cepp.sgcc.com.cn
责任编辑：雍志娟
责任校对：黄　蓓　李　楠
装帧设计：张俊霞
责任印制：石　雷

印　　刷：三河市万龙印装有限公司
版　　次：2023 年 11 月第一版
印　　次：2023 年 11 月北京第一次印刷
开　　本：787 毫米×1092 毫米　16 开本
印　　张：18.75
字　　数：268 千字
定　　价：120.00 元

序 言

PREFACE

千秋功业，人才惟本。当前，人才已成为引领电力企业高质量发展的“第一资源”，创新已经成为“第一动力”。加强人才管理、深化人才队伍建设是电力企业贯彻落实中央人才工作会议，深化“人才强企”战略的必然要求，是推动电力企业高质量发展、促进“碳达峰、碳中和”目标如期实现的有效途径，是电力企业提升人力资源管理水平，实现治理体系和治理能力现代化的有力抓手，是电力企业赋能人才成长、激发人才动力活力的创新举措。

一直以来，电力企业高度重视人才管理，出台人才规划，加强人才选拔，创新人才培育，用好优秀人才，激励人才作为，营造了识才、引才、育才、用才、爱才、敬才良好氛围，为电力企业转型升级和提质增效提供坚强人才保障和智力支持。

为加快构建新型电力系统，满足人民群众日益增长美好生活能源电力需要，推动电力企业基业长青，锻造高素质复合型人才队伍，迫切需要全面总结电力企业人才管理实践，结合新时代人才工作需要，明确电力企业人才工作的目标方向、重点任务、工作举措，特编写电力企业人才管理与典型案例，宣传普及人才全周期管理理念知识、实践探索，有助于电力企业领导了解人才管理的必要性及重点、难点，电力企业人才工作者全面掌握人才选拔、人才培育、人才使用、人才评价、人才激励各项工作的要领，更好推进电力企业人才队伍建设。

为便于读者快速提升电力企业人才管理理论水平、实操技能，本书采用知识讲解+典型案例双元融合模式，普及宣传电力企业人才全要素、全周期、全流程、全体系、全场景管理。本书简要介绍电力企业人才发展的概念、重大意义、现状和遇到的挑战及关键步骤。围绕电力企业人才管理生命周期，全景式宣传普及电力企业人才管理标准、人才盘点与选拔、人才库建设、人才培育、人才使用、人才评价、人才激励、人才退出与梯队建设的基本原理、实操要点。紧盯电力企业数字化转型发展趋势，专门介绍电力企业人才数字化管理的必要性、路径和实践。本书对人才盘点等国内外学者关注度不高、但是对电力企业人才管理实务影响较大的内容，进行适当延伸，拓展读者眼界。在典型案例选取方面，本书选取以国网安徽省电力有限公司为代表的电力行业标杆企业最佳实践，确保案例的先进性、实践性。

希望通过本书对电力企业人才全周期管理的宣传普及，能够引起电力企业领导对进一步加强人才队伍建设的关注与重视，引导电力企业创新人才全生命周期管理；推动电力企业人才工作者开阔思维眼界，提升人才管理水平；促进电力企业业务部门扛起人才使用、人才培育、人才发展、人才管理主体责任；助推电力企业人才明确努力方向和成长路径，密切配合、协同发力，奋力开创电力企业人才工作新局面。

由于编者水平有限，本书缺点和不足在所难免，恳请拨冗斧正。

编　者

2023 年 11 月

目 录

CONTENTS

第一章

电力企业人才管理之貌

有效管理的人才是电力企业最大财富。电力企业对人才实行有效管理，发挥人才最大效能，应当以精准把握电力企业人才的内涵及特征为前提。在此基础上，准确把握电力企业人才管理的重大意义，深入了解电力企业人才发展现状及遇到的挑战，明确电力企业人才发展的关键步骤，为深入了解电力企业人才管理之全貌，进而有效管理电力企业人才奠定基础。

第一节　电力企业人才内涵概述

人才一词源远流长。本书简要介绍古今中外对人才的认识，着重普及企业人才、电力企业人才、电力企业人才识别基本概念，便于读者对电力企业人才有基本认识。

一、古今中外对人才的认识

（一）中国古代对人才的认识

先秦时期对人才的认识。春秋战国时期，诸子百家对人才内涵都提出自己独到见解。儒家学派的孔子在《论语》中提出举贤才的主张。墨家学派的墨子认为，人才定义就是道德、才智、方术兼优者。法家学派的韩非子认为，人才是忠于君主的智术之士和能法之士。

两汉时期对人才的认识。汉武帝刘彻的选人用人原则是德才高下有别、量德而用、量才而用。东汉末年，曹操在《求贤令》中说："夫有行之士未必能进取，进取之士未必能有行也。"这是一种才性分离论。这就是说，曹操把人是否有才能作为用人标准，而不管这个人是否廉洁、孝顺。

唐宋时期对人才的定义。这一时期的统治者认为，人才是在才行并重原则下或有优秀品行、或有专长才能的人。唐太宗李世民强调，"朕之授官必择才行"，同时，他又认为"任官必以才，为官择人才是与"。

明清时期对人才的定义。明、清时期统治者为治久安邦始终把品行放在人才标准之首。换而言之，正统儒学以德为先的人才标准占据统治地位，人才是德才兼备或德优才虽不及的人。

通过以上，可以得到如下结论：中国古代，多数时期强调理想的人才是德才兼备。由于统治者价值观和利益驱使不同，造成人才概念内涵中的德才依存、轻重关系的不同见解，产生"重德主义""重智主义""并重主义"等对人才的认识[1]。中华传统优秀文化中蕴含的人才管理思想能够为电力企业人才管理提供有益"养分"。

（二）我国成立以来对人才的认识

我国对人才的认识大致可以分为三个阶段，对人才的研究从无到有，对人才的认识呈现百家争鸣状态。这一时期的学者普遍认为，人才是对社会发展和人类进步进行创造性劳动的人，主要涵盖革命英雄、政治家、科学家、艺术家、军事家等少数杰出人物。

改革开放至党的十八大前对人才的认识。随着国外人力资源理论的引入，我

---

[1] 余凯成，程文文，陈维政. 人力资源管理［M］. 大连：大连理工大学出版社，2001，23－26.

国学术界逐渐注意到人才定义的复杂性，认识到人才层次问题，人才门槛逐步降低，逐步扩充了人才概念的内涵、外延。这一时期的学者普遍认为，人才主要是为人类进步和社会发展作出贡献，得到社会认可的人，包括进行创造性劳动，但是由于各种原因被埋没的人。

党的十八大以来对人才的认识。这一时期的关键词是“创造性”“创新”。当前，我国学术界普遍认为，人才是具有良好内在素质特别是创新意识、创新思维、创新能力，能够在一定条件下通过取得创造性劳动成果，对社会进步和发展能产生较大影响的人。

纵观我国人才内涵发展历程，人才定义更加包容、更加多元，正在实现从“择天下英才而用之”到“聚天下英才而用之”的转变，不求所有但求所用的人才观逐渐成为共识。研究新中国成立特别是党的十八大以来的人才管理思想，有助于为电力企业人才管理提供科学遵循。

（三）国外学者对人才的认识

囿于文化传统、社会习惯、学术旨趣，国外学者往往将“人力资源”“人才”交替使用，而且偏重使用“人力资源”一词。

亚当·斯密认为人的有用才能是经济增长的源泉。18 世纪，英国经济学家亚当·斯密在《国富论》中指出，“在社会的固定资本中，可提供收入或利润的项目，除了物质资本外，还包括社会上一切人的有用才能。”这就是说，他把工人技能的增长视为社会经济进步和经济福利增长的源泉。

阿弗里德·马歇尔认为人力资本是最重要的一种资本。19 世纪末，英国经济学家阿弗里德·马歇尔在《经济学原理》中说：“所有的投资中，最有价值的是对人本身的投资。”换而言之，阿弗里德·马歇尔第一个认识到，人力资本是最重要的一种资本。

彼得·德鲁克认为人力资源唯一的区别就是它是人。现代管理学之父、“大师中的大师”彼得·德鲁克认为自己一生最重要的贡献是：早在 60 年前，我就认识到管理已经成为组织社会的基本器官和功能。管理不仅是企业管理，而且是所有现代社会机构的管理器官，尽管管理一开始将注意力放在企业。我创建了管理这门学科，围绕着人与权力、价值观、结构和方式来研究这一学科，尤其是围绕着责任。管理学科是把管理当作一门真正的综合艺术。人力资源的概念由彼得·德鲁克于 1954 年在《管理的实践》一书中提出。他认为，和其他所有资源相比较而言，人力资源唯一的区别就是它是人，并且是经理们必须考虑的具有特殊资产的资源。人力资源拥有当前其他资源所没有的素质，即协调能力、融合能力、判断力和想象力。

彼得·德鲁克

西奥多·W·舒尔茨认为人力资本投资收益高于物质资本。20 世纪 60 年代，美国经济学家西奥多·W·舒尔茨将研究推到了一个新的高峰，认为人力资本的收益高于物质资本。

卢卡斯认为专业化人力资本才是经济增长的真正动力。20 世纪 80 年代以来，以罗默尔、卢卡斯为代表的人力资本学者，在古典经济学生产函数中加进人力资本要素，提出“新增长理论”。卢卡斯认为，专业化的人力资本才是促进经济增长的真正动力。

赫尔曼认为人才才可以依你的意愿定义。美国人才学者赫尔曼认为，人才才可以依你的意愿定义。对某些人而言，是指他们的方法、专长。对另一些人而言，可能是指贡献、生产能力、魄力和决断力、巨大成就、创造能力、教育水平、行业或领域的地位等因素，以及这些因素的组合和其他因素。他认为，人才通常具有七种人格特征：受内在动机驱动、具有适度的冒险精神、希望得到认可、能容忍模棱状态、具有自我超越的愿望、具有克服障碍的意志、具有为获得认可而工作的愿望[1]。

国外学者主要围绕人才的经济价值、独特性、创造性思维、创造性才能展开论述。国外人才、人力资源理论为电力企业研究、创新人才管理提供了认识“窗口”和有益借鉴。

二、企业人才的内涵

企业是以盈利为目的，运用各种生产要素，向市场提供商品或服务，实行自主经营、自负盈亏、独立核算的法人或其他社会经济组织，是市场主体的核心力量，是市场经济的基础组成要素。企业人才既有人才的一般特征，又具有企业的鲜明特性。基于此，笔者认为，企业人才，是指具有企业所需专业知识，或者专业技术、专业技能，能够进行创造性劳动，对企业发展、对社会作出贡献的人，是企业人力资源中能力、素质较高的劳动者。综合能力素质高低，是决定一个员工是否是企业人才的主要因素。企业人才具有如下特征：

企业人才具有高能力特征。有学历或者高学历的人中，出现人才的几率比较高。但是，企业的运行特点决定了企业人才应当是业绩导向、实战导向。这就是

---

[1] 德斯勒. 人力资源管理［M］. 北京：中国人民大学出版社，1999，44－47.

说，学历不是企业人才的标配，没有学者或者不具备高学历的企业员工中，依然会有人才。

企业人才具有高素质特征。企业和军队具有相似性，特别注重纪律严明、令行禁止、步调一致，对企业人才的综合素质提出比较高的要求。企业人才的高素质主要表现：人才自觉认同企业的发展战略和企业文化，能够从企业发展的全局考虑问题；能够遵守企业规章管理和管理流程，能够按照规则办事；具有较好的沟通协调能力，能够营造良好的工作氛围。

企业人才具有创造性思维特征。企业人才往往勤于学习，不断更新知识储备，提升自我能力，努力保持着创造性思维，在思考问题解决办法时，能够把问题看得透彻，能够想出多种解决方案。

三、电力企业人才的内涵

电力行业是国民经济的先行官，是我国经济社会的基础性、战略性、先导性行业。电力企业是电力行业的基本活动主体。从业务领域看，电力企业包括发电企业、电网企业、电工装备、工程建设、科研院所等。从所有权和管理层级看，电力企业涵盖中央企业、地方国企、混合所有制企业、外资企业、民营企业等多种所有制企业。从电力企业规模和从业人数看，可以分为特大型电力企业、大型电力企业、中型电力企业、小型电力企业等。考虑到本书的功能定位及主要目标读者，笔者主要以国网安徽省电力有限公司为代表的省级电网企业为研究范围，对电力人才全周期管理展开论述。

电力行业的战略性、基础性、民生性决定了电力企业对人才的要求高于一般企业人才要求。结合以国网安徽省电力有限公司为代表的省级电网企业实践来看，笔者认为，电力企业人才是电力企业员工队伍中的领先者，是拥有电力企业亟需的专业知识、专业技能，能够进行创造性劳动，对电力企业乃至电力行业、全社会作出独特贡献的优质人力资源。电力企业根据管理层级、人才工作领域、人才稀缺程度及价值创造能力，将不同范围的人才纳入专家人才。

电力人才小百科

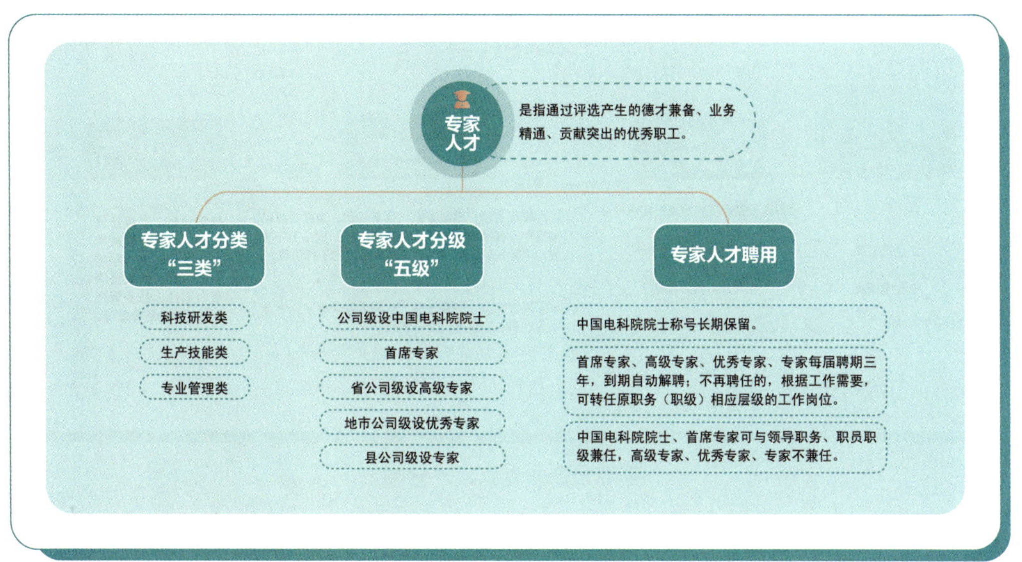

某电力企业专家人才范围

根据不同划分标准，电力人才有不同的分类。结合国网安徽省电力有限公司等省级电网企业实践来看，笔者认为，以电力企业人才工作领域为依据，可以将电力企业人才分为科技研发类、生产技能类和专业管理类人才。电力企业科技研发人才是指掌握和应用科技知识为电力企业乃至电力行业、全社会创造价值的专业人才，一般具有专业技术资格。电力企业生产技能人才是指生产技能岗位具有一定技能等级的基础人才，是电力企业人才队伍的基础力量。电力企业专业管理人才是指具有较为丰富的专业知识和社会经验，能够深刻洞察人的行为及其人际关系，具备较强的组织协调能力与人际沟通能力的优秀人才。从管理层级来看，可以分为首席专家、高级专家、优秀专家、专家。

电力人才小百科

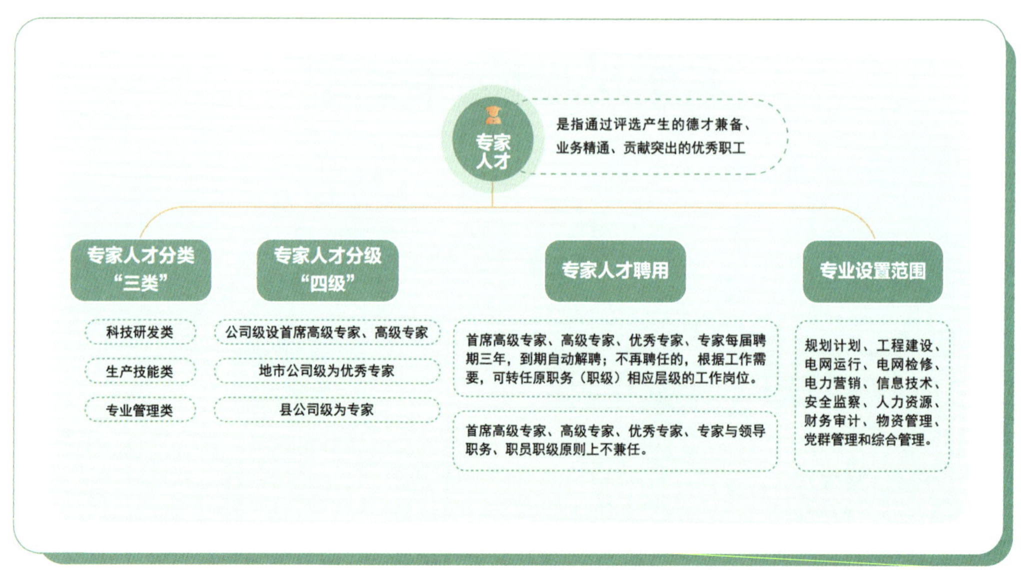

某电力企业专家人才分类

四、电力企业人才发展的内涵

电力企业人才的发展，是指围绕电力企业发展目标，建设科技研发人才的创新创业平台、生产技能人才的能力提升平台、专业管理人才的职业发展平台，培育本领突出、数量充足、富有活力的人才队伍梯队，为电力企业优秀人才打造成就梦想平台的动态过程。

聚焦贯彻落实中央人才工作会议精神，结合国网安徽省电力有限公司等省级电网企业领先实践，笔者认为，电力企业人才的发展主要包括如下内容：

理念层面。坚持人才是第一资源，将人才资本持续增值放在首位。坚持吸引人才，培养人才，用好人才，留住人才，激励人才。尊重人才，服务人才，推动人才实现职业理想。

机制层面。主要包括：精准化人才识别机制。与电力企业发展目标相匹配的人才评价标准，精准、快速、有效的人才识别方法。实战化人才赋能机制。以培育电力企业优秀人才梯队为目标的培训体系，促进电力企业员工快速成长成才。阶梯化人才发展机制。建立电力企业多维度职业发展通道，推动电力企业员工实现从基层员工到高端人才，乃至行业领军人才的职业梦想。分众化人才成就机制。建立成就电力企业优秀人才职业理想机制，推动科技研发人才占领技术高地，推动生产技能人才提升工作质效，推动专业管理人才赋能管理变革。个性化人才激励机制。关注电力企业职场新生代员工个性化需求，建立以多元激励为基础的激励模式，提供有吸引力的市场化薪酬体系，持续吸引、最大限度留住电力企业优秀人才。人文化人才关怀机制，加强对电力企业员工的尊重和关怀，建立健全电力企业人文关怀机制，提升电力企业员工的获得感和归属感。

第二节　电力企业人才有效识别

一、电力企业人才识别的概念

电力企业人才识别，是以科学人才理念为指导，借助人才测评技术、工具，识别符合电力企业战略目标和业务发展所需人才的管理过程[1]。电力企业人才识别以人才能力素质模型为基础，主要包括建立健全电力企业人才素质测评系统、岗位分析评价系统等内容。正确识别电力企业人才的知识、技能、素养，能够为电力企业人才选用育留提供科学依据，为加强电力企业人才管理创造有利条件。

二、电力企业人才识别的基础

电力企业人才识别应当依靠专业的理论、工具、方法和流程。国外的一些企

[1] 陈春爱，闫隽.电力企业优化人力资源管理机制的对策［J］. 中国三峡建设，2017（2）：22－23.

业管理理论能够为电力企业人才识别提供理论依据。笔者认为，著名咨询师、培训师和商业写作作家西蒙·斯涅克提出的黄金圈法则对电力企业人才识别具有较强借鉴价值。所谓黄金圈法则，是指一种思维模式，把思考问题的层次分为三个圈。最核心的圈是 WHY 圈，是为什么要开展某项工作。中间的圈是 HOW 圈，是用什么办法推进某项工作，是实现的途径。最外层的圈是 WHAT 圈，是做什么工作，是问题的表象。通过由内而外，逐层外显，有助于电力企业更好开展人才识别工作。在实际工作中，电力企业可以通过以下步骤推进电力企业人才识别。

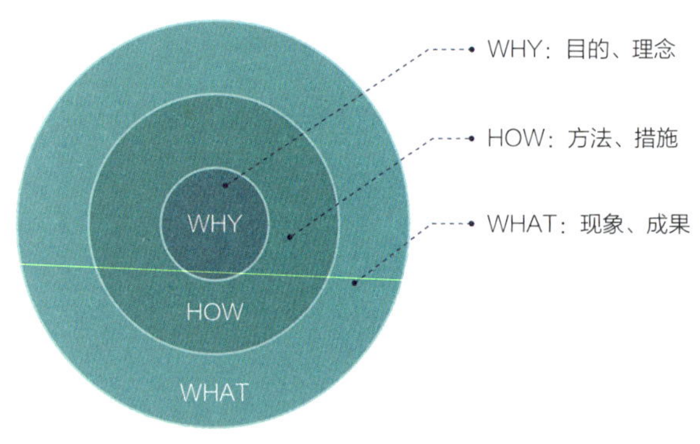

图 1-1 黄金圈法则

WHY：结构化岗位画像。以终为始，基于电力企业最佳实践、卓越标杆，实施工作岗位画像。具体而言，应当明确电力企业某个工作岗位画像是什么，人才引进原因以及电力企业期望结果。

HOW：结构化行为提问。基于电力企业工作岗位画像，界定关键事件及行为细节。依托电力企业工作岗位画像，电力企业筛选候选人，判断候选人是否符合工作岗位需求。

WHAT：结构化评估甄选。基于电力企业工作岗位画像，借助标准化评估工具，精准识别电力企业优秀人才。

此外，行为面试法是通过要求电力企业人才描述其过去某个工作或者生活经历的具体情况，了解电力企业人才各方面素质特征的方法，能够挖掘驱动行为的深层次因素，对于电力企业人才识别具有较高借鉴价值。换而言之，电力企业运用行为面试方法，通过挖掘驱动行为的深层次因素，才能找到具有优秀业绩潜质的人才。电力企业可以应用行为测评工具，在很短时间内，把一个候选人深层次的动机和价值观测得比较准。也可以主要考察候选人两、三个能力点。然而，这些潜质与电力企业人才的个性和特质，有直接关系。

总之，电力企业人才识别过程类似于法官判案，工作岗位画像是法律条文，结构化行为面试是一个调查取证过程，评估甄选则是电力企业人才识别结果。

三、电力企业人才识别的过程

（一）界定电力企业人才标准

电力企业人才标准应当务实管用。在电力企业人才管理中，应当尽量避免一味追求关键人才标准的“精细化”管理，而忽视人才标准实用性、可操作性倾向。基于这个前提，电力企业应当运用能用、实用、管用的方式、方法去界定优秀人才标准。

电力企业人才标准应当持续迭代。不同的电力企业具有不同的人才标准。同一个电力企业，不同发展阶段的人才标准也不同。因此，不存在“毕其功于一役”的电力企业人才标准，而应当持续优化、渐进迭代。

（二）推进电力企业人才识别

结合电力企业人才标准，综合应用访谈法、任务法等。对于高端人才，还可以使用评价中心、360° 评估、敬业度评估。其中，定向事件访谈法是电力企业经常用到的人才识别方法。

图 1–2　电力企业人才的识别方法

开展定向行为事件访谈。电力企业访谈评价对象，可以使用行为事件访谈法对其在已经发生过的工作实践中展现的胜任能力特征进行研究。

开展 360 度关键事件访谈。访谈电力企业评价对象周围同事，通常针对一位评价对象的访谈参与者至少包括一位上级、一位下属、一位同事。通过关键事件访谈，收集、界定评价对象的胜任能力特征。

开展情景模拟式访谈。在研究评价对象的潜力时，电力企业人才工作者可以创造一个新的工作情景，观察评价对象思维方式、应对方式，分析其潜力。电力企业人才工作者可以提供几个模拟场景或模拟工作事件，让评价对象作答。运用情景模拟式访谈法，测试题目、场景需要提前设计，确保对电力企业人才识别具有针对性。

第三节　电力企业人才发展现状

一、电力企业人才发展总体情况

多年来特别是党的十八大以来，电力企业坚定不移推进“人才强企”战略，扎实做好人才引进、培育、使用、激励、服务各项工作，电力企业人才管理呈现新面貌、新变化。主要体现在以下几个方面：

（一）电力企业人才机制改革取得重大进展

电力企业深入贯彻落实党中央《关于深化人才发展体制机制改革的意见》，围绕充分激发人才创新创业活力，深化人才发展体制机制改革，积极向用人主体放权、为人才松绑，陆续推出一系列力度大、含金量高的改革措施，较好解决电力企业人才关心的热点、难点问题。

坚持简政放权，逐步放权用人主体。电力企业坚决推行“放管服”改革，积极下放选人用人、成果处置、薪酬分配、项目管理、设备采购等权限，破除体制、机制束缚，激发电力企业人才活力动力。赋予电力企业科技研发人才更大技术路线决策权，以科技研发人才提出的技术路线为主进行论证。科技项目实施期间，一些电力企业允许科技研发人才在研究方向不变、不降低申报指标的前提下，自主调整技术路线。电力企业结合发展战略和业务重点评价人才，推动具备条件的用人单位自主开展评聘工作。

坚持实效导向，推进评价机制改革。突出电力企业人才品德、能力和业绩评价，坚持德才兼备，把电力企业人才职业操守放在首位。突出电力企业人才创新能力，不把论文作为评价电力企业应用型人才限制性条件，加大专利发明等创新成果评价权重。突出评价电力企业人才业绩水平和实际贡献。拓展电力企业人才职业发展空间，稳步推进职称系列改革。加大电力企业基层一线人才倾斜支持力度，在评价标准上加大电力企业基层一线人才工作实绩、工作年限、爱岗敬业等评价权重；在评价方式上支持电力企业基层一线人才单独分组、评审、确定通过率，探索电力企业基层一线人才“定向评价、定向使用”制度。

坚持激发活力，深化激励体系变革。积极推进“三项制度”改革，落实以人力资本为导向的电力企业人事、用工、分配政策，统筹业务链、价值链、创新链各环节，构建稳定提高基本工资收入、强化重大任务绩效激励、放活创新成果奖励的电力企业多维度、市场化收入分配机制。注重中长期激励，全面推行股权期权、分红激励、虚拟分红、项目跟投等政策。着眼实现电力行业高水平科技自立自强，加大科研项目经费奖励激励，从科研项目经费中加大对电力企业高端科技研发人才奖励激励力度，加大对承担国家关键领域核心技术攻关任务科技研发人才的薪酬激励力度，适当提高科技研发人才经费标准。深化科技奖励制度改革，将申报制改为提名制、申报者答辩改为提名者答辩，进一步强化电力企业科技奖励的学术性、导向性和公信力，更加突出对电力企业青年科技研发人才和优秀科技研发团队的奖励。[1]

（二）电力企业人才队伍建设取得显著成效

党的十八大以来，电力企业通过大力实施重大人才工程，优化人才发展环境，推动电力企业人才队伍蓬勃发展，取得显著成效。

电力企业人才布局持续优化。电力企业人才队伍规模不断扩大，青年人才逐

[1] 吴雪清，钟帅纯.加强电力企业人力资源管理的思考［J］. 电力技术经济，2018（4）：27－29.

渐成为电力企业人才队伍生力军。电力行业区域人才布局趋向合理，中西部地区电力企业人才总量实现较大增长。在发电、输电、配电、变电、新能源、数字化等重点领域，涌现出一批中青年科技研发领军人才。

电力企业科创能力持续提升。新型电力系统构建基础研究和应用研究领域居世界前列，新能源、特高压、智能电网等领域重大创新成果竞相涌现。电力行业发明专利数量、科技论文收录量、重大创新成果产出、电力企业技术成果落地应用等方面取得突出成绩。特别是，最近五年来，国家电网有限公司的专利数量超过华为公司，成为专利冠军企业。

电力企业人才底座持续夯实。电力企业高技能人才政策供给力度和资源投入强度持续加大，电力企业高技能人才队伍建设不断加强，高技能人才培养激励机制逐步建立，高技能人才不断涌现，电力企业技能人才职业自豪感、荣誉感、获得感不断提升。

二、电力企业人才发展全新挑战

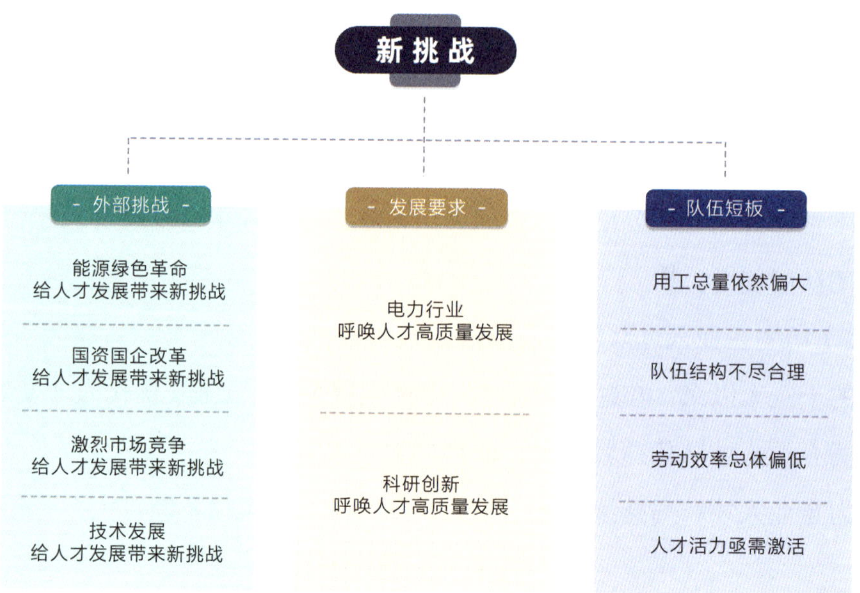

图 1-3　电力企业人才发展全新挑战

（一）外部挑战

实现“双碳”目标，加速能源革命，新一代信息技术深度应用将给电力企业人才发展带来全新挑战。

能源绿色革命给人才发展带来新挑战。如期实现“碳中和、碳达峰”目标既是我国政府对国际社会的庄严承诺，也是我国经济社会实现高质量发展的迫切需要。能源电力行业绿色革命是实现“双碳”目标的重头戏。围绕实现“3060”目标，我国着力构建新发展格局，推进能源革命和绿色发展，实行高水平对外开放，加快构建新型电力系统，对电力企业人才能力素质、工作模式、评价体系带来全新要求。

国资国企改革给人才发展带来新挑战。国务院国资委深入实施国企改革三年行动、全面深化体制机制改革、扎实推进混合所有制改革，将进一步倒逼电力企业以市场化为方向，以人才高质量发展为目标，加速电力企业人才管理变革，建立健全市场化人才管理机制，充分地提升电力企业人才活力和效能，全面落实国资国企改革任务。

激烈市场竞争给人才发展带来新挑战。随着电力行业准入门槛进一步打破、市场化程度持续提升，各类社会资本加快探索电力业务布局，多元主体竞争格局逐步建立，加之电力行业各专业不断融合，人才竞争将更趋白热化。电力企业普遍用工规模较大，人工成本刚性增长、惯性增长需求较大。但是，受宏观经济增长放缓等因素影响，工资总额增长空间受限、增长幅度收窄，一定程度制约薪酬激励效果有效发挥。这些因素将给电力企业拴心留人面带来严峻挑战。

数字技术发展给人才发展带来新挑战。大数据、人工智能、云计算、物联网、区块链、边缘计算等新兴技术的应用，将对电力企业现有人才发展模式带来全方位冲击，将深刻改变电力企业人才管理理念、工作模式、组织方式、队伍结构。

（二）发展要求

电力企业高质量发展对人才高质量发展提出更高要求。

电力行业呼唤人才高质量发展。坚决贯彻落实“宁可让电等发展，不能让发展等电”的电力行业发展要求，推动电力企业治理体系和治理能力现代化，迫切需要电力企业打造一支规模充足、结构合理、素质优良、作风过硬的人才队伍。

科研创新呼唤人才高质量发展。电力行业技术要求高，科研创新任务十分繁重。电力企业聚焦科高水平科技自立自强，实施科技创新战略，强化核心技术攻关和基础研究，迫切需要电力企业培育一批在关键领域、核心技术方面拥有重要影响力和话语权的战略科学家，培育一批新能源、新一代信息技术、综合能源服务等业务领域的高精尖人才。

（三）队伍短板

与中央人才工作会议要求相比，与世界一流先电力企业相比，我国电力企业人才队伍建设仍然任重道远。

用工总量依然偏大。受历史沿革、体制机制制约等因素影响，当前电力企业用工总量普遍偏大。加之，电力企业特别是中央企业普遍存在的人员退出难、人员流动不充分等问题，电力企业用工规范管理和总量压降面临严峻挑战。

队伍结构不尽合理。电力企业普遍存在高精尖领军人才供给不充分，高级技术、技能人才储备不足等问题，跨专业、跨领域复合型人才依然偏少。青年人才专业实践经历较为单一，比例仍然偏低。

劳动效率总体偏低。受限于体制机制因素，与欧美知名电力企业相比，一部分电力企业存在总量偏大、人员总体素质亟需提升等问题，劳动生产效率、人均效益指标普遍偏低。

人才活力亟需激活。电力企业不同程度存在专业分工过细、横向协同困难，平均主义“大锅饭”分配尚未根绝，薪酬激励不够精准等问题，人才作用发挥不充分等现象较为突出，人才队伍活力有待进一步激发。

第四节　电力企业人才发展价值

推动电力企业人才高质量发展是落实人才强国战略，促进电力企业高质量发展的关键一招，对于电力企业加快转型升级、持续提质增效，满足人民群众美好生活能源电力需要，为我国全面建设社会主义现代化国家，实现第二个百年奋斗目标提供坚强电力保障具有重大而深远的意义。

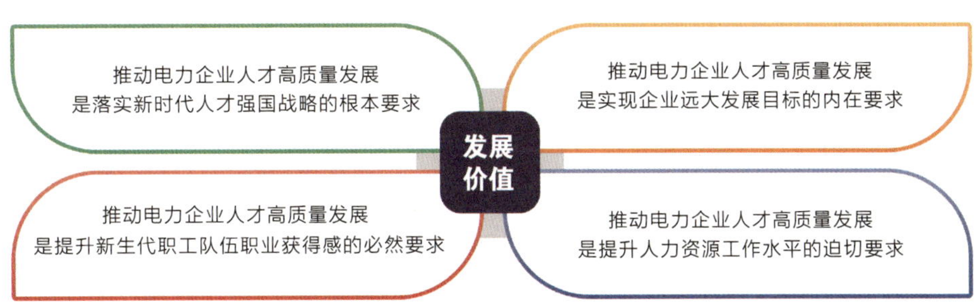

图 1-4　电力企业人才发展价值

一、推动电力企业人才高质量发展是落实新时代人才强国战略的根本要求

党的二十大报告指出，“教育、科技、人才是全面建设社会主义现代化国家的基础性、战略性支撑。必须坚持科技是第一生产力、人才是第一资源、创新是第一动力，深入实施科教兴国战略、人才强国战略、创新驱动发展战略，开辟发展新领域新赛道，不断塑造发展新动能新优势。”“我们要坚持教育优先发展、科技自立自强、人才引领驱动，加快建设教育强国、科技强国、人才强国，坚持为党育人、为国育才，全面提高人才自主培养质量，着力造就拔尖创新人才，聚天下英才而用之。”电力企业作为党和人民最可信赖的力量，应当坚定不移落实新时代人才强国战略，以建设忠诚干净担当人才队伍为目标，为实现电力企业战略目标提供坚强的组织保证，充分发挥“顶梁柱、顶得住”作用。人才培训与发展是提升电力企业人才队伍素质的直接有效途径，是全面落实新时代人才强国战略的重要抓手。电力企业应当进一步提高政治站位，切实把思想和行动统一到习近平总书记重要讲话精神上来，统一到全面落实新时代人才强国战略，进一步增强做好人才高质量发展各项工作责任感、使命感、紧迫感。

二、推动电力企业人才高质量发展是实现企业远大发展目标的内在要求

党的二十大报告提出，“从现在起，中国共产党的中心任务就是团结带领全国各族人民全面建成社会主义现代化强国、实现第二个百年奋斗目标，以中国式现代化全面推进中华民族伟大复兴。”“十四五”时期是全面建设社会主义现代化国家开局起步的关键时期。围绕全方位支撑社会主义现代化国家建设，夯实经济社会高质量发展的电力企业，电力企业特别是电力行业中央企业明确“十四五”发展目标、发展思路和发展措施。实现远大发展目标重点是业务升级和管理转型，根本是提升队伍素质。这就是说，提升队伍素质是聚焦电力企业高质量发展，激活全要素发力，建设高效运营、规范管理、卓越服务、作风优良的电力企业的重大举措。提升队伍素质，一方面应当加大人才引领力度，做强电力企业人才“增量”。另一方面，应当高度重视人才发展，应当最大程度激发电力企业人才队伍活力，激活人才“存量”。这就意味着电网企业在今后工作工作，应当牢牢把握队伍素质提升这个着力点，全面抓好电力企业人才高质量发展基础建设、模式创新、载体拓展、效果评估等各项工作，持续为人才队伍赋能，为实现电力企业远大战略目标增光添彩。

三、推动电力企业人才高质量发展是增强新生代职工获得感的必然要求

当前，职场新生代逐渐成为电力企业员工队伍生力军。与传统员工队伍相比，新生代员工队伍呈现出鲜明特征：新生代员工的父母大多是独生子女，自主意识、独立意识比较强，比较注重个人体验，心理安全感相对较弱；新生代员工出生成长于我国经济社会高速发展阶段，生活条件相对比较好，对情绪价值、获得感相

对比较看重，从单纯关注物质需要向关注物质需求、精神需求、社会需求并重；新生代员工大都从小接触移动互联网，从小接触的信息比较多，易于、乐于接受新生事物，“注意力稀缺”现象比较严重[1]。电力企业应当准确把握新生代员工队伍特点，全方位创新电力企业人才发展的内容、路径、形式、机制，在内容设定上，应当引入“社会人”“伦理人”理念，从偏重技能、专业发展向促进思维认知、人格品行、专业技能、身心素质全面发展转变；在激励体系上，应当聚焦新生代员工队伍特点，从比较注重物质激励向物质、发展、荣誉、精神多维激励转变；在实现路径上，应当从指令式、选拔式向游戏化、积分制等趣味式模式转变；在机制建设上，应当从关注一个阶段、一个项目向贯穿新生代员工职业生涯全生命周期转变，全力提升新生代员工队伍职业获得感。

四、推动电力企业人才高质量发展是提升人力资源工作水平的迫切要求

与谷歌、苹果、华为等世界级领先企业相比，电力企业受限于思维惯性、管控模式等因素，人力资源管理水平虽有提升但是依然存在巨大提升空间。主要表现为：一是人力资源理念有待升级。一些电力企业管理中存在以业务为核心、关注组织业绩、忽视员工个体成长需求的情况。“以人为本”理念需要向“以奋斗者为本”升级，对具有强烈使命感、努力贡献的“奋斗者”，缺乏相应的识别、使用、激励机制，引领作用不明显。二是人力资源亟需融入业务。电力企业人力资源规划与业务发展规划结合度不高，人才队伍建设滞后于专业发展，战略性人力资源管理有待提升。电力企业业务部门心理预期与人力资源配置存在偏差，直线经理责权界定不清晰。三是人力资源牵引不够有力。一部分电力企业管理类、技术类员工群体压力较大，45 岁左右员工群体积极心理感知、工作动力有待提升。有的

[1] 余凯成，程文文，陈维政.人力资源管理［M］. 大连：大连理工大学出版社，2001，23－26.

电力企业员工职业发展通道较窄，一些干部员工争先进位显现疲态，呈现“高原反应”。电力企业多维度激励机制还需深化、改进，在激发员工主动成长、干事创业等方式方法上不够灵活，缺乏引导员工自愿成才、主动成才的有效机制。对于这些问题，电力企业应当给予足够重视，以问题定目标，化问题为动力，努力在推动人才高质量发展实践过程中逐一解决，带动人力资源管理各项工作提质增效。

第五节　电力企业人才发展步骤

人才发展越来越多受到电力企业重视。电力企业人才发展的核心作用是为电力企业高质量发展提供坚强人才和智力保障，重点是对电力企业关键人才的识别、引进、培养、任用，主要包括电力企业人才能力模型搭建、任职资格体系建立、人才盘点、人才培养、人才激励、人才梯队建设等。电力企业人才发展主要包括三个阶段十大步骤。

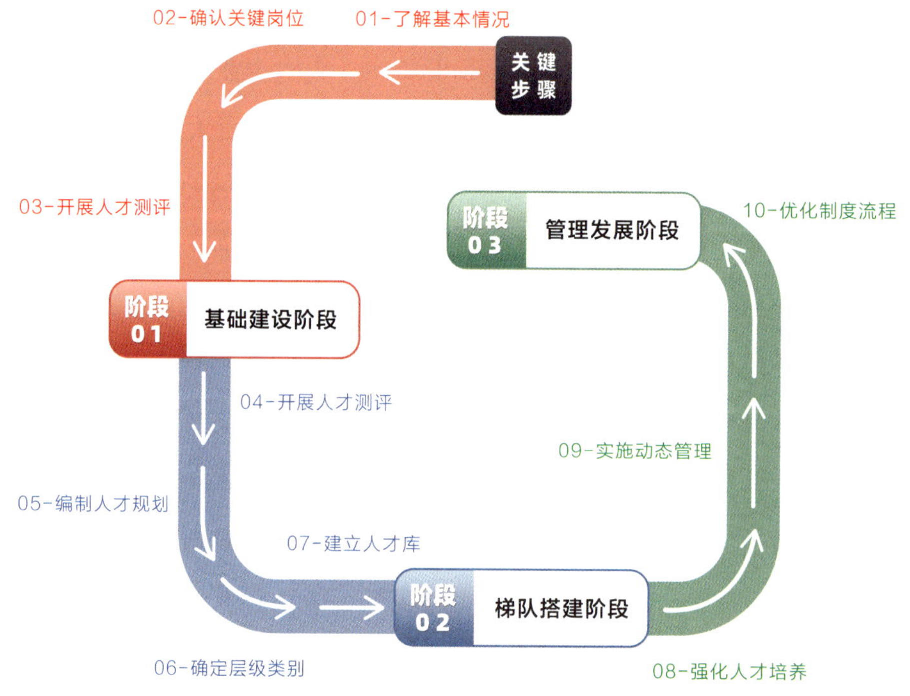

图 1–5　电力企业人才发展步骤

一、电力企业人才发展的三个阶段

电力企业应当建立健全以能力管理、职业发展为基础的人才培养和人才梯队建设动态运行机制，实现人才高质量发展。电力企业人才能力管理，是从电力企业战略目标出发，把电力企业核心竞争力分解为工作岗位胜任力，建立电力企业人才能力素质模型，为电力企业人才测评建立标准。电力企业人才职业发展，是以电力企业工作岗位为基础，建立纵联互通的职业发展通道，打破电力企业人才成长“自古华山一条路”困境，激发电力企业人才队伍活力。电力企业人才培养，是以电力企业人才能力素质模型为基础，以电力企业人才测评结果为参考，开展针对性教育培养，提高电力企业人才胜任程度的过程。电力企业人才梯队建设，是在职业发展通道的基础上，根据电力企业业务需求，超前预测电力企业人才需求，建立电力企业关键人才后备队伍，提升人才准确度，促进电力企业人才可持续发展的过程。

在实际工作中，电力企业人才发展主要包括三个阶段：基础建设阶段。电力企业人才管理体系搭建，包括电力企业人才职业发展通道建设、人才标准制定等。梯队搭建阶段。根据电力企业人才队伍实际情况，构建电力企业人才库，推进优秀人才梯队建设。管理发展阶段。对电力企业各级各类人才实施动态管理。

二、电力企业人才发展的十个步骤

了解基本情况。盘点电力企业工作岗位，根据电力企业工作性质、职责内容、工作难度、任职条件、所需知识技能、人才成长规律、能力发展培养快慢程度等维度，对电力企业工作岗位进行分类分层。电力企业工作岗位分类是依据电力企业工作性质划分职类、依据价值链划分职群。电力企业工作岗位分层主要是根据工作岗位在电力企业中的级别定位、岗位贡献度等划分职级、职序。以工作岗位为基础，设置电力企业人才职业发展通道，确定通道长度、相对位置。

确定关键岗位。电力企业人才管理是制造差异的实践，是资源的有效分配。电力企业关键岗位的识别，主要从对电力企业贡献与价值，人才培养难度等维度进行评价。

构建人才标准。通过提取电力企业不同级别、专业优秀人才关键工作要素等方法，明确电力企业人才标准。电力企业人才标准通常包括基本条件、资格标准和参考项等内容。电力企业人才基本条件是电力企业人才基本属性，主要包括学历、职称、工作经验，等等。电力企业人才资格标准主要是对电力企业人才能力素质的衡量。电力企业人才参考项根据电力企业工作岗位性质进行差异化设置，如关键绩效指标等。

开展人才测评。人才测评是对电力企业人才能力素质的度量。主要包括四个步骤：分析电力企业人才测评目的与测评对象，选择电力企业人才测评工具、测评流程，实施电力企业人才测评，分析、应用电力企业人才测评结果。[1]

编制人才规划。根据电力企业人才现状，结合电力企业核心业务发展需求，分析电力企业人才需求、供给，制定电力企业人才发展措施。特别是着重分析电力企业科技研发人才、生产技能人才、专业管理人才接替情况，判断下一步人才供给是内部提拔，抑或是外部招聘。

确定层级类别。电力企业人才队伍建设的核心步骤。对于科技研发人才，按职业发展通道，区分自然晋升和岗位评聘，重要培养专业能力、职业素养。对于生产技能人才，重点是职业素养、基础知识、操作流程。对于专业管理人才，按职务分层级，培养重点是职业素养、知识、管理技能。

建立人才库。建立电力企业人才库管理标准，重点考察人才发展潜力。重点

---

[1] 德斯勒. 人力资源管理［M］. 北京：中国人民大学出版社，1999，44－47.

是解决电力企业人才评价标准、评价工具、评价方式、支撑保障等问题。

强化人才培养。根据电力企业人才评价结果、发展方向，创新电力企业人才培养方式，开展针对性培育。

实施动态管理。结合核心业务发展情况，电力企业应当大胆使用各级各类人才。根据人才业绩，开展电力企业人才评价，强化人才激励，激发电力企业人才活力。建立电力企业人才入库、出库、退出机制，根据电力企业人才盘点结果和晋升情况，定期更新、维护电力企业人才库。

优化制度流程。建立健全电力企业人才发展管理制度、工作流程，确保人才队伍建设有序推进。

第六节　电力企业人才发展案例

典型案例一：某电力企业加快推进人才高质量发展

为认真贯彻中央人才工作方针，某电力企业全面落实《中共国家电网有限公司党组关于加快人才高质量发展的意见》（国家电网党〔2020〕57 号）《深化人才体制机制改革推动人才高质量发展若干举措》（国家电网人资〔2020〕601 号），结合企业实际，加快推进人才高质量发展。

实施专项行动计划，培育选拔优秀人才

完善公司“三鹰”人才工程培养体系，优化人才队伍“金字塔”结构，拓展培养范围，创新培养方式，实施“三鹰”人才工程“金字塔”行动计划。

实施高端人才“铸尖”行动。依托“金鹰”人才工程，实施“高端人才引领计划”和“江淮电力工匠塑造计划”，选拔一批专业精湛、善于钻研、贡献突出的“大家”“大师”，提升“塔尖”人才的成长高度、成果亮度。选拔公司级专家人才150 人，市、县公司级专家人才 3000 人，争取入围国网首席科学家候选，入聘国

网首席专家 5 人。选拔江淮电力工匠 50 人，推荐江淮工匠 5 人，争取入选国网工匠 2 人。

实施骨干人才“强脊”行动。依托“雄鹰”人才工程，实施“新时代班组长素质提升计划”和“业务骨干专业精进计划”，立足岗位培育更多的优秀班组长、岗位标兵，扩大能够承担重点任务、攻克关键技术的骨干力量，增加“塔身”人才的中坚厚度、支撑强度。公司选拔重点培养班组长 300 人、业务骨干 400 人，各单位选拔重点培养班组长 1000 人、业务骨干 1500 人。

实施青年人才“拓基”行动。依托“雏鹰”人才工程，实施“新员工职业生涯培养计划”和“管培生储备计划”，探索实施“双导师”制，深化“青年智库”建设，通过师带徒、进项目、驻团队、压担子，以及专项培训、多岗位锻炼、外送交流、风采展示等方式，强化职业生涯跟踪培育和个性培养，提高“塔基”人才的成长速度、成才密度。公司托举支持科技类和能手类青年人才 200 人，各单位托举支持科技类和能手类青年人才 2000 人。争取入选国网公司青年人才托举工程 20 人。

畅通人才成长通道，促进员工多元发展

畅通成长转换通道。推动员工由岗位晋升的单一通道发展向职务、职级、专家人才多通道发展的转变，形成人才纵向上升、横向拓展的网格化发展格局。各级专家优先转聘同一层级职员。鼓励科研单位，结合重点项目需要和人才素质能力，灵活推动科研人才在三条通道相互转聘。研究高级别成果获奖专家的职员提级聘任政策。

畅通成长培养通道。全面优化培训管理体系，扎实推进培训“两级管理”“三层实施”和“三类开展”。修订人才管理办法，启动新周期的专家人才选拔工作，落实专家人才待遇。制定技能等级评价实施细则，择优、分级设立评价基地，启动首轮技师及以下级别评价认证工作。开展省内跨单位人才交流锻炼机制研究，依托重点工程建设项目或直属单位专业部门，打造全省一体、专业化的人才培

养锻炼平台。创建国家级、省部级技能大师工作室及劳模创新工作室，完善国家级博士后工作站工作制度体系，依托岗位及“四室一站”优质平台，培养更专、更深、更尖的科技创新与技术技能人才，以及更广、更博、更通的经营管理人才。

创新薪酬保障措施，激发人才内生动力

设立高端人才激励计划。成功申报并牵头承担国家级重大科技项目，或国家级重大科技项目子课题，分别一次性奖励项目团队 10 万元、5 万元，验收通过后，分别一次性奖励项目负责人 5 万元、3 万元，其他研究人员 5 万元、3 万元，团队奖励由项目负责人自主分配。科技成果获得省部级一等奖及以上且入选国家（国网公司）级新技术推广目录，并得到实际应用的，一次性奖励项目主要负责人 3 万元（2 万元）。高端人才激励计划与其他政策获得的奖励可重复享受。

优化专家人才薪酬待遇。对入选国网公司首席科学家的，给予每年不少于 20 万元的津贴。国网首席专家、省、市、县公司级专家人才，原则上分别参照专家所在单位一、三、五、七级职员薪酬标准确定待遇，重点依据工作业绩、履职能力、专业传承等情况兑现，并在工资总额中单列。

建立灵活多元激励方式。对公司通过社会招聘“绿色通道”引入的紧缺急需高端人才、特殊人才，以协议方式确定薪酬待遇，并根据业绩情况兑现。建立柔性团队分类分层激励机制，对成功实现创新成果转化的柔性团队成员实施“薪酬、人才、考核、创业”四维激励。对科研单位、市场化单位、新兴企业，探索实施项目分红、岗位分红、虚拟股权、项目跟投等，构建企业与专家人才利益共同体。

强化福利保障。企业年金增量向作出突出贡献的专家人才倾斜，对国家级、省部级、地市级人才分别一次性给予 2 万元、1 万元、0.5 万元的企业年金激励。对专家人才实施激励性福利措施，各级专家可增加不多于 2 天的疗养天数，疗养费用标准最多可按照其他员工的 1.5 倍设置。各单位可根据实际情况差异化设置

专家人才体检标准，进一步提升企业对专家人才的凝聚力和吸引力。

典型案例二：某电力企业实施“三鹰”人才工程“金字塔”行动计划

为认真贯彻中央人才工作方针，全面落实国家电网公司关于加快人才高质量发展意见和举措，某电力企业紧抓长三角一体化发展契机，大力践行“三先”工作理念，积极对接国家电网公司人才“三大工程”，依托“三鹰人才”工程，实施“金字塔”行动计划，推动人才高质量发展，为实施“一体三化”现代能源服务，建设具有中国特色国际领先的能源互联企业提供人才支撑。

实施高端人才引领计划

培养目标：各单位选拔一批品德优秀、专业精湛、善于钻研、贡献突出的专家人才，充分发挥“头雁”作用，引领各级人才队伍高质量发展。培养措施：各单位结合公司发展需要和专业工作实际，分步选拔建立一定规模的专家人才队伍。发挥智库作用，在专业标准、制度、规范、规程、方案等相应层级、相关领域，赋予审核签字权利。在各级专家人才评选中，赋予对下一级专家人才的专业推荐权利；在技能等级评价中，赋予专业评价权利。落实人才培养责任，落实双导师责任、担任兼职培训师、组建各类创新团队等，推动技艺传承。发挥专业特长，依托“四室一站”和柔性团队建设，引领开展前沿科学技术研发、重要课题研究、重大技术攻关等，解决专业难题。搭建素质提升平台，建立专家人才专项培训机制，深化“请进来、走出去”，打造专家论坛、行业高端峰会等实践课堂，全面提升专家综合素质。强化专家激励，落实各级专家薪酬和福利激励；树立优秀专家标杆，宣传优秀事迹风采，提高荣誉感；落实领导班子成员联系服务专家制度，适时安排专家人才参加或列席职工代表大会、重大专业会议等，为公司发展建言献策。

实施江淮电力工匠塑造计划

培养目标：公司评选一批品德优良、精益求精、执着专注、技艺精湛的江淮电力工匠，各单位分级储备一批品行端正、吃苦耐劳、善于钻研、技艺高超的江淮电力工匠候选，充分发挥模范作用，带动一线员工深耕基层、钻研技术、创新创效、发挥价值。培养措施：根据公司发展需要，各单位储备一批江淮电力工匠候选，公司评选一批江淮电力工匠。开展电力工匠专项培训，统筹开展电力工匠综合轮训，分专业开展专业技能培训，提升工匠能力素质。组织参加新技术、新设备研究和学术交流会、进厂学习等，持续更新专业知识结构。组织参加竞赛比武、技能等级评价考评，担任青年员工专业导师，发挥技能引领和传帮带作用。突出问题导向，承担技艺革新任务，解决一线工作实际问题，引领公司技术创新和变革。充分运用宣讲会、培训授课、媒体报道宣传等方式，弘扬工匠精神。

实施新时代班组长素质提升计划

培养目标：中层领导人员、职员职级、技能专家、江淮电力工匠。培养措施：公司围绕专业重点和行业发展趋势，实施新时代班组长提高性培训；各单位围绕岗位应知应会、专业理论和技能、班组管理等内容，实施班组长基础性培训。鼓励参加技艺革新、科技创新、竞赛比武等活动，强化创新思维。择优推荐参与跨单位、跨专业、跨岗位锻炼，强化岗位实践。丰富培养形式，强化“走出去”，组织到其他兄弟单位、系统外先进企业、设备厂家交流学习。

实施业务骨干专业精进计划

培养目标：中层领导人员、职员职级、管理技术专家。

培养措施：强化业务知识培训，以专业管理知识、专业通用制度为重点，举办业务骨干专项培训班，分级分专业组织开展。强化综合素质提升，以政治素养、形势政策、管理能力提升为重点，统筹开展业务骨干素质提升培训。强化创新能力提升，鼓励参与各单位管理创新、专业课题研究、专业竞赛等活动。强化岗位实践，择优推荐参与跨单位、跨专业、跨岗位锻炼。强化“走出去”，组织到其他兄弟单位和系统外先进企业对标学习，进一步拓宽视野、丰富知识、提升能力。

实施管培生储备计划

培养目标：中层领导人员。培养措施：实施理想信念宗旨教育计划，围绕习近平新时代社会主义思想、党的基本理论、党性教育、社会主义核心价值体系等，通过脱产培训和实践锻炼等方式，提升政治素养。坚持问题导向和实践导向，分层分类开展专业化培训，提高专业能力和素养。实施跨单位、跨专业、跨岗位交流锻炼，推荐参加国网公司总部（分部）、直属单位、公司本部挂职锻炼，选派参加援疆援藏援青援外帮扶锻炼，提升综合素质和业务能力。选派参与公司重点工作、重大项目和急难险重任务，勇挑重担，提升专业化能力。组织到基层一线、吃劲岗位、脱贫攻坚任务中实践锻炼，提高解决实际问题、处理复杂矛盾的能力。强化管培生关心关爱。适时组织座谈会或谈心谈话活动，掌握思想动态和工作情况，给予关心支持。

实施新员工职业生涯培养计划

入职培养期目标：第 1 年入职培养，促使新员工了解公司概况，熟悉企业文化理念和行为规范准则，强化纪律观念和安全意识，树立团队精神和敬业精神，能够完成岗位工作中的一般工作任务。培养措施：省市县公司分级组织开展新员工入职培训，组织参加国网公司新员工集中培训。公司每年组织 150 人左右到送变电公司一线岗位锻炼，各单位统筹组织新入职员工在本单位生产一线轮岗实习。定向培养期目标：入职第 2～3 年，立足岗位进行业务能力培养，促使新员工熟悉所在岗位规范和要求，提升职业素养和业务技能，能够独立完成工作中复杂任务，具备专业管理基本能力。培养措施：为新员工配置职业导师和专业导师，组织开展岗位应知应会培训、现场技能培训、专业理论知识培训等。提升培养期目标：

入职第 4～5 年，以本专业为重点，适当拓宽培养专业领域，进行提升培养，促使新员工全面提升业务能力、创新能力和综合能力，能够解释、处理工作中的疑难问题，能够在管理创新、技艺革新、科技攻关等团队中发挥作用，能够组织、指导岗位业务工作的开展。培养措施：为新员工配置跨专业导师，组织开展综合素质提升培训、专业培训等，组织新员工参加各类创新团队、各类竞赛、青年创新创意大赛等活动，实施跨单位、跨专业、跨岗位交流锻炼等。

第二章

电力企业人才管理之锚

电力企业人才能力素质模型为人才管理提供了科学标准、有力依据。了解电力企业人才能力素质模型的内涵、构建、实施与优化，可以为电力企业人才管理提供科学依据。

第一节　电力企业人才能力素质模型内涵

一、人才能力素质模型发展简史

能力素质模型理论的缘起。人才能力素质模型最早可以追溯到古罗马时代。当时，人们为了研究好战士的能力特征，构建了能力剖面图。这是人才能力素质模型理念的雏形[1]。

能力素质模型理论的发展。科学管理之父泰罗在研究时间与动作的关系时发现：优秀工人和一般工人在完成工作时存在差异。他建议管理者基于时间—动作分析，描述优秀工人能力特征。同时，通过培训活动，可以提升工人能力素质，

---

[1] 孙非. 人力资源管理和开发实务［M］. 天津：天津社会科学院出版社，2002，101－104.

提高组织效能。这是对人才能力素质模型理念的发展。

能力素质模型理论的成熟。20 世纪五十年代，著名心理学家麦克利兰开始研究美国外交官选拔方法。1973 年，麦克里兰在《美国心理学家》杂志发表《测量胜任能力而非智力》，提出用评价胜任能力取代传统智力测量。《测量胜任能力而非智力》引用大量事例，说明滥用智力测验判断个人能力的不合理性，进一步说明人们主观上认为能够决定工作成绩的人格、智力、价值观等因素，在现实中并没有表现出预期效果，强调离开被时间证明无法成立的理论假设和主观判断，从第一手材料入手，深入发掘能真正影响工作业绩的个人条件和行为特征。麦克里兰把能够直接影响工作业绩的个人条件和行为特征称为胜任能力。主要包括：知识，某一职业领域需要的特定信息。技能，掌握和运用专门技术的能力。社会角色，人们对社会规范的认知与理解。自我认知，对自己身份的知觉和评价。特质，某一类人所具有的特征或其典型的行为方式。动机，决定人们外显行为的内在稳定的想法、念头[1]。

麦克里兰

能力素质模型理论的深化。1982 年，理查德出版《胜任的经理：一个高效的绩效模型》，标志着人才能力素质模型开始正式应用于企业领域。进入 21 世纪，

[1] 于桂兰，苗宏慧. 人力资源管理［M］. 北京：清华大学出版社，2009，117－214.

人才能力素质模型开始受到电力企业追捧，用来指导人才选、用、育、留。当前，人才能力素质模型已经在电力企业人力资源领域起着基础性作用。电力企业通过人才能力素质模型评价各级各类人才在能力素质方面的差距，以及今后需要改进的方向。电力企业还利用人才能力素质模型，提升电力企业人才管理效率，降低电力企业人才管理成本。

二、电力企业人才能力素质模型

（一）电力企业人才能力素质模型的含义

冰山理论。麦克利兰的冰山理论根据人才能力素质的不同表现形式，将人才能力素质分为可见的“水上部分”、深藏的“水下部分”。其中，“水上部分”包括基本知识、基本技能，是人才管理中人们比较重视的方面，相对来说比较容易改变和发展，培训起来也比较容易见成效。“水下部分”包括社会角色、自我概念、特质和动机，处于冰山最下层，比较难于评估、改进。但是，在选拔人才中，“水下部分”内容具有选拔的预测价值，同时也是冰山理论的核心内容。[1]

电力企业人才能力素质模型。基于冰山理论，笔者认为，电力企业人才能力素质是电力企业员工的一种潜在特质，与电力企业员工在某一工作中、某一情境中表现出的高绩效行为存在明显的因果关联。电力企业人才能力素质是可衡量、可观察的，对优秀人才绩效以及电力企业高质量发展有重大影响。换而言之，电力企业人才能力素质能够预测一名员工在一个常见工作情境、特定时间内的行为方式、思维模式。电力企业人才能力素质模型，是为了实现电力企业发展目标，针对特定工作岗位要求定义的，与高绩效相关的一系列能力素质要素及其可测量的等级差异的组合。界定电力企业人才能力素质模型的内容需要遵循两条基本原则：能否有效区分工作业绩，是判断某一项能力素质的突出标准。判断某一项能力素质能否区分工作业绩应当以客观数据为依据。电力企业人才能力素质模型包

[1] 戴维. 战略管理：概念与案例［M］. 第 12 版. 北京：清华大学出版社，2010，234－239.

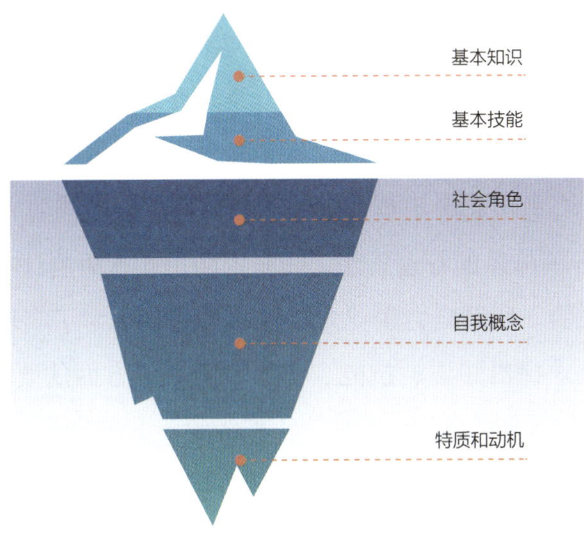

图 2－1　麦克利兰的冰山理论

括两个维度：电力企业人才能力素质模型组成结构，由工作岗位能力素质要素组成，可以体现绩效优异员工与普通绩效员工之间的显著性特征差异。电力企业人才能力素质模型等级描述结构，是某项胜任能力要素在不同等级员工的差异性行为特征的层级组合。

电力人才小百科

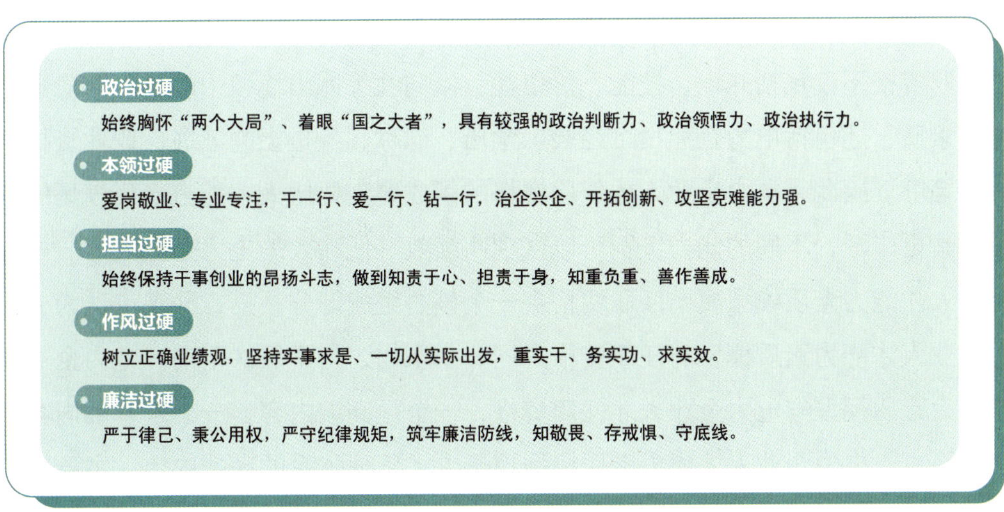

某电力企业坚持不懈打造“五过硬”干部人才队伍

电力企业人才任职资格。厘清电力企业人才能力素质模型与电力企业人才任职资格的关系，有助于电力企业更好构建人才能力素质模型，加强电力企业人才全周期管理。要准确把握二者关系，应当先界定电力企业人才任职资格的内涵。任职资格体系的核心思想起源于英国国家职业资格，同时借鉴了 IBM 技能测评、HAY 公司素质测评等体系的管理思想。任职资格是在素质测评、技能测评的基础上进一步发展起来的。所谓电力企业人才任职资格，是为了实现电力企业工作目标，对电力企业人才提出知识、技能、能力和素质等方面的要求，[1]主要包括胜任电力企业某一职位所需的学历、专业、工作经验、工作技能、能力，等等。换而言之，电力企业人才任职资格是电力企业任职者取得高绩效行为的提炼和总结。电力企业人才是否可以承担某一等级的职务、工作岗位，主要取决于其资格与能力。所谓电力企业人才任职资格管理，是为了实现电力企业的战略目标和业务需要，结合组织能力建设要求，对电力企业人才工作能力和工作行为加强管理的系统过程。

电力企业人才能力素质模型与电力企业人才任职资格的关系。电力企业人才能力素质模型与任职资格关系既有区别又有联系。我国电力行业理论与实务界对二者的关系，主要存在三种认识。第一种观点认为，电力企业人才能力素质模型与任职资格是包含与被包含的关系，即电力企业人才任职资格包含人才能力素质模型。电力企业人才任职资格除了包含电力企业人才能力素质模型的内容以外，也包含电力企业员工的经验、学历、特殊条件等内容。这就意味着，电力企业人才任职资格不仅包括知识、技能、价值观、倾向性等冰山模型中的显性和隐形的能力素质，还包括电力企业员工经验、学历、职称、各类上岗证书、职业资格证书，等等。因此，电力企业人才任职资格的组成要素要比人才能力素质模型的组成要素更广泛，不同的能力级别可以区别高绩效、低绩效的电力企业人才。电力企业人才能力素质模型属于任职资格中一个核心组成部分。第二种观点认为，电力企业人才能力素质模型与任职资格是同一个事物，但是层次不同。电力企业人才能力素质模型与电力企业人才任职资格，一个是高端内容，一个是基础内容。具体而言，电力企业人才能力素质模型属于人才管理体系的高端内容，主要关注

[1] 李宁. 试论新形势下我国电力企业的人力资源管理［J］. 科技创业，2017（1）：63－64.

能够胜任电力企业某一工作岗位，能带来高绩效的特性，强调的是高绩效。电力企业人才任职资格关注的是某一个岗位基本要求。第三种观点认为，电力企业人才能力素质模型与任职资格属于两个不同的概念，但是，二者是“你中有我，我中有你”的关系。二者均有自己的特色，同时也有交叉的地方。二者的特色体现在：电力企业人才能力素质模型重点关注人才隐形的能力，即价值观、自我形象、倾向性等。电力企业人才则包括员工的学历、经验、特殊要求项等显性要求。它们交叉的地方是：知识、技能，即冰山模型中的显性能力，也是电力企业人才能力素质模型的重点内容之一。

综上所述，我国电力行业理论与实务界对电力企业人才能力素质模型与任职资格关系认识存在差异的焦点在于，对电力企业人才能力素质模型与电力企业人才任职资格的内容界定不同。结合国网安徽省电力有限公司等省级电网企业的实践，笔者认为，第一种观点符合电力企业实际工作需要，即电力企业人才任职资格包含人才能力素质模型，电力企业任职资格中除包括人才能力素质模型的内容，还有学历、工作经验、政治面貌、从业资格等组成要素。

（二）电力企业人才能力素质模型的构成

电力企业人才能力素质模型通常由4～6项素质要素构成，是电力企业员工完成工作需要的关键知识、技能与个性特征，以及对工作绩效具有直接影响的行为。结合国网安徽省电力有限公司等省级电网企业的实践，笔者认为，电力企业人才能力素质模型的构成要素主要包括：电力企业人才能力素质，电力企业人才能够作出何种行为，以及做出这种行为的缘由。电力企业工作岗位要求，电力企业期望员工在工作中做什么。电力企业组织环境，员工所在的电力企业具体的组织结构、文化和管理制度等。电力企业岗位胜任力，是上述三部分的交集，是电力企业人才有效的工作行为，是电力企业人才潜能发挥的最佳领域。

（三）电力企业人才能力素质模型的分类

结合国网安徽省电力有限公司等省级电网企业的实践，笔者认为，电力企业人才能力素质模型主要包括三类：电力企业人才核心能力素质，是基于电力企业核心价值观、企业文化与发展战略愿景，要求电力企业员工都应该具备的能力素质。电力企业人才通用能力素质，是电力企业某一类工作岗位、专业所要求的能力素质。电力企业人才专业能力素质，是电力企业某个特定角色、某项特定工作所需要的特殊的能力素质。电力企业人才专业能力素质往往是针对电力企业特定岗位而设定的。

电力人才小百科

必备条件

01 拥护党的领导，热爱祖国，自觉践行社会主义核心价值观，认同公司价值理念，有强烈的事业心和责任感。

02 创新意识强，业绩突出，学风正派，品行端正，专业能力水平在本领域领先并得到广泛认可。

03 申报首席高级专家、高级专家、优秀专家、专家的，一般需现从事且累计从事本专业（领域）工作分别达到15、15、10、5年以上。特别优秀的，可适当放宽。

04 近3年内无违规、违纪行为，没有发生过直接责任的安全生产事故，无重大失误或造成不良影响。

05 员工近3年绩效等级积分累计达到4.5分且上年绩效达到B级及以上。

06 参选首席高级专家、高级专家、优秀专家、专家的，应为公司距法定退休年龄3年以上的长期在岗职工。

07 参选科技研发类的，应为从事科技研发工作的职工；
参选生产技能类的，应为生产一线从事技术技能工作的职工；
参选专业管理类的，应为各级单位本部从事专业管理工作的职工。

某电力企业对专家人才评选条件的规定

电力人才小百科

业绩条件

（一）高级专家

近5年内需至少符合以下2项要求：

01 作为主要完成人获得省公司级科技进步、管理创新二等奖及以上一项或三等奖两项（含相应级别专业奖项，下同）。

02 主持省公司级及以上科技、管理研究项目，相关成果得到有效应用，取得较大效益。

03 作为主要完成人获得省公司级及以上QC成果或职工技术创新一等奖及以上一项或二等奖两项。（仅适用技能类）

04 获得过省公司级及以上人才称号，在省公司本专业领域具有较大影响力。

某电力企业对专家人才评选条件的规定

电力人才小百科

业绩条件

（一）高级专家

近5年内需至少符合以下2项要求：

05 • 作为主要完成人在核心期刊发表论文一篇或获得发明专利一项。

06 • 主持完成省公司级及以上重要科研攻关、工程建设、攻坚任务等。

07 • 近3年每年承担省公司级及以上培训授课或资源建设任务不少于32学时；或担任2名及以上员工的技能师傅或职业导师，帮助徒弟取得重要成绩。

（二）高级专家其他业绩条件由各专业委员会制定。

（三）首席高级专家业绩条件应高于高级专家，业绩条件由各专业委员会制定。

（四）优秀专家、专家业绩条件由各单位自行制定。

某电力企业对专家人才评选条件的规定

电力人才小百科

优先条件

在专业评审环节，同等条件下，近3年具备以下条件者优先。

01 • 创新成果。获得省部级科技进步二等奖、管理创新一等奖及以上。

02 • 课题研究。承担省部级及以上重点创新研发项目的主要完成者，相关成果得到有效应用，取得较大效益。

03 • 应用技术。获得国家发明专利奖的主要完成者。

04 • 个人绩效。近3年积分累计达到5.5分的，优先评聘各类专家人才。

某电力企业对专家人才评选条件的规定

（四）电力企业人才能力素质模型的价值

根据国网安徽省电力有限公司等省级电网企业的实践，笔者认为，电力企业人才能力素质模型的独特优势和价值在于，通过找到当前电力企业优秀人才的共性特征，聚焦电力企业战略发展对优秀人才的要求，推动电力企业建立清晰、统一的人才标准，确保电力企业选人有参考、激励有依据、培养有目标，使员工成长有方向、努力有标尺，打造高绩效、电力企业高潜人才队伍，实现电力企业与优秀人才共同成长进步。

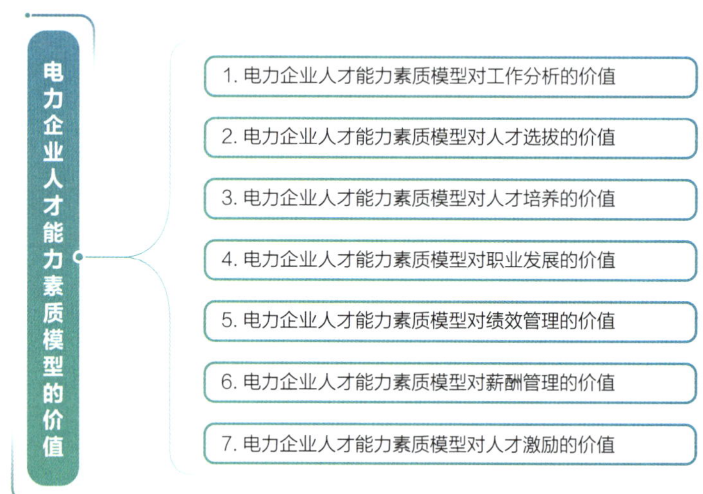

图 2-2　电力企业人才能力素质模型的价值

电力企业人才能力素质模型对工作分析的价值。电力企业工作岗位分析往往关注工作的组成要素。基于电力企业人才能力素质模型的工作分析，较为重视工作绩效优秀人才，突出与高绩效表现相关联的特征及行为。结合电力企业绩效优秀人才的特征和行为，界定电力企业某一工作岗位的职责内容，确保其具有较强的工作绩效预测性，为电力企业人才选拔、人才培训提供科学标准，也为电力企业人才职业生涯规划、薪酬设计、发展激励提供参考依据。

电力企业人才能力素质模型对人才选拔的价值。电力企业人才引进与选拔往往较为关注考察候选人的知识、技能等显性特征，对难以测量的核心动机、特质等隐性因素不够重视。如果挑选的人员不具备该岗位所需要的深层次胜任特征，改变员工的深层特征却是常规培训难以解决的,将可能给电力企业带来重大损失。以电力企业人才能力素质模型为基础的人才引进与选拔，有助于电力企业物色到具有核心的动机和特质的员工，避免由于人员挑选失误所带来的消极后果，降低电力企业培训成本。特别是对工作要求较为复杂的岗位挑选特殊人才，在候选人基本条件相似的情况下，电力企业人才能力素质模型在预测优秀绩效方面，比与任务相关的技能、智力、学历等更为有效。电力企业可以根据不同层级工作岗位要求的电力企业人才能力素质模型，在面试过程中通过考察候选人是否具备电力企业岗位胜任特征所要求的关键行为，提高电力企业人才引进与选拔的成功率。电力企业人才能力素质评估结果还能够用于对现有人员的调整，为具备不同能力素质的人才做匹配适合的工作岗位，做到人事相宜、人岗相宜。

电力企业人才能力素质模型对人才培养的价值。电力企业基于人才能力素质模型能够有效比较人才的实际能力与模型要求之间的差距，发现人才的能力优势和弱项，制定针对性人才培养计划，有的放矢突出培训的重点，杜绝低效甚至无效培训，提高培训效能。

电力企业人才能力素质模型对职业发展的价值。电力企业基于人才能力素质模型建立一个序列内的专业发展阶梯，明确每一发展阶段对能力素质的要求。如果电力企业员工达到能力要求，员工就可以进入相应的职位阶梯；建立不同专业之间的职业发展通道，改变职业发展中“千人万马挤独木桥”现象，更加有效吸引、保留、激励优秀，为电力企业创造更多价值。

电力企业人才能力素质模型对绩效管理的价值。电力企业人才能力素质模型的基础是区分优秀与普通的指标。电力企业人才能力素质模型基于人才能力素质模型，制定绩效考核指标，体现了绩效考核的精髓，真实反映电力企业员工综合工作表现，确保电力企业工作业绩优秀的员工及时得到回报，能够增强电力企业员工的工作积极性。对于工作绩效不够理想的员工，可以通过培训或其他方式提升其工作绩效，达到电力企业对员工的期望。

电力企业人才能力素质模型对薪酬管理的价值。影响电力企业人才薪酬的因素包括岗位、能力、绩效三方面。工作岗位的市场价值和内部价值评估决定岗位工资浮动范围，绩效决定员工绩效工资的多少。能力高的员工在不同级别工作岗位，岗位基本工资所处的区间范围相应有所差异。同一岗位上任职的不同人员的个人基本工资落在区间内的哪个点上，与其能力高低直接关联。电力企业通过建立基于电力企业人才能力素质模型的薪酬管理体系，严格绩效管理，可以有效激励优秀人才。

电力企业人才能力素质模型对人才激励的价值。电力企业人才能力素质模型，有助于电力企业全面了解人才需求，采取针对性激励措施。换而言之，电力企业人才能力素质模型可以为管理者提供激励人才奋发有为、锐意进取的依据。依据电力企业人才能力素质模型，电力企业能够找到创新人才激励的有效途径与做法，提升电力企业综合实力。

第二节　电力企业人才能力素质模型构建

一、电力企业人才能力素质模型构建的理论依据

经典测量理论。经典测量理论认为，个体内在的心理特质是不可知的“黑箱”，只能在特定的理论模型下，通过一定的输入刺激，获得输出的反应。通过输出的反应，推断“黑箱”内部心理特质的测评分数[1]。构建电力企业人才能力素质模型以经典测量为依据，通过人的外显行为来推断其心理过程。

信度效度理论。任何一个测评本身需有信度和效度。信度体现为多次测评的一致性，效度体现为测评结果的有效性。根据测验的类型、施测方式和应用场景，信度和效度都有不同的种类和计算方法，以此来判断一个测验的针对性和实效性[2]。

正态分布理论。正态分布理论是统计学理论在心理测评中的运用，对于大部分心理特质，测评数据往往呈现出正态分布的趋势。测量学家在编制测验时，将处于平均水平的心理特质的分数叫作常模。结合常模，以及样本数、标准差、偏离度等其他统计学指标，可以对测评得分有更为精准科学的分析[3]。

---

[1] 李艾. 构建新一代电力企业人力资源管理核心［J］. 广西电业，2018（1）：30－32.
[2] 吴雪清，钟帅纯. 加强电力企业人力资源管理的思考［J］. 电力技术经济，2018（4）：27－29.
[3] 彭剑锋. 人力资源管理概论［M］. 上海：复旦大学出版社，2011，333－338.

二、电力企业人才能力素质模型构建的基本方法

构建电力企业人才能力素质模型，是通过分析电力企业中绩效优秀人才的行为，将其综合提炼成为胜任特征，借助行为化的语言描述，使员工更好学习绩效优秀人才行为模式，创造更加优秀业绩的过程。电力企业人才能力素质模型的构建方法如下：

图 2-3　构建电力企业人才能力素质模型的基本方法

能力词典法。构建一个简单但适合电力企业某一特定发展阶段的人才能力素质模型。电力企业像查字典一样查找适合本企业的一些能力。电力企业可以把能力词典做成一张张卡片，借助研讨会，在卡片中选择适合岗位的行为和能力。能力词典法的经济成本相比较低，但是与电力企业实际情况的契合度有待商榷。能力词典法往往适用于规模比较小、管理成本压力较大的电力企业。

行为事件访谈法。BEI（Behavioral Event Interview）访谈法。以获取电力企业访谈对象行为事件为主要目的的访谈方法，主要关注电力企业访谈对象如何表现的和采取的具体行动。为了有效开展访谈，电力企业访谈人应该避免充当调查员、“医生”、老师、预测者、“推销员”等角色。STAR（Situation Task Action Result）法。将一个事件分为四个部分：事件发生的背景、事件发生时电力企业访谈对象要完成的任务与目标，访谈对象为了完成任务采取了哪些行为与步骤；访谈对象行为的结果。从电力企业实践来看，笔者认为，如果电力企业访谈对象可以讲述某个事件的全部细节，则这个事件是访谈对象亲身经历的。反之，则不是。如果电力企业将STAR法融入BEI访谈法，可以获得更为理想的效果。

问卷调查法。电力企业以书面方式间接搜集信息的调查方法，即电力企业通过向调查对象发出简明实用的问卷，请其填写对有关问题的意见建议，获得相关信息。问卷调查法适用于大范围调查员工及利害关系人，还用来检验已经构建的电力企业人才能力素质模型的正确性。

工作分析法。肇始于美国工业企业中，当时被称为岗位研究，后来又被应用于政府文官管理中，被称为职位分类。18世纪中叶，狄德罗在编纂百科全书的过程中实施了一次工作分析法。系统的工作分析法基于泰罗科学管理理论发展而来，出现于19世纪末20世纪初。1919年，巴鲁斯受美国国家内政改革委员会委托，对十万名公职人员进行问卷调查，以收集有关政府岗位任务的事实资料，基于工作分析法提出公职人员薪资等级划分标准。第二次世界大战期间，为了加强军队管理，提高测试选拔、培训培育效果，心理学家纷纷研究工作分析法。1950年，赛迪·范提出了“职能职业分类计划”理论。创立职能工作分析方法。20世纪50年代末，麦考密克在赛迪·范研究的基础上开发工作分析问卷。电力企业通过全面、系统、深入的信息收集方法，对特定工作职位作明确规定，确定完成工作所需行为的过程。典型的工作分析法是工作日志法，电力企业员工按照时间顺序详细记录其工作内容、工作过程，经过归纳分析来工作分析目的。工作日志法得到岗位胜任特征后，可以和 BEI 访谈法、问卷调查法相结合，整合形成电力企业人才能力素质模型。工作日志法的信息可靠性高、经济成本小，对于分析较为复杂的工作往往有效。但是，其往往适用于工作循环周期较短、工作状态稳定的工作岗位。工作日志法汇总、整理信息工作量大，归纳工作繁琐。此外，电力企业员工在填写工作日志时有时因为不认真而遗漏很多工作内容，从而影响分析结果。

三、电力企业人才能力素质模型构建的方法组合

构建电力企业人才能力素质模型一般不能依靠单一方法，往往需要结合电力企业实际，采取多种方法，经过综合分析来确定岗位胜任特征。

围绕典型案例应用 BEI、STAR 法。在选取电力企业访谈对象时要注意措辞和电力企业各部门、各单位实际情况。电力企业人力资源部门应该事先与电力企业各部门、各单位充分沟通，从访谈结果提到的行为中抽取一些能力素质，分别归纳、整理，对能力素质进行验证。

围绕工作日志应用 BEI、STAR 法。先问电力企业访谈对象一些简单浅显的问题，确保电力企业访谈对象尽快融入访谈氛围中。结合工作日志，要求电力企业访谈对象举出成功案例，追问案例细节，以此检验电力企业访谈对象回答的真实性，引导电力企业访谈对象说出成功的关键因素。要求电力企业访谈对象提供两个工作中经常遇到的、与本职工作有关的成功案例，引导电力企业访谈对象说出真实感受。

围绕典型案例应用问卷调查法。编制调查问卷前应当和电力企业各部门沟通，取得各部门负责人认同，再推进具体。访谈电力企业特定岗位员工，分析电力企业生产经营情况、发展方向及岗位职责等资料，列出电力企业工作岗位需要具备的能力素质清单、各项能力素质定义及能力素质的关键行为表现。编制调查问卷，

通过调研获取量化数据，检验得出能力素质。一般设计一个两页左右的中等长度问卷，问卷采取封闭式问卷、开放式问卷、混合式问卷相结合方式。问卷应当尽量采用匿名方式，尽量回避有争议名词，应当充分考虑题目有没有超出答题人的理解能力、记忆能力和计算能力，对于敏感问题可以设计一些模糊的答案。请相关工作岗位人员对问卷的设计、问题表述等内容提出意见，然后再修改，最终确定调查问卷终稿。发放、回收、统计问卷，将统计结果做出表格。分析统计结果，计算每一项能力素质的平均分和分数的离散程度，最终生成电力企业人才能力素质模型。

围绕典型案例应用工作分析法。电力企业人才人力资源部门根据工作经验和查阅工作日志法，编制电力企业工作日志表和工作日志填写说明。收集电力企业工作日志，在日志数量较多的情况下，可以先整理日志。详细分析业绩优秀员工的电力企业工作日志。分析所有人员的电力企业工作日志，总结、提炼岗位胜任特征。采用工作日志法提取胜任特征时，主要从工作行为入手，一方面描绘工作的具体内容，另一方面提出完成工作所需的技能和性格特征。

四、电力企业人才能力素质模型构建的关键步骤

从国网安徽省电力有限公司等省级电网企业实践看，笔者认为，构建电力企业人才能力素质模型包括六个步骤：确立绩效优秀标尺、明确信息收集对象、确定信息收集方法、信息分类以及编码、形成能力素质模型、校验能力素质模型。其中，确定信息收集方法、信息分类以及编码是两个关键步骤，也是构建电力企业人才能力素质模型的核心环节[1]。

（一）确立绩效优秀标尺

确立绩效优秀标尺的目的是为了确定电力企业访谈对象的访谈范围。梳理电

---

[1] 孙非. 人力资源管理和开发实务［M］. 天津：天津社会科学院出版社，2002，101－104.

力企业工作岗位，以电力企业对特定工作岗位的绩效考核为基础，确立电力企业工作岗位绩效优秀的标尺。对于不宜用量化数据描述的工作岗位，聚焦这些岗位的工作质量、时效性。还可以用 360° 测评法确定优秀绩效标准。

图 2-4 电力企业人才能力素质模型构建的关键步骤

换而言之，确立绩效优秀标尺的目的是区分电力企业绩效优秀员工与绩效一般员工。核心要点是建立特定工作岗位优秀员工的绩效标准。可以参考的信息是电力企业特定工作岗位说明书的绩效指标。主要方法是根据电力企业绩效考评指标确立绩效优秀标尺，还可以通过 360° 测评法确立绩效优秀标尺。

（二）明确信息收集对象

区分电力企业绩效优秀员工与绩效一般员工的目的是确定合适的访谈对象。通过电力企业绩效考核结果确定信息收集对象，也可以根据电力企业上级领导提名确定信息收集对象。为把影响访谈效果的因素降到最低，明确信息收集对象的过程要坚持双盲理论，即访谈人不知道在筛选的访谈对象中谁是电力企业绩效优秀者，谁是绩效一般者；所选定的电力企业绩效优秀员工与绩效一般员工不知道访谈目的和主要内容。

在明确信息收集对象过程中，应当要注意的是，所选择对象的业绩水平不是选择对象的唯一条件，还要考虑所选择对象应当具备电力企业工作岗位任职资格的最低要求，以及选择对象的数量要求。

（三）确定信息收集方法

信息收集是构建电力企业人才能力素质模型的核心环节。行为事件访谈法是电力企业收集信息相对准确的方法。行为事件访谈法借助对电力企业访谈对象过去行为事件深入访谈获取有关信息数据。访谈是否有效，与访谈对象的行为信息是否被充分挖掘出来密不可分。访谈人在访谈前要认真准备访谈提纲，访谈过程的录音、记录要认真保存。在实际工作中，有些电力企业在BEI访谈法中使用STAR法。按照STAR方法，访谈人可以逐步将访谈对象的陈述引向深入，逐渐挖掘出访谈对象潜在信息。

电力企业构建人才能力素质模型过程中，还可以采用以下信息收集方法：利用专家小组法收集信息。根据电力企业发展战略目标和业务特点，对电力企业组织结构中关键工作岗位所需要的素质进行推断，借助专家提供的内容框架，确定电力企业工作岗位的胜任特征。还可以深入访谈电力企业领导作为确定胜任特征的蓝本。此外，召集对电力企业目标岗位有深入认识的专家，收集专家对电力企业工作岗位核心素质的意见，将这些意见汇总整理，确定电力企业人才能力素质模型。与行为事件访谈法相比，专家小组收集信息法操作程序简单、时间成本较低、无需大量访谈对象。专家小组收集信息的准确性往往只能达到行为事件访谈法的水平，容易遗漏访谈对象思维方式、内驱力等方面的信息。利用评价中心法收集信息。评价中心法有机结合心理测验、面试、情景模拟等方法，是全面测评访谈对象综合素质的人才测评方法。20 世纪 50 年代，评价中心法由美国电话电报公司摩西博士在总结二战期间美军战略后勤局利用情景模拟法测评选聘敌后情报人员的成功经验基础上，开发并推广使用的一套主要适合评估经营管理特性的科学技术方法和规范化程序体系。电力企业通过评价中心法，分别测试绩效优秀员工与绩效一般员工，对比两类人群的测试结果，以发现电力企业绩效优秀员工与绩效一般员工之间的素质差异。评价中心法是电力企业人才测评方法中效度指数较高的测评手段，也是所有方法中较为复杂的方法。

（四）信息分类以及编码

信息分类与编码主要是汇总、分析通过访谈获得的信息、数据，是构建电力企业人才能力素质模型最关键的环节之一。电力企业人才工作者通过整理获得的所有信息、数据进行整理，归类表述统一素质的相关事件，逐渐明确同一工作岗位优秀绩效员工与绩效一般员工之间的行为、心理差距。这一过程中编码的独特价值是把行为事件访谈法收集到的“故事”细节分类、量化。

（五）形成能力素质模型

电力企业人才工作者把确定的同一工作岗位绩效优秀员工与绩效一般员工之间的行为与心理差距进行分类，划分为能力群、性格特征群、价值观与动机群等能力素质群。每个能力素质群包括数量不等的能力素质维度。每个能力素质维度用不同的能力素质等级来呈现。素质等级都用行为语言来展示。

换而言之，形成电力企业人才能力素质模型阶段的主要工作是素质定义和行为等级划分。素质定义是界定电力企业特定工作岗位对特定能力素质所要求的含义，行为等级划分是根据电力企业工作岗位中不同绩效水平的任职者在特定能力素质上所展现行为的强度划分。

（六）校验能力素质模型

形成电力企业人才能力素质模型之后，应当校验其有效性、准确性、完备性。电力企业人才工作者要和特定工作岗位有直接关联上级领导、平行同事、下属以及内外部专家共同评议岗位的能力素质模型。所有参与者还应当充分讨论，最终确定有争议的内容。电力企业校验人才能力素质模型可以采用德尔菲法、评价中心技术。德尔菲起源于古希腊有关太阳神阿波罗的神话。传说中阿波罗具有预见未来的能力。德尔菲法是在 20 世纪 40 年代由赫尔姆和达尔克首创，经过戈尔登和兰德公司进一步发展而成的，用于预测。1946 年，兰德公司首次用德尔菲法用来进行预测，后来德尔菲法被迅速广泛采用。电力企业通过德尔菲法，采用匿名发表意见的方式，通过多轮次调查专家对问卷所提问题的看法，经过反复征询、归纳、修改，汇总形成专家基本一致的看法。电力企业可以利用评价中心法，按照人才能力素质模型的关键指标，对另外一组绩效优秀员工与绩效一般员工进行测试和评价。比较测评的结果与电力企业人才能力素质模型，看绩效优秀员工是否可以通过测评结果表现出来。如果绩效优秀员工在测试过程中的行为表现与电力企业人才能力素质模型中的关键行为基本一致，则说明电力企业人才能力素质模型可信度较高。反之，则需要进一步优化电力企业人才能力素质模型。

电力人才小百科

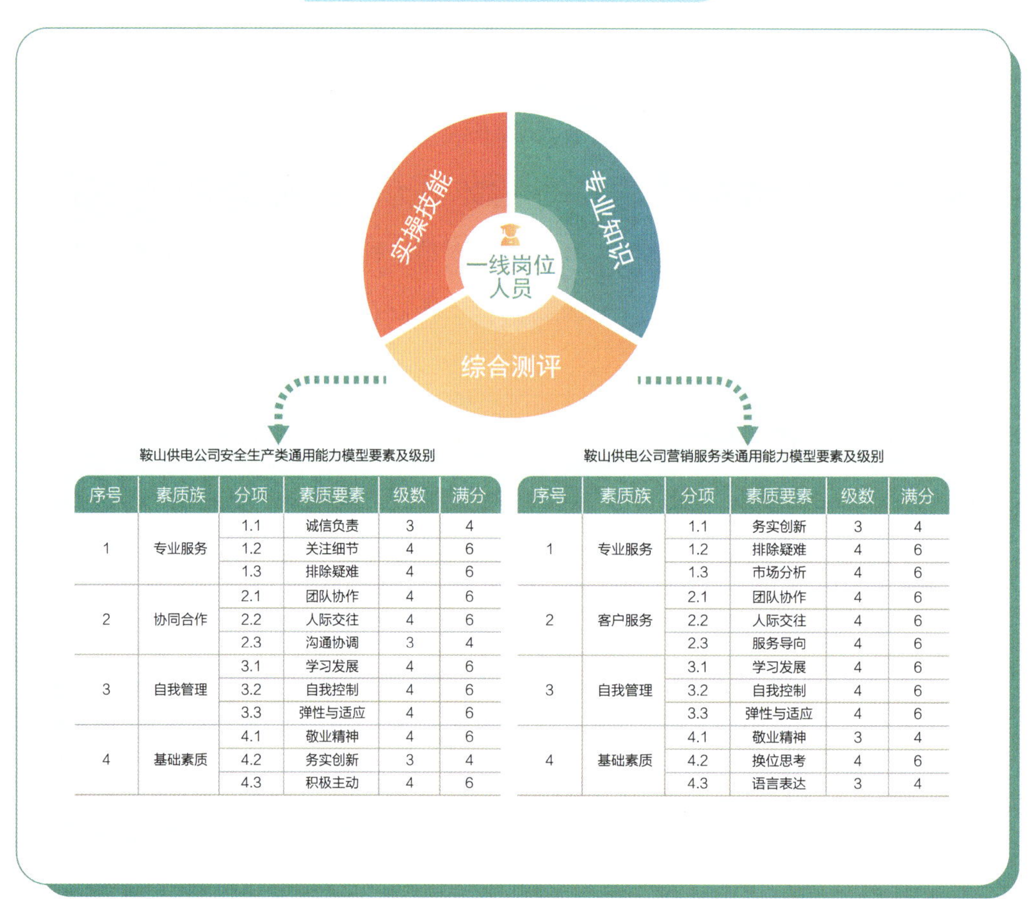

鞍山供电公司安全生产类通用能力模型要素及级别

序号	素质族	分项	素质要素	级数	满分
1	专业服务	1.1	诚信负责	3	4
		1.2	关注细节	4	6
		1.3	排除疑难	4	6
2	协同合作	2.1	团队协作	4	6
		2.2	人际交往	4	6
		2.3	沟通协调	3	4
3	自我管理	3.1	学习发展	4	6
		3.2	自我控制	4	6
		3.3	弹性与适应	4	6
4	基础素质	4.1	敬业精神	4	6
		4.2	务实创新	3	4
		4.3	积极主动	4	6

鞍山供电公司营销服务类通用能力模型要素及级别

序号	素质族	分项	素质要素	级数	满分
1	专业服务	1.1	务实创新	3	4
		1.2	排除疑难	4	6
		1.3	市场分析	4	6
2	客户服务	2.1	团队协作	4	6
		2.2	人际交往	4	6
		2.3	服务导向	4	6
3	自我管理	3.1	学习发展	4	6
		3.2	自我控制	4	6
		3.3	弹性与适应	4	6
4	基础素质	4.1	敬业精神	3	4
		4.2	换位思考	4	6
		4.3	语言表达	3	4

某电力企业一线岗位人员能力素质模型

电力人才小百科

业绩测评
测评
360°测评
一般管理和技术人员
公共基础
考试
上机考试
专业知识

鞍山供电公司营销服务类通用能力模型要素及级别

序号	素质族	分项	素质要素	级数	满分
1	专业服务	1.1	团队协作	4	4
		1.2	人际交往	4	6
		1.3	市场导向	4	6
		1.4	计划制定	4	6
2	客户服务	2.1	团队协作	4	6
		2.2	人际交往	4	6
		2.3	市场导向	4	6
		2.4	服务导向	4	6
3	自我管理	3.1	专业化	4	6
		3.2	学习发展	4	6
		3.3	自我控制	4	6
		3.4	弹性与适应	4	6
4	基础素质	5.1	诚信负责	3	3
		5.2	敬业精神	4	6
		5.3	卓越高效	3	4
		5.4	换位思考	4	6
		5.5	语言表达	3	4
		5.6	积极主动	4	6

鞍山供电公司规划类通用能力模型要素及级别

序号	素质族	分项	素质要素	级数	满分
1	专业服务	1.1	关注细节	4	6
		1.2	信息分析	4	6
		1.3	排除疑难	4	6
		1.4	计划制定	4	6
2	协同合作	2.1	团队协作	4	6
		2.2	人际交往	4	6
		2.3	沟通协调	3	4
		2.4	服务导向	4	6
3	自我管理	3.1	专业化	4	6
		3.2	学习发展	4	6
		3.3	自我控制	4	6
		3.4	弹性与适应	4	6
4	基础素质	5.1	诚信负责	3	4
		5.2	敬业精神	4	6
		5.3	卓越高效	3	4
		5.4	务实创新	3	4
		5.5	系统思维	4	6
		5.6	条理性	4	6

某电力企业一般管理与技术人员能力素质模型

第三节　电力企业人才能力素质模型应用

根据冰山理论，按照胜任特质能否改变，可以将其分为“可以改变的”“难以改变的”和“不可以改变的”[1]。一般而言，冰山以上的知识、技能，乃至一些

[1] 于桂兰，苗宏慧. 人力资源管理［M］. 北京：清华大学出版社，2009，117－214.

综合能力都是“可以改变的”。“难以改变的”是一些倾向、态度类的胜任特征。“不可以改变的”是一些动机类、人格类的胜任特征，主要包括内向、外向、成就动机、组织归属动机，这些更深层次的特征很多是天生的，也有一些是童年经历决定的。这些胜任特征有些无法改变，有些需要通过长期的教练、引导，甚至专门的心理咨询去解决。在实际工作中，除了个别超大型电力企业会对高管启动“高管教练”计划以外，对一般的电力企业来说，改变人的这些深层特质往往不太可能。构建电力企业人才能力素质模型应当从实际使用维度出发，思考某项胜任特征是否能够改变，才能更好地让人才能力素质模型为电力企业所用。电力企业人才能力素质模型主要应用于电力企业人才选拔、人才培养、人才评价。结合上述分析，笔者将阐述如何具体应用电力企业人才能力素质模型。

图 2-5 胜任特质分类

图 2-6 电力企业人才能力素质模型的运用

一、电力企业人才能力素质模型在人才培养中的应用

在电力企业人才培养方面，基于人才能力素质模型，应当更加关注电力企业员工“可以改变的”胜任特征，兼顾“难以改变的”胜任力。知识、技能培训是电力企业人才培训的重点。电力企业员工“难以改变的”的胜任特征能够通过案例学习、印发工作手册、优化工作流程等方式逐渐改进，不断提升电力企业员工能力素质。

二、电力企业人才能力素质模型在人才选拔中的应用

管理大师彼得·德鲁克指出：聪明的管理者要懂得用人所长。这就意味着，人做自己擅长的事情时更容易做到优秀❶。在电力企业人才选拔中，可以依托电力企业人才能力素质模型，将注意力聚焦候选人“难以改变的”和“不可以改变的”胜任特征。基于电力企业人才能力素质模型人才选拔，往往需要借助专业的心理测评量表，乃至引入评价中心。通过选拔具备“难以改变的”和“不可以改变的”胜任特征人才，有助于电力企业真正做到“不拘一格降人才”。

三、电力企业人才能力素质模型在人才评价中的应用

如果电力企业已经建立完备的任职资格体系，则“可以改变的”“难以改变的”和“不可以改变的”胜任特征都可以评价❷。可以借助电力企业人才能力素质模型，根据人才评价结果确定人才的任职资格晋升或者降级。一些电力企业每年都要做人才盘点性，还有的电力企业在年度绩效考核时把关键素质项纳入，则可以

❶ 戴维. 战略管理：概念与案例［M］. 第 12 版. 北京：清华大学出版社，2010，234－239.

❷ 于桂兰，苗宏慧. 人力资源管理［M］. 北京：清华大学出版社，2009，117－214.

把“难以改变的”胜任特征中的“态度类”作为考评项。这是因为专业技能是相对稳定的，如果得到提升则很难再降低，将新、老员工放在一起评价是有失公平的。而工作态度有可能随着电力企业员工不同职业发展阶段的心理变化而改变。此外，良好的工作态度对电力企业管理具有重要意义。

第四节　电力企业人才能力素质模型案例

典型案例一：某电力企业构建青年干部胜任力模型

近年来，某电力企业立足企业实际，构建青年干部胜任力模型，科学、有效采用现代人才测评技术，实现客观量才、科学选才、合理用才、知人善用，将最合适的人放到与之能力最匹配的岗位上，以期实现工作绩效的最大化。

青年干部胜任力模型建设主要是根据公司实际和战略发展需要，应用现代人才测评技术和方法，按照生产、技术、经营和专业管理四种类别，构建公司青年干部胜任力模型，同时建立了不同序列的胜任力要素的重要程度。

构　成　要　素

管理能力。对于青年干部来讲，一般来说其角色如下：某个县公司经理、地市公司的部门负责人或者省公司的处长，其管理既有复杂性需要决策，也有流程性需要坚决执行，但相对其上一层次的管理者，更应强调青年干部的执行力问题，而决策和战略相对较少些。执行力和领导力一样，是个相对宽泛的概念，对于不同层级的员工，执行力概念并不相同，作为一个中层的青年干部，管理当中组织资源的能力、具体工作事务的委派和过程中的监控、评估显得尤其重要。同时，在执行的过程中，作为一个管理者，在面对严重问题和人际冲突时的魄力，某种程度上决定了其执行的效力。

人际关系技能。由于青年干部在实际工作中涉及大量的一线事务处理和人员关系协调，所以其人际关系技能就直接决定了其工作和管理的效率。不仅要求青年干部能够做到自我认知和对下属及上级同事的特征了解，还需要懂得如何有效地领导团队，把个人的成功转变为整个团队的成功。

基本技能。作为一个大型电力企业，保持财务的持续健康、客户的满意度等都是其共性特征，作为执行主要角色的青年干部在实际工作中，面对今日之技术、管理、社会、政经和文化的剧烈变化，其快速的学习能力和创造力是解决各类问题的根本。

个性特质。在当下，唯一不变就是变化，那些愿意拥抱变革的人，他们有着共同的典型特征：责任意识、强烈的目标导向（追求成就）、良好的道德。对于一个管理者来讲，其能力技巧较容易通过培养、经验学习而获得，而个性特质则较为稳定，它是一个人深层次的动力所在。

构　建　方　法

个人访谈。在 30 分钟的访谈中，通过个人对其岗位关键行为描述、价值观倾向描述以及管理冲突情景下的选择等方面来初步判断被访谈者的各种能力倾向。

团队及管理模拟。通过现场管理情景模拟，来观察并记录每位管理者的各种能力运用水平。

意象分析及 MBTI 心理测评。意象分析也称人格意象分解，是心理学最前沿的专业研究成果，通过对人格的不同侧面做具象化的分解，使个体的人格得到全面分析和展示，并且达到前所未有的全面、清晰和直观。它较传统的问卷法更能消除个体内心的防御和伪装，使测评结果更加有效、直接和深入。综合荣格的人格分类学说形成的 MBTI，是一种迫选型、自我报告式的性格评估理论模型，用以衡量和描述人们在获取信息、作出决策、对待生活等方面的心理活动规律和性格类型。通过 MBTI 模型，性格和职业之间的联系得到了比较清晰地阐释。比如到达一定倾向度的 NT 型更适合做研究开发类职业，而不是从事销售或客服。到达一定倾向度的 STJ 更适合从事管理行政类职业，而不适合艺术、设计类职业等。

经过 70 多年的实践和发展，MBTI 现在已经广泛应用到心理学测量、企业招聘选聘、内部人才盘点及规划、职业测试等众多领域。

行动学习和 360 度评估。分别对评估对象的上级、下级、同事、自己进行每人 30 分钟的访谈，作为第三方，咨询公司的顾问独立给出了 5 名学员的能力水平分值。最后分别按照上级 35%、下级 25%、平级同事 10%、自己 10%以及咨询顾问 20%的权重比例进行最后的加权评分。结果显示每个人都或多或少得到了两项能力的提升，提升幅度为 5%～50%。

为了避免单次测试、单人测试引起的观察者的偏见及误差，个人能力测评采取多个专家、多角度测评，并对相关数据进行校正，确保测评的效度和信度，即测评结果的准确度和一致性。

典型案例二：某电力企业以提升队伍素质为目标的全员岗位胜任力评价管理

某电力企业紧紧围绕“以岗位胜任力评价为手段，盘点人员现状、盘活人才储备、提升队伍素质”的工作目标，利用行政能力在线测试、行为面试等多种科学测评方式，在充分调查、深入研讨的基础上，科学建立评价模型，通过高效运作的跨部门协同机制，构建以能力提升为中心的岗位胜任力评价体系，积极服务公司发展战略，推动人资专业关键指标有效提升，优化了组织构架、资源配置和能力素质与业务发展需求的匹配度，形成了“选、用、育、留”一体化人力资源评价体系。

开展档案核查，确保信息准确，提供数据支持

对照个人档案核查基础数据。为确保数据权威性，某电力企业利用 2 个月时间，完成对全体员工基础信息的全面梳理，通过查阅个人档案，对每名员工本人的基础信息、工龄、从业年限、学历、专业技术职称、职业资格等级共 6 大类 32 小类信息进行了重新校核，共计校对员工自然信息 10 万余条。

对照证书原件核查业绩信息。为确保数据准确性，某电力企业协同科技成果发布、荣誉证书颁发、学术成果管理、公文管理等部门，对每名员工的绩效结果、突出贡献、成果获奖、授权专利、论文著作、标准制定、竞赛调考、个人荣誉、传帮带贡献等 9 大类业绩信息进行比对校核，共计校对 3 万余条信息。

对照个人信息开展签字确认。每名员工对本人信息确认无误后，在个人信息校核表上签字确认并存入个人档案。通过该措施，不仅为员工岗位任职条件评价提供了“大数据”支撑，而且让每位员工对自己的基础信息有了全面了解。并为今后的职级职员评选，职称晋升等工作提供了数据查询便利。

广泛开展调研，构建评价模型，确定评价方式

构建模型的基本策略。从“问、看、重”三方面入手有效实施评价机制，一是“三问”即“问领导、问专家、问专业”，在征求了公司专业部门和领导班子意见并广泛研讨的情况下，构建科学可靠、导向明确的评价体系模型，通过量化评价结果准确衡量员工岗位胜任力。二是“三看”即“看能力、看业绩、看品行”，以评价工作能力为核心，突破以往“学历崇拜”“论文导向”等按图索骥的现象，注重岗位胜利力、注重德才兼备，通过品德、能力、业绩来评价员工岗位能力，把管用的人才选出来，把员工的短板找出来。三是“三重”即“重长远、重专业、重一线”，用长线思维，重视评价结果的远期应用，充分挖掘中层干部的潜力和隐性素质，充分发挥专业主管部门的专业能力，着重提升公司一线员工的知识结构和工作能力，培养一批一线“工匠”。

构建模型的基本内容。岗位胜任力评价模型包含 4 个测评维度以及 18 个行为因子。模型除了具备测评胜任力匹配度外，还兼顾了对管理潜质和综合推理能力测验，从更全面的视角评估干部未来发展空间和成长速度，找出优势和待发展项。

确定评价的方式权重。中层干部岗位胜任力评价包括在线试题测评、行为面试、干部年度考核三种方式。一般管理和技术人员岗位胜任力评价包括公共基础和专业知识笔试，上机考试，工作业绩评价和隐形素质评价五种方式。一线岗位

人员岗位胜任力包括理论考试、实操考试、隐形素质评价三种方式，考虑到各专业对一线人员理论和实操考核的侧重点不同，充分给予基层单位自行调整空间，公司只给出权重区间，不做硬性要求。

采用试点先行，积累工作经验，逐步开始实施

一般管理和技术人员的岗位胜任力评价。某电力企业率先开展了机关和综合服务中心管理人员的岗位胜任力评价工作。一是通过公共基础笔试着重对员工的阅读理解、公文写作、论述分析、申论等方面能力进行了摸底考查。二是利用机考方式，盘查了员工对 WORD 文字处理、EXCEL 表格应用、PPT 幻灯片制作等常用办公软件的熟练程度。三是采用闭卷考试形式，重点考察了员工所在岗位应知应会的专业知识。四是通过工作业绩评价分析量化了员工对本职岗位的贡献度，通过岗位胜任评价全方位量化了员工与本职岗位的匹配度。五是通过 360°测评全面了解了员工的专业服务、协同合作、自我管理、基础素质、敬业精神等隐性素质。

中层干部的岗位胜任力评价。某电力企业在积累了一定经验基础上，引入第三方咨询机构对全体中层干部开展了岗位胜任力评价。通过在线答题、半结构化行为面试、干部考核民主评议三种方式，对干部的洞察力、灵活应变、影响说服、培养下属、团队建设、决策判断、战略执行等隐性能力，以及管理潜质和综合推理能力进行了全方位测评，对全体中层干部和个体分别进行了盘点。找出优势和短板，做到培养有的放矢。

一线岗位人员的岗位胜任力评价。某电力企业在萃取了前两次评价工作经验的精华后，结合一线技能员工的工作性质和特点，开展了一线技能岗位员工胜任力评价工作。考虑到实操能力是一线职工的核心要素，公司适当减少了隐形素质的测评范围，加大了对业务技能的测评力度，侧重对专业基础、安全规程、制度标准、业务常识等方面考量。特别是对考核实际动手操作能力的部分，由各专业主管部门列出条款、制定标准、严格把关，形成公司《技能岗位实操标准库》。

发现问题短板，制定提升措施，提升队伍素质

发现问题短板。岗位胜任力评价报告清晰展现了各个层级的问题短板和优势长项，同时给出下一步提升建议。大数据分析得出某电力企业中层干部的主要问题包括：32%干部工作经历单一，专业协作不够顺畅；19%干部决策判断力一般，对工作要求不高；34%干部面对挫折与压力不能很好地控制自己的消极情绪，无法保持平和心态；50 岁至 55 岁干部工作积极性不高，新兴业务工作进度推进缓慢。一般管理和技术人员中，58%的人员面对不同意见比较容易妥协，面对复杂工作任务时，可能缺乏有效安排的规划性。36%一般管理人员在面对多个工作并行推进时会有些混乱或欠考虑；42%一般管理人员有时较难理智面对压力与批评，情绪容易起伏冲动；50 岁以上的一般管理人员主动接受培训的热情度不高，计算机常用办公软件基础较差。50 岁以上一线员工接受新事物、新方法的能力较差，习惯于传统工作思维和方式；35 岁以下一线青年员工技能水平弱化，不安于一线，动手能力较差；16%青年员工缺乏工作积极性，学习意识不强，眼高手低，没有清晰的职业生涯规划。

制定提升措施。针对岗位胜任力评价发现的短板问题，某电力企业实施了一系列提升措施。对于中层干部，公司通过加强主业与多经、机关与基层、市区与县区、各专业间等多方位的交流，丰富干部经验阅历，帮助其全面了解企业各专业情况。通过开展管理工具应用实训以及情绪管理、时间管理等素质提升培训，进一步增强干部领导能力。通过开展干部考核、警示教育、上党课、中心组理论学习等方式，不断强化干部党性修养。对于一般管理和技术人员，公司通过开展“协同攻坚”项目，强化各单位（部门）之间沟通协调，理顺业务流程，防止推诿扯皮；通过开展“柔性团队”攻坚，对非常规出现的突发问题的处理起到了良好的效果。通过开展公文写作培训、技能竞赛有效提升了文字材料处理能力。通过开展办公软件实用化送培训下基层活动，提升管理技术人员计算机软件应用水平。对于一线员工，公司通过开展“三无人员一对一帮扶”提升工程，极大提高了一

线员工的技能水平。实施青年员工“两步走”培养提升计划，为青年员工提供了自我展示的平台，满足了跨专业学习的需求，起到了多渠道历练的效果，为培养“一专多能”的复合型人才打下了坚实的基础。加强生产、营销实训基地建设，为一线职工提供良好的实操练兵平台，不断提升其业务技能水平，加快“大工匠”人才培养。

典型案例三：某电力企业基于分层分级能力模型实施新时代班组长素质提升计划

根据班组长岗位素质能力模型对班组长能力的分层分级描述，结合三星班组长（普通绩效班组长—优才）、四星班组长（优秀绩效班组长—英才）、五星班组长（卓越绩效班组长—将才）三个层级。为班组长搭建成长的阶梯，使得班组长前进有方向，成长有通道，进而确保班组长能力的成长循序渐进。

班组长分层分级培养体系

关键点	分批次培养、分重点推进		
三个层级	三星班组长（普通绩效班组长—优才）	四星班组长（优秀绩效班组长—英才）	五星班组长（卓越绩效班组长—将才）
阶段目标	夯实岗位技能	提升工作绩效	发挥标杆作用
培养思路	以“查漏补缺”为原则，对班组长队伍普遍存在的能力短板	以“绩效提升”为原则，通过对各项能力要素的逐一培养，使班组长能力进一步提升	以“全面发展”为原则，强调实际运用，通过各类活动使各项能力得以内化。
培养重点	岗位知识、技能、态度	管理效能、工作效率	管理进阶、经验萃取
培养形式	“请进来”与“走出去”相结合		
	“线上”与“线下”相结合		
	“理论”与“实践”相结合		
关键举措	明确胜任能力模型、明确任职条件、岗位胜任能力评价、构建培训体系及资源、加强效果运用		

建　　模

项目调研。前期进行需求挖掘和调研，提炼建模的数据基础，为后续培养思路设计、课程内容及优化、评估等奠定基础。在调研方式上，将同时采用线上调研和现场访谈，以增加调研的精准度。

构建模型。根据班组长岗位素质能力模型对班组长能力的分层分级描述，结合班组长的职业发展阶段，根据先巩固、再提升、后发展的思路，通过科学系统的评价，对班组长进行认证和划分，形成三星班组长（普通绩效班组长）、四星班组长（优秀绩效班组长）、五星班组长（卓越绩效班组长）三个层级。为建立科学、严谨、标准的班组长综合能力培养方案，需在理论研究和实践分析的基础上，建立班站所长通用能力成长分级模型。建模从班组长岗位胜任能力模型和其他基础来源出发，根据国家电网公司对班组长能力相关要求，拟定建模策略，采用分类、分步整合的方式，最终提炼出三星班组长（普通绩效班组长）、四星班组长（优秀绩效班组长）、五星班组长（卓越绩效班组长）三个层级等能力成长模型。

三星班组长（普通绩效班组长）主要能力项

参考维度	参考能力项	等级
安全管理	安全生产与管理	基础
沟通协调与员工辅导	自我控制能力	基础
	沟通协调与人际技能	基础
	技术素养与授课培训	基础
	学习与转化能力	基础
	学习技术、教练技术与教学设计	进阶
逻辑思维与公文写作	细节意识与企业公文撰写	基础
	质量意识、行业知识与专业文档撰写	基础
	企业文化与知识管理	进阶
	逻辑思维与逻辑推理能力	进阶
班组管理与绩效	客户服务意识	基础
	分析判断能力	基础
	责任意识、安全意识与事故防范能力	基础
	计划执行、统筹协调与商业技能	基础
	任务管理、问题与应急处理	基础

续表

参考维度	参考能力项	等级
班组管理与绩效	团队意识、团队凝聚力与团队建设	基础
	精益管理	进阶
	人才职业规划与团队发展规划	进阶
	人才激励、整合与绩效管理	进阶
	改革攻坚与变革管理	进阶

四星班组长（优秀绩效班组长）主要能力项

参考维度	参考能力项	等级
安全管理	安全生产与管理	基础
沟通协调与员工辅导	组织控制能力与自我控制能力	基础
	沟通协调与人际技能	基础
	技术素养与授课培训	基础
	学习与转化能力	基础
	学习技术、教练技术与教学设计	进阶
逻辑思维与公文写作	理解能力	基础
	细节意识与企业公文撰写	基础
	质量意识、行业知识与专业文档撰写	基础
	结构化书面表达能力	进阶
	南网文化与知识管理	进阶
	逻辑思维与逻辑推理能力	进阶
班组管理与绩效	客户服务意识	基础
	领导力与分析判断能力	基础
	责任意识、安全意识与事故防范能力	基础
	计划设定、执行、统筹协调与商业技能	基础
	任务管理、问题与应急处理	基础
	团队意识、团队凝聚力、团队工作文化与团队建设	基础
	精益管理	进阶
	流程管理与优化能力	进阶
	利益相关者管理	进阶
	人才职业规划与团队发展规划	进阶
	人才激励、整合与绩效管理	进阶
	改革攻坚与变革管理	进阶

五星班组长（卓越绩效班组长）主要能力项

参考能力维度	参考能力项	参考能力二级项	能力阶梯
知识、思维与通用能力	思考能力	理论武装（习近平新时代中国特色社会主义思想）	一阶
		哲学思维	
		逻辑运筹	
		结构化思维	
	知识能力	知识（公共资源）提炼	一阶
		专利技术（专有资源）运用	
		知识系统搭建	
		学科交叉分析	
		南网历史文化渊源	
		信息筛选与信息化管理	
	传授能力	培训模式设计	二阶
		培训实效评估	
		信息系统应用	
	沟通能力	场景化沟通	二阶
		公务谈判	
		书面化沟通	
		商业秘密（专有资源）保守	
	管控能力	情绪管控	三阶
		情商管理	
		组织管控	
组织与管理能力	战略能力	战略解码	一阶
		战略执行	
		文化聚力	
	决策能力	精准决策	一阶
		数据化管理	
		团队协作	
	领导能力	组织引领	二阶
		推陈出新	
		精益改善	
		利益均衡	

续表

参考能力维度	参考能力项	参考能力二级项	能力阶梯
组织与管理能力	运筹能力	流程优化与创新	二阶
		计划部署与监督	
		组织激励与政策运用	
	整合能力	组织资源整合（组织与管理能力）	三阶
		发展规划	
		危机管控	
		改革攻坚	
创新能力	安全生产与管理	安全意识与总体安全观	一阶
		五级电力安全和设备事件	
		安全工器具管理	
		作业安全无差错	
		安全检查回顾及持续改进	
		安全生产数字化管理（创新能力）	

选　拔

通过对班组长人才盘点，建立人才库。根据分层班组长岗位胜任力，提炼各层级班组长评判标准，组织班组长选拔考核。班组长人才的评判应符合两个原则，一是应基本符合现岗班站所长的任职资格；二是具备班组特定工作经历的人员应作为优先储备对象。为了对班组长人才现阶段知识能力水平作全面了解，应组织候选人参加“选拔考核”，考核形式为笔试，主要题型为名词解释、简答题、论述题等主观题，由省公司命题和统一组织，通过选拔考核的人员，正式具备对应层级的班组长资格，可优先安排参加对应层级班组长的培养和认证。选拔笔试的命题，应围绕着能力模型中能力要求开展。按上述选拔思路，评选一批政治强、业务精、懂技术、会管理的绩优班组长，激励更多的班组长勇于创新创效，支撑公司高质量发展。培育和选拔各级绩优班组长 4000 人，作为公司各级中层领导人员、专家人才、电力工匠等后备梯队人选。其中：五星班组长（卓越绩效班组长）1000

人、四星班组长（优秀绩效班组长）3000人。

培　　养

建立分级管理、分层实施、分类培训的组织体系。实行省、市公司两级培训管理。省公司负责优化班组长培训管理体系，统筹管理省公司级班组长培训计划项目、国网公司及以上的班组长外送培训；市公司重点组织编制本单位班组长培训项目储备和计划、组织实施培训项目、管理省公司级班组长外送培训。分层实施、分类培训。省公司重点储备和实施班组长提高性培训，围绕专业重点和行业发展趋势，针对班组长素质提升需求，安排拓展培训；市公司重点储备和实施班组长基础性培训，以岗位规范、岗位应知应会内容为主。

绘制新时代分层实施班组长素质能力学习地图。结合班组长岗位胜任能力模型，结合公司组织目标、岗位目标、个人目标的需要，差异化设计班组长培训课程体系。三星级班组长以“查漏补缺”为原则，对班组长队伍普遍存在的能力短板进行针对性培养；四星级班组长以“能力提升”为原则，通过对各项能力要素的逐一培养，使班组长能力进一步提升；五星级班组长以“全面发展”为原则，强调实际运用，通过各类活动使各项能力得以内化。

维度	培养重点		
层级	三星班组长（普通绩效班组长—优才）	四星班组长（优秀绩效班组长—英才）	五星班组长（卓越绩效班组长—将才）
阶段目标	夯实岗位技能	提升工作绩效	发挥标杆作用
培养思路	以“查漏补缺”为原则，对班组长队伍普遍存在的能力短板	以“绩效提升”为原则，通过对各项能力要素的逐一培养，使班组长能力进一步提升	以“全面发展”为原则，强调实际运用，通过各类活动使各项能力得以内化
培养重点	岗位知识、技能、态度	管理效能、工作效率	管理进阶、经验萃取

将以能力发展路径和职业规划为主轴设计学习地图，直接体现班组长学习发展路径，为班组长职业发展提供动态的能力标尺，学习更具针对性和多样化，引导班组长建立“个人知识管理体系”，养成自我学习意识和习惯，形成自我学习体系。

健全新时代班组长素质能力提升方式。“请进来”与“走出去”相结合。围绕班组长岗位需求，邀请系统内、外专家学者、知名教授等授课讲学，促进班组长及时学习最新理论成果和前沿理念。组织班组长到领先的科研单位、先进的装备制造企业等生产现场进行实训，到外部优质培训机构、邻省培训中心、知名高校等进行集中培训等，拓展班组长视野，培养创新、发展思维。“线上”与“线下”相结合。推行差异化、定制式培训，开展新任班组长、优秀青年班组长专项培训活动，将线下培训做实做细。充分发挥“互联网＋”优势，依托国网大学 App、i 国网等系统内学习平台，以及学习强国、腾讯课堂、钉钉直播等系统外学习平台和线上训练营等方式，开设云实训室、云讲堂，改变单一的“线下”模式，进行“远程式”教学和“碎片化”学习。“理论”与“实践”相结合。强化专业理论知识和传统文化的学习，聘请专家、学者解读前沿技术理论和重要政策法规等，拓展理论学习“广度”和“深度”。结合专业特点，采用现场实训、送厂培训、导师带徒等形式，选用授课、调研、参观、座谈、案例分享等具有实践性的培训方式，丰富班组长实践经验，促进能力素质提升。鼓励和推动班组长积极参与管理创新、科技攻关、专家人才（劳模、技能大师）工作室等团队，在充分发挥专业技术能力的基础上，通过课题研究、参与管理等方式，提升班组长管理能力和综合素质，为班组长积累业绩搭建平台。

评　估

评估分为三大部分，包括项目培养实施效果评估、线上训练营的实施效果评估和工作实践与转化评估等。

参考评估维度	参考评估方式
一、线下集中培训效果评估	过程评估调查——学员课堂表现情况
	前后测成绩对比（成绩提高幅度）
二、线上训练营效果评估	学习数据分析（参与度和通关成绩）

续表

<table>
<tr><th>参考评估维度</th><th colspan="2">参考评估方式</th></tr>
<tr><td>三、线下自学与工作实践</td><td colspan="2">工作问题解决与工作实践创新设计</td></tr>
<tr><td rowspan="3">四、培训长期影响力评估</td><td>三星班组长（普通绩效班组长—优才）</td><td rowspan="3">1. 年度绩效考核结果
2. 聘任考核
3. 公司层面各专业调考
4. 检验结果纳入各单位组织绩效考核
5. 长期职业发展追踪
6. 培养结束后 1 年内提交培训成果实践报告，重点阐述培训成果在实际工作中的运用</td></tr>
<tr><td>四星班组长（优秀绩效班组长—英才）</td></tr>
<tr><td>五星班组长（卓越绩效班组长—将才）</td></tr>
</table>

使　用

构建评估结果对班组长发展与任用的规定。通过评估结果，了解班组长素质提升情况，评估结果将作为班组长任用、晋升、绩效考评等基础和参考，有效解决培训质量评定和班组长发展和任用的问题。

畅通班组长领导职务成长通道。将班组长纳入领导人员梯队，确立“五级领导人员梯队”（班组长、专责→副科级领导人员→正科级领导人员→副处级领导人员→正处级领导人员）中班组长的基层领导人员角色，为班组长更多地参与公司管理创造机会，在管理岗位、科级领导人员选拔中，同等条件下优先考虑任用履职表现优异、评估结果优秀的班组长。

畅通班组长职员职级成长通道。通过职员职级序列的建设，择优选聘评估优秀的班组长进入对应层级职员，拓展班组长晋升通道。

畅通班组长专家人才成长通道。通过“四级四类”专家人才体系，遴选评估优秀班组长进入国网公司级、省公司级、地市公司级、县公司级专家人才序列，拓宽班组长晋升通道。

第三章

电力企业人才管理之源

人才盘点是电力企业人才发展的逻辑起点。人才盘点与选拔能够为电力企业人才全周期管理提供优质“种子”。为纵深推进电力企业人才发展工作，有必要对人才盘点的基本要求、科学方法、工作流程作全面介绍。

第一节　电力企业人才盘点基础

人才盘点起源于美国的通用电气公司。电力企业人才盘点，是基于电力企业战略需要，定义人才、识别人才和培养人才的行动。电力企业通过人才盘点，系统梳理人才现状，发现人才管理突出问题，提出针对性解决措施，推动电力企业形成优秀人才梯队，促进电力企业发展战略落地，确保电力企业实现可持续发展。

一、人才盘点发展历程概述

人才盘点的始祖。最早开展人才盘点的企业是。通用电气将人才盘点列为每年要进行的战略讨论和及其实施的一个重要部分。通用电气年度战略活动有四个部分：第一部分是长期战略，讨论和确定公司未来五年的战略规略；第二部分是次年的目标规划；第三部分是专门讨是讨论目前和未来的人才发展；第四部分是公司的守法和诚信的合规评价。第三部分活动主要专注于领导力发展，是人才盘点的始祖[1]。

人才盘点在西方。在西方学术界，主流管理学、人力资源管理论著，极少专门论述人才盘点。戴维·尤里奇、拉姆·查兰等管理学、人力资源管理泰斗，尽管在人力资源管理方面经常提出里程碑式观点，但是迄今尚无关于人才盘点的专门论著。这表明西方学术界认为人才盘点还不是人力资源领域主要板块。

人才盘点在中国。2010 年，人才盘点这一概念在我国正式出现。2012 年，我国第一部人才盘点专著《人才盘点–创建人才驱动型组织》出版发行。一部分企业开始实施人才盘点，一些咨询公司推出人才盘点咨询服务。截止 2021 年，我国大学人力资源管理教科书中还没有人才盘点专门章节。这说明人才盘点源于企业管理实践活动，正在践行中。

二、电力企业人才盘点内涵

人才盘点内涵观点综述。目前，国内外学者对人才盘点内涵的认识还没有完全统一。主要包括以下几种代表性观点[2]：有学者提出，人才盘点是盘点优势、发展领域、职业路径、职位空缺风险、继任者的流程。人才盘点是管理者盘点企业内人才的优势、待发展的领域、可能的职业发展路径、职位空缺的风险，以及现在和未来继任者的管理流程。有学者认为，人才盘点是对企业组织结构和人才系统管理的工作流程。人才盘点是对企业组织结构、人员配比、人才绩效、关键岗位的继任计划、关键人才发展、关键岗位的招聘、以及对关键人才的计划和激励进行深入讨论，制订详细组织行动计划，确保组织有正确的结构和出色的人才，

[1] 彭剑锋. 人力资源管理概论［M］. 上海：复旦大学出版社，2011，333–338.

[2] 罗宾斯，贾奇，孙建敏，李原，黄小勇. 组织行为学［M］. 第 14 版. 北京：中国人民大学出版社，2018，228–231.

以落实业务战略，实现可持续成长。换而言之，人才盘点是盘点组织结构、人员、继任计划、人才发展、招聘；讨论计划，落实战略，实现成长。有的学者认为，人才盘点是盘点绩效、优势和待提高方面，塑造竞争力，盘点组织效率、人才数量和质量，对组织发展、招聘、继任计划和人才发展和保留作决策。人才盘点对人力资源状况摸底调查，通过绩效管理及能力评估，盘点出员工的总体绩效状况、优势待提高的方面。人才盘点的目标是塑造组织在某个方面的核心竞争力，为达到该目标，对当前组织的运行效率、人才的数量和质量进行盘点，提前对组织发展、关键岗位的招聘、关键岗位的继任计划，以及关键人才的发展和保留做出决策。一部分学者则认为，人才盘点是辨识人才，实战练兵，统一语言，战略连接。人才盘点是辨识人才，全方位评价各级人才，让高潜浮出水面；实战练兵，展示并提升管理者的识人用人水平；统一语言，不同管理者用同一把尺子评价人；战略连接，真正将人力资源与战略连接在一起。此外，还有的学者认为，人才盘点就是人才盘点会议。

电力企业人才盘点概念。综合国内外学者观点，结合电力行业特点、企业实践，笔者认为，电力企业人才盘点是电力企业通过讨论会议等专业的人力资源管理工具，辨识高绩效及高潜力人才，制定人才继任计划，明确人才发展措施的管理过程。电力企业人才盘点的基本原则是：战略导向原则，也称业务导向原则，根据电力企业未来重点业务方向，明确电力企业人才盘点重点方向、任务。服务业务原则，不同电力企业业务类型差异很大，人才盘点时需弄清楚电力企业的业务类型，采用不同方法推进。把握重点原则，电力企业人才盘点要关注人才结构、数量、能力，即电力企业关键岗位分布态势，电力企业关键人才的数量，电力企业关键人才的必备能力。注重实效原则，根据电力企业所处的不同发展阶段开展人才盘点，确保电力企业人才盘点取得预期效果。

电力企业人才盘点方法。人才盘点会议，电力企业从上至下的分级盘点，挖掘电力企业每个层级的高潜人才，识别每个层级的团队健康度。推动领导者直接参与电力企业人才评价与发展，提高电力企业内部人才管理能力，树立电力企业人才发展的组织氛围。贴近业务，促进电力企业人才流动，在盘点过程中让电力企业人才工作者以业务伙伴角色参与盘点，通过盘点研讨促动电力企业内部人才横向流动。基于电力企业人才盘点结果的人才发展，确保电力企业人才盘点真正成为电力企业的管理流程和方法，落实电力企业人才发展举措，包括直接上级对高潜人才的一对一反馈、绩效辅导、下一阶段工作目标设定等。电力企业人力资源部在盘点结果确认后，为电力企业不同类型人才提供针对性发展方案，提升电力企业工作岗位所需专业技能、管理能力以及人际沟通等软技能。人才九宫格，摆脱以往只关注电力企业员工绩效结果的单一方式，通过综合绩效、能力两个维度，对电力企业人才评价更立体。通过九宫格分布，了解电力企业的人才健康度，更合理地区分人才，更有针对性地区别、管理人才、分配资源。

电力企业人才盘点价值。国外学术界、实务界对人才盘点的价值认识趋于一致，主要包括绩效评估、潜力评估、继任计划、盘点会议。国内理论界、实务界关于人才盘点价值的认识比较分散，几乎涵盖人力资源管理方方面面，乃至一部分业务运营、战略管理职能。结合国网安徽省电力有限公司等省级电网企业实践，笔者认为，电力企业现有人力资源管理体系正在发挥其应有作用，用电力企业人才盘点去代替电力企业人力资源工作已经存在的功能意义有限。电力企业人才盘点的价值，不是将电力企业人力资源管理已经到位的功能再次覆盖，而是在电力企业人力资源管理各项工作的基础上，给予有价值的补充，主要是潜力评估、继任计划。换而言之，电力企业人才盘点的价值在于找出高绩效、高潜力关键人才，确定电力企业人才继任者，为电力企业培训和开发关键人才奠定基础。电力企业人才盘点能够促进培养内部人才，有助于电力企业补齐人才短板，主要原因在于：一些电力企业在建立人才能力素质模型后，仅仅将其用于电力企业人才培训，而忽略与电力企业人才绩效考核相结合，或者仅仅用于评价高层管理者，导致人才能力素质标准无法在整个电力企业内部形成统一声音，电力企业员工认识不一致、行为不一致，产生的工作结果也不一致，电力企业无法形成强大合力。实施人才盘点有助于推行统一的人才能力素质标准。电力企业通过人才盘点，深入研究电力企业关键人才配比、关键岗位继任计划、关键人才发展、关键人才吸收与引进、关键人才晋升和激励，加强电力企业人才梯队建设，促进电力企业高质量发展。

三、电力企业人才盘点遵循

（一）找准电力企业人才盘点时机

电力企业每年组织一次人才盘点较为合适。电力企业出现以下情形，有必要组织电力企业人才盘点：

电力企业经营和治理模式发生重大变化。主要包括：电力企业所有制改革往往会导致领导人员更替，或者经营管理理念变革，往往伴随着大规模人员更替。电力企业产业升级，包括纵向拓展、横向拓展和矩阵裂变。电力企业纵向拓展，即电力企业业务链的深拓，基于电力企业业务链扩张与业务深拓，其优势是成本与定价，也是最为常见的一类产业升级策略。电力企业横向拓展，即电力企业平台深拓，是以电力企业核心竞争力为基础的扩张，最大优势是市场、用户、技术、流量等核心竞争力，往往具备跨行业竞争条件。电力企业矩阵裂变，即电力企业利益深拓，矩阵裂变服务对象是业务本身，是业务生态中的企业单元。电力企业经营和治理模式发生重大变化往往带来生产要素改变、结构改变、生产效率改变、服务品质升级、技术迭代、市场调整、管理转型，等等。这些因素影响电力企业人才选用育留，也会带来人才盘点需求。

电力企业发展目标发生重大变化。从电力企业经济性目标来看，如果电力企业发展目标是利润增长，提高电力企业人效和降低成本是必然选择。然而，什么是人效，评价人效的标准是什么，等等。面对全新挑战，电力企业应当关注人才素能，组织人才盘点，夯实人才发展、绩效管理、薪酬激励基础和前提。从综合性目标来看，越来越多的电力企业重视人才在战略、组织中的地位。建设一支与电力企业发展目标相适应的高素质复合型人才梯队，成为电力企业追求与目标。

电力企业人才盘点是人才队伍建设关键一步，能够帮助电力企业摸清人才“家底”，为电力企业人才靶向发展提供依据。

（二）破解电力企业人才盘点难点

电力企业人才盘点工作的主要难点是需求诊断和工具筛选。

电力企业人才盘点需求诊断。在一些电力企业人才盘点项目中，由于电力企业无法准确梳理出人才工作需求，导致效果不尽如人意。这就要求电力企业人才工作者要科学、有效引导本企业领导，作出正确决策，梳理出明确的人才发展、人才培养需求。

电力企业人才盘点工具筛选。电力企业人才盘点工具并非越前沿越好，更非难度越高越好，应当综合考虑电力企业发展需要、盘点对象综合素养、成本预算约束等。电力企业人才盘点可以综合采用人才基础信息表、人才九宫格、岗位系统分布图、指标系层次和结构盘点卡、胜任力评估表、胜任力盘点卡、素能模型、多级素能模型盘点卡、人才标准系模型、绩效盘点卡等工具[1]。

（三）掌握电力企业人才盘点技巧

实施标准化人才盘点。电力企业人才盘点对实施者的要求，主要取决于电力企业需求级别。为保证人才盘点效果，电力企业应当实施标准化人才盘点。标准化人才盘点能够解决绝大部分设计难题、实施难题。按部就班推进标准化人才盘点，可以保证电力企业人才盘点结果可控。非标准化人才盘点往往很难找到实施落脚点，浅层数据整理、模糊管理模块、不规范操作等突出问题，往往导致人才盘点结果质量不高。同时，也要认识到，电力企业人才盘点是管理诊断方法，而不是管理提升方法。如果完成标准化人才盘点，但是，电力企业既不优化人才发展目标，也不改进人才发展工作流程，电力企业人才盘点价值也就大打折扣，甚至会流于形式。

[1] 贝可. 人力资源管理实务［M］. 北京：清华大学出版社，2016，78 – 82.

电力人才小百科

所在单位（部门）	所在专业室/班组	岗位	姓名	性别	出生日期

集中部署编号	身份证号码	是否为运行岗位

最高学历

院校名称	所学专业	学历	学位	毕业时间
浙江大学	电气工程	硕士研究生毕业	硕士	2012/04/01

是否具有第二学位，如具备，填报一下信息

院校名称	所学专业	学历	学位	毕业时间
				/ /

最高专业技术资格	最高技能资格等级	职业资格证书	参加工作时间	初始薪档积分
工程师	高级工		2012.08.01	

以上信息，特别是对于学历、专业技术资格、技能等级、参加工作时间等4项信息为员工截止于10月31日的情况，现经本人确认属实无误。

员工本人签字：

签字确认时间：　　年　　月　　日

人才基础信息表

提升人才盘点的技能。电力企业人才工作者应当围绕本企业人才发展工作需要，加深对人才盘点标准工具的原理和设计思维的理解、领悟。电力企业人才盘点标准工具通用性较好，但是，电力企业人才盘点标准工具的实用度，是与电力企业需求和适用条件息息相关的。大多数电力企业人才盘点标准工具，能够解决一定程度的问题。但是，要更精准、全面、深入地解决问题，应当体现更多本企业元素。在电力企业人才盘点工具设计、应用上，电力企业人才工作者要有自己的认识，避免简单套用人才盘点标准工具，应当结合本企业实际，加大电力企业人才盘点标准工具的“本土化”转化力度，尽最大努力把电力企业人才盘点标准工具转化为具备电力企业特点、可操作性强的评估表。善于在操作细节适当做减法，有效利用人才盘点工具，将人才盘点中的问答题转化为选择题，既利用人才盘点工具效度，又降低实操难度。坚持长期主义，坚持循序渐进、微小迭代，确保电力企业人才盘点取得预期效果。

第二节　电力企业人才盘点流程

一、电力企业人才盘点形式

（一）理论基石

人岗匹配性。电力企业由不同层次、不同部门、不同单位的岗位集群组成。电力企业各个岗位对工作性质、工作内容、技术难度和责任要求不尽相同，对人才能力素质要求各不相同。人岗位匹配是电力企业人才管理的重大问题。实现人岗匹配，应当以对人和岗位的客观认识与评价为前提。电力企业人才盘点以人岗匹配为出发点和落脚点[1]。

特质稳定性。每个个体都有相对稳定的独特性。一个人自出生以来，经过长期的社会生活，逐渐形成个人的行为风格，个人特点一旦形成，就不容易改变[2]。

心理可测性。现代心理学理论认为，人的心理可以看作是一个“黑箱”，可以通过人的行为可以反映出来，能够通过人对外界刺激的反应来间接测量心理。大

---

[1] 高振华. 市级供电人力资源管理的构建［J］. 企业管理，2017（6）：16－17.

[2] 郝云宏，曲亮，吴波. 利益相关者导向下企业经营绩效评价的理论基础［J］. 当代经济科学，2010（1）：55－56.

量的心理测量实践表明，心理测量具有较高的准确性、可靠性，又具有一定的准确性[1]。

投射测验性。其理论基础是精神分析理论，认为个人无法凭其意识说明自己，必须借助某种无确定意义（非结构化）的、模棱两可的刺激情境为引导，才能使个体隐藏在潜意识中的欲望、需求、动机、冲动等泄露出来。主要用于探讨个体内在隐蔽的行为或潜意识的、深层的态度、冲动与动机。

（二）常见形式

电力企业人才盘点主要有三种形式：闭门盘点、开门盘点、绩效分析盘点。

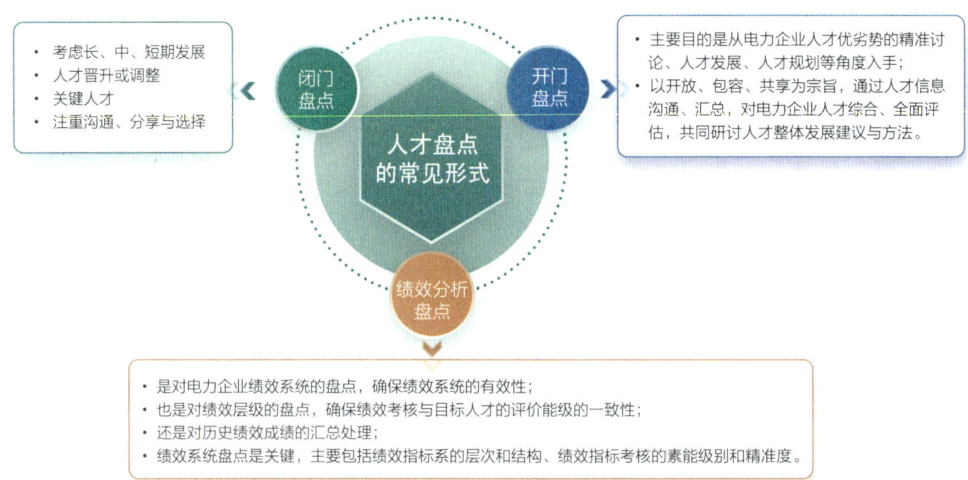

图 3－1　电力企业人才盘点的常见形式

闭门盘点。从电力企业长、中、短期发展、人才晋升或调整、关键人才等角度入手，注重对电力企业人才信息的充分沟通讨论，对分享的信息有一定限制，对参与者有一定选择。一言以蔽之，闭门盘点对外需要保持信息隐秘性，在参会人员中仍以开放、包容、共享为宗旨。闭门盘点的保密性、限制性主要由其结果应用的敏感性决定，也由盘点对象的特殊性决定。闭门盘点的参与对象包括电力企业领导、盘点对象的上级领导、人力资源部门负责人、人才工作内、外部专家。

[1] 彭剑锋. 人力资源管理概论［M］. 上海：复旦大学出版社，2011，333－338.

电力企业如果只是快速发现、准确识别高潜力人才，实施覆盖个别工作关键岗位的人才盘点，关门盘点是一种高效便捷的人才盘点方式。

开门盘点。由电力企业业务部门主导，通过召开电力企业部门人才发展圆桌会形式，讨论决定电力企业业务部门内部关键人才。开门盘点主要目的是从电力企业人才优劣势的精准讨论、人才发展、人才规划等角度入手，以开放、包容、共享为宗旨，通过电力企业人才信息沟通、汇总，对电力企业人才综合、全面评估，共同研讨电力企业人才整体发展建议与方法。换而言之，开门盘点强调信息一致性，开门盘点会上达成的共识信息，将反馈给电力企业盘点对象及其上级领导。开门盘点主要用于重点回顾电力企业关键人才的优势与劣势，全方位分析其综合能力，帮助电力企业关键人才制定中长期职业规划，聚焦电力企业关键人才发展与提升计划的设计与实施。开门盘点参与对象主要包括电力企业领导、盘点对象的上级领导及平行、上下游部门领导和同事、人力资源部门负责人、人才工作内、外部专家。

绩效分析盘点。对电力企业绩效系统的盘点，确保绩效系统的有效性。对电力企业绩效层级的盘点，确保绩效考核与目标人才的评价能级的一致性。对电力企业历史绩效成绩的汇总处理。其中，电力企业绩效系统盘点是关键，主要包括绩效指标系的层次和结构、绩效指标考核的素能级别和精准度。电力企业绩效系统盘点应当契合实际，过分追求高价值管理预期，有可能产生不可预估的风险。

上述三种方式各有优势、劣势，电力企业应当根据自身情况，选择合适自己的盘点方式。

二、电力企业人才盘点步骤

电力企业人才盘点主要包括以下步骤：

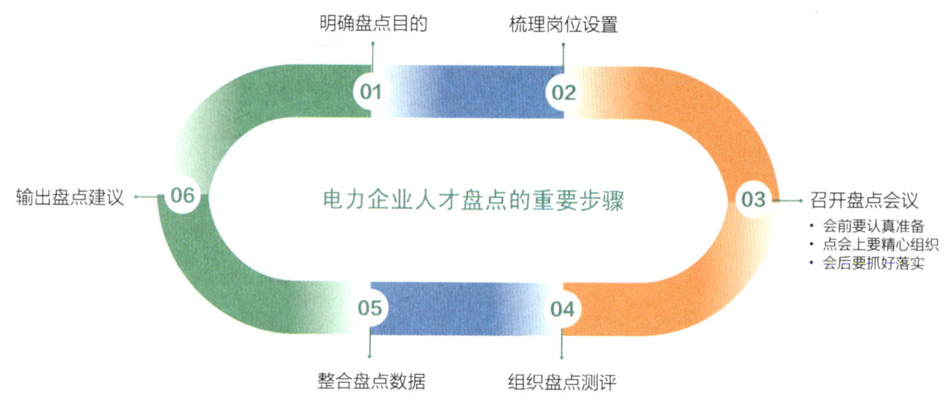

图 3-2 电力企业人才盘点的重点步骤

（一）明确盘点目的

处于不同发展阶段的电力企业，具有不同的电力企业人才盘点目的。对于推进战略转型的电力企业，对战略性人才盘点需求较为明显。对于业务流程保持基本不变的电力企业，则侧重于从职能层面开展电力企业人才盘点。电力企业人才工作者应当结合电力企业战略，与本企业领导、业务部门充分讨论，明确开展电力企业人才盘点的主要目的。

电力人才小百科

- 某电力企业在深入调查研究和广泛听取意见的基础上，出台《关于加强人才工作的指导意见》，提出要加强对标管理，既注重量化指标的对标，更注重管理制度、管理机制等方面的对标。
- 对各类人才制度和规划开展管理审计，运用 PDCA 有关工具加强后评价管理。
- 开展人才盘点和角色管理，挖掘业绩优、潜力高的人才开展系统性递进式培养，制定角色说明书，为人才赋能，构建具有世界一流企业特征的人才发展体系，将人才优势转化为公司治理体系和治理能力优势。

某电力企业提出要开展人才盘点，挖掘业绩优、潜力高的人才

（二）梳理岗位设置

对于推进战略转型的电力企业，电力企业人才工作者的首要工作是梳理电力企业新工作岗位设置，明确电力企业各部门编制人数。具体而言，借助趋势预测法、对标法、定额分析法等方法，核定电力企业工作岗位编制人数，明确新工作

岗位对人才的任职资格、能力要求。对于业务流程保持基本不变的电力企业，电力企业人才工作者的主要工作是梳理、细化关键工作岗位，以及不同等级岗位的任职标准、知识技能、能力素质等可衡量的标准，明确开展电力企业人才盘点的标准和尺度。

（三）召开盘点会议

电力企业人才盘点会议，是由电力企业运用科学、统一的人才评价标准来评估当前人才队伍的过程，有助于全方位了解电力企业人才现状，为电力企业找出支撑战略发展的高潜人才。召开人才盘点会议，主要是传递电力企业人才观，确保人才管理标准统一。电力企业人才盘点会议是对电力企业人才评定的校准，应当鼓励良性挑战。通过召开电力企业人才盘点会议，可以了解电力企业关键人才现状，为制定实施电力企业人才发展计划，优化电力企业人才布局奠定基础。

认真准备。收集电力企业盘点对象基础信息，主要包括员工基础信息、职业经历、教育经历、轮岗经历、项目经历、绩效结果、上级评价、奖惩和荣誉等。电力企业人才工作者应当推动电力企业各级管理人员与盘点对象个别谈话，加强沟通交流。自下而上，推动电力企业部门盘点，重点盘点工作能力评价、绩效评价、潜力评价，形成电力企业人才九宫格及今后发展建议。电力企业人才盘点会议中主持人的角色是协调者，从时间和主题上保证整个会议严格按照会议议程推进。主持人通常由电力企业人才工作者担任，也可以由业务部门负责人担任。在电力企业人才盘点会议中，应当落实业务部门主体责任，确保电力企业人才盘点结果有效推进。人才工作者应当以咨询顾问的角色，参与到电力企业人才盘点中，围绕人才与业务匹配，提出专业意见。

精心组织。电力企业一般利用半天时间，召开人才盘点会议筹备会，主要讨论电力企业人才盘点重大议题及盘点会议后续重点工作，切实统一人才管理标准、语言。电力企业人才盘点会议主持人介绍盘点规则和流程、各方角色，澄清人才盘点讨论原则，推动与会人员跳出自己所辖业务范围，从电力企业发展全局角度，以数据、事例为基础评价人才。引导与会人员认真倾听他人观点，根据多数原则，在思想碰撞中力求达成共识，对讨论过程和盘点结果严格保密。电力企业业务部门负责人作为汇报主体，与会人员提问，分享已往盘点会上讨论的主题，供大家参考。经过主持人引导，形成电力企业人才盘点会议共识，主要包括校准后的电力企业人才九宫格、关键工作岗位清单、关键人才发展计划、盘点对象个性化发展建议等。

抓好落实。结合电力企业人才盘点结果，设计高潜力人才差异化培养方案，把高潜力人才纳入电力企业员工轮岗交流计划。汇总各部门人才盘点整体分析报告，主要包括关键岗位清单、人才九宫格结果、高潜力人才发展建议等，形成盘点总结与分析。

（四）组织盘点测评

电力企业人才盘点会议主要是借助历史数据对人才进行主观性评估，有可能造成电力企业人才评价结果失真。电力企业还应当在人才盘点中组织人才测评。不同电力企业组织人才盘点的目的、背景、条件各不相同，应当根据测评目标、成本预算等因素，选择适当的电力企业人才测评工具。电力企业人才测评工具发挥工具价值，主要包括专业机构开发的标准化测评量表，测量、评价人才特定要素。电力企业人才测评工具依据测评要素分为：人格测评工具，其中，职业适应性测验，用于判定电力企业基础人才的职业发展方向及岗位调剂人员取向；性格测验，用于诊断电力企业员工对于岗位的肇事风险及自我认知。态度测评工具，包括工作态度评估测验、员工敬业度、满意度测验等，用于诊断评估电力企业人才的工作态度、意愿进行。能力测评工具，其中，胜任能力测验，用于测评电力企业员工与岗位及职级标准存在的能力素质差距；领导力测验，评估诊断电力企业管理人员的领导力水平。潜质测评工具，用于甄别潜质人才或关键岗位继任者[1]。聚焦国网安徽省电力有限公司等省级电网企业人才管理需要，笔者着重介

---

[1] 罗宾斯，贾奇，孙建敏，李原，黄小勇. 组织行为学［M］. 第14版. 北京：中国人民大学出版社，2018，228－231.

绍电力企业人才九宫格及其应用。电力企业人才九宫格，又称电力企业人才地图，能够形象标注人才所处位置，直观呈现人才分布状况，主要分为经典九宫格与高潜九宫格[1]。

电力人才小百科

一、自陈式测验

- 明尼苏达多相人格量表（Minnesota Multiphasic Personality Inventory，MM PI）。

最常用的人格测验方法之一，由明尼苏达大学哈撒韦和麦金莱于20世纪40年代共同创造编制，包括399个题目。MM PI既可以测定正常人的人格，也可以鉴别各类精神病。

- 卡特尔16种人格因素问卷（Sixteen Personality Factor Questionnaire，16PF）。

由美国伊利诺伊州大学人格及能力测验研究所的卡特尔教授在多年实践和研究的基础上编制而成。该问卷的理论基础是他的人格特质理论，问卷编制采用因素分析法，每个分量表考察一种人格特质，包括13~26个题目，整个问卷共有187道关于个人兴趣和态度等方面的题目，每题有三个可选答案，分别记0分、1分、2分。16个分量表或16种人格特质及高分者、低分者特征见表9-2。

- 艾森克人格问卷（Eysenck Personality Questionnaire，EPQ）。

英国伦敦大学心理系和精神病研究所艾森克教授编制的。艾森克将人格划分为内外向（E）、神经质（N）和精神质（P）三个维度。该测验共有85个问题，要求受测者阅读每个问题，并决定该问题是否符合自己的实际情况，符合的选“是”，不符合的选“否”。

二、投射测验

- 罗夏克墨迹测验。

由瑞士精神病学家罗夏克经过长期试验和比较研究后编制而成。10张经过精心制作的墨迹图中，5张为黑白图片，墨迹深浅不一；2张主要是黑白图片，但加了红色斑点；3张为彩色图片。施测时，首先让受测者对所看到的墨迹图进行自由联系；然后针对每张图片都向被试提出这样的问题：“这可能是什么？”“你看见了什么？”“这使你想起了什么？”等。根据所获资料按照测验手册中的描述，解释被试的人格特征。

- 主题统觉测验（Thematic Apperception Test，TAT）。

由美国心理学家莫瑞和摩根于1935年创制。TAT是一种窥探受测者的主要需要、动机、情绪和人格特征的方法，实施过程是向受测者每呈现一张意义模糊的图片，就鼓励他们按照图片不假思索地编述故事：图片表示发生了什么，发生的原因，将来的演变，可能的结果以及个人体会等。从故事中分析一系列的“需要”和“压力”。需要可派生出压力，而且正是由于需要与压力控制着人的行为，影响了人格的形成和发展。通过主题统觉测验，可以反映一个人的人格特点。

人格测评常用方法

[1] 贝可. 人力资源管理实务［M］. 北京：清华大学出版社，2016，78－82.

人格测评常用方法

一、自陈式测验

明尼苏达多相人格量表（Minnesota Multiphasic Personality Inventory，MM PI）。最常用的人格测验方法之一，由明尼苏达大学哈撒韦和麦金莱于20世纪40年代共同创造编制，包括399个题目。MM PI既可以测定正常人的人格，也可以鉴别各类精神病。

卡特尔16种人格因素问卷（Sixteen Personality Factor Questionnaire，16PF）。由美国伊利诺伊州大学人格及能力测验研究所的卡特尔教授在多年实践和研究的基础上编制而成。该问卷的理论基础是他的人格特质理论，问卷编制采用因素分析法，每个分量表考察一种人格特质，包括 13～26 个题目，整个问卷共有 187 道关于个人兴趣和态度等方面的题目，每题有三个可选答案，分别记0分、1分、2分。16个分量表或16种人格特质及高分者、低分者特征。

艾森克人格问卷（Eysenck Personality Questionnaire，EPQ）。英国伦敦大学心理系和精神病研究所艾森克教授编制的。艾森克将人格划分为内外向（E）、神经质（N）和精神质（P）三个维度。该测验共有 85 个问题，要求受测者阅读每个问题，并决定该问题是否符合自己的实际情况，符合的选“是”，不符合的选“否”。

二、投射测验

罗夏克墨迹测验。由瑞士精神病学家罗夏克经过长期试验和比较研究后编制而成。10张经过精心制作的墨迹图中，5张为黑白图片，墨迹深浅不一；2张主要是黑白图片，但加了红色斑点；3 张为彩色图片。施测时，首先让受测者对所看到的墨迹图进行自由联系；然后针对每张图片都向被试提出这样的问题：“这可能是什么？”“你看见了什么？”“这使你想起了什么？”等。根据所获资料按照测验手册中的描述，解释被试的人格特征。

主题统觉测验（Thematic Apperception Test，TAT）。由美国心理学家莫瑞和摩根于1935年创制。TAT是一种窥探受测者的主要需要、动机、情绪和人格特征的方法，实施过程是向受测者每呈现一张意义模糊的图片，就鼓励他们按照图片不假思索地编述故事：图片表示发生了什么，发生的原因，将来的演变，可能的结果以及个人体会等。从故事中分析一系列的“需要”和“压力”。需要可派生出压力，而且正是由于需要与压力控制着人的行为，影响了人格的形成和发展。通过主题统觉测验，可以反映一个人的人格特点。

电力企业人才经典九宫格。亦即绩效－能力九宫格，使用绩效和能力两个维度的九宫格，是电力企业人才盘点中常用的一种人才地图，综合看电力企业人才的过去和现在，推测人才未来可能性。经典九宫格通过绩效和能力结果数据的强制分布，将电力企业人才归类，以期为处在不同位置的电力企业人才配置不同的发展措施，确保人才发展与电力企业发展相匹配。在经典九宫格中，电力企业人才共分为四个梯次。第一梯次，是高绩效、高能力的电力企业人才，电力企业应当用好这一梯次的人员，应当根据他们的需求，给予更高职位，或者给予更有挑战性的工作内容，以保证这一梯次的人员持续产生高质量结果。第二梯次，是高绩效或者高能力而另一项处于中等水平的电力企业人才，电力企业应当根据绩效或能力短板制订针对性解决方案，发挥绩效或者能力优势，促进人才走向第一梯次。第三梯次，是能力和绩效均处于中等水平的电力企业员工，以及中绩效或高绩效但能力中等或者偏下的人，是电力企业人才发展的重点。第四梯次，是绩效和能力都较差的电力企业员工，需要适时调整优化。经典九宫格容易操作，电力企业在人才业绩不理想或者人才整体胜任力不足时，可以选择经典九宫格，快速盘点电力企业内部人员，明确电力企业人才发展计划。

电力企业人才高潜九宫格。又称为绩效－潜力九宫格，是使用绩效和潜力两个维度的九宫格。其纵坐标轴的潜力是指电力企业人才今后发展速度。高潜九宫格着眼于电力企业未来，盘点的是高潜人才，用于了解电力企业今后人才供应情况。在高潜九宫格中，电力企业人才也分为四个梯次。第一梯次，是绩效和潜力都很高的电力企业明星人才，是高潜力员工也是电力企业重点培养对象，电力企业要针对性地倾斜培养资源，加速其发展。第二梯次，是高绩效－中潜力或高潜

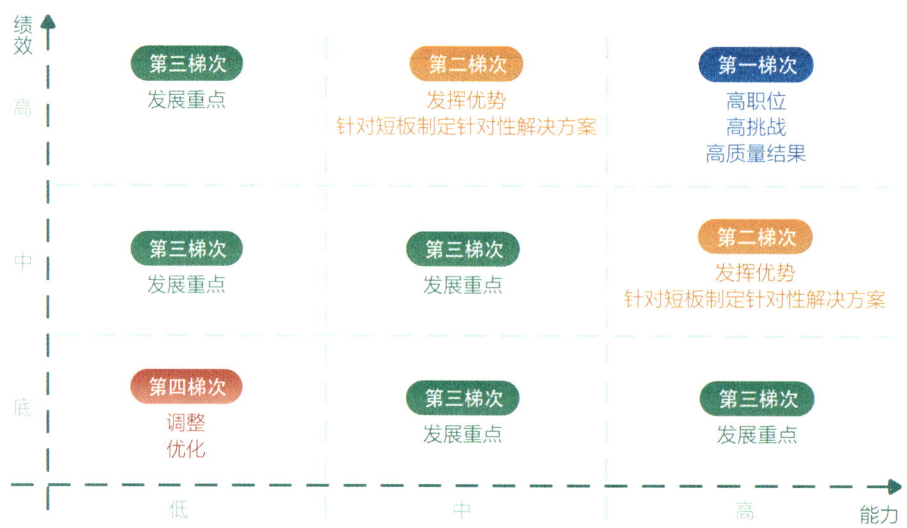

图 3-3 电力人才经典九宫格

力-中绩效的电力企业人才，是电力企业重点关注对象，可以根据他们集中的短板制定针对性培养措施，进一步提升他们的能力，使其走向第一梯次。第三梯次，是高绩效-低潜力、中绩效-中潜力或中绩效-低潜力的电力企业员工，可以请高绩效的人担任他们的导师，或者对中绩效的人提高绩效要求。第四梯次，是潜力和绩效都比较低的电力企业员工，需要适时调整优化。

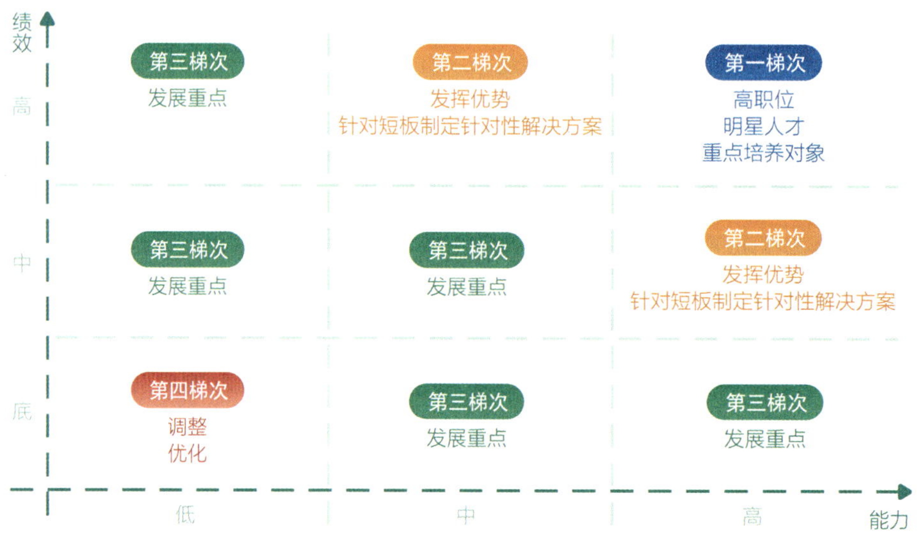

图 3-4 电力人才高潜九宫格

电力企业人才九宫格应用。电力企业人才九宫格可以直观形象展现“谁是你最重要、值得关注和发展、值得投入资源的人才”[1]。电力企业人才九宫格既是电力企业人才盘点的产出，又是制定电力企业人才发展计划的重要依据。对于不同人才群体，电力企业应当采取针对性人才发展措施。在电力企业人才九宫格右上角的，是绩效、潜力双高的电力企业明星人才，下一步应当考虑重用、晋升，给予电力企业明星人才更好发展平台和机会，还应当为电力企业明星人才一对一匹配电力企业高级管理人员，提供个性化指导、帮扶，促进电力企业明星人才发展。处于人才九宫格中原地带的，是电力企业业绩的稳定贡献者，下一步应当投入适当资源，重点关注和培养。但是，考虑到其数量较多，一般不进行点对点辅导，而是批量式培养、发展。还有一部分绩效较好，但是能力、潜力欠佳的电力企业员工，应当注重提升他们的能力。同时，加强企业文化建设，引导其保持旺盛斗志和积极性，确保其实现持续高产出。位于电力企业人才九宫格稍微偏右下角一些的，属于综合能力、潜力尚可，但是绩效表现不佳的电力企业员工。电力企业应当深入分析其能力较强、潜力较大，但是绩效平平的原因。如果是外界因素，电力企业应当优化其工作条件，适当向其倾斜一些资源，激发其工作热情。如果是人岗错配，以至于其能力在目前的工作岗位用不上，则需要调整其工作岗位，或者着眼于胜任当前工作，针对性开展电力企业人才培训。位于电力企业人才九宫格最左下角不达标的人群，是能力、绩效双低的电力企业员工。电力企业应当为其提供绩效辅导，全面分析问题所在，还应当考虑实施人才优化，包括调岗、调整职责，乃至解除劳动合同。

（五）整合盘点数据

电力企业人力资源、业务部门结合人才盘点要求，共同整合分析人才盘点会议和客观性人才测评的数据，形成针对部门、专业人才盘点工作的结论性报告。整合电力企业人才盘点数据应当做到人才盘点会议和人才测评的数据能够相互验

[1] 彭剑锋. 人力资源管理概论［M］. 上海：复旦大学出版社，2011，333－338.

证、互相支持。对于存在冲突的数据应当及时会商研判，进一步挖掘信息，确保数据的一致性。

（六）输出盘点结果

无盘点不计划，无盘点不规划。这就意味着，电力企业人才盘点不是目的，而在于输出电力企业人才管理措施。电力企业人才盘点的主要目的是发现电力企业各部门、各专业人才队伍存在的结构、数量等方面的问题，对后续人才工作提出针对性管理措施。电力企业人力资源部门应当根据各部门、各专业人才盘点的结果，与业务部门负责共同分析、规划各部门、各专业的人才吸纳储备、培养培训及关键人才保留计划，为电力企业持续健康发展提供可靠的人才梯队。

第三节　电力企业人才盘点成果

图 3-5　电力企业人才盘点成果

一、电力企业人才盘点直接成果

电力企业人力资源部门应当根据各部门、各专业人才盘点结果，提出以下几项关键人才管理计划：

电力企业人才储备计划。针对电力企业相关部门、专业人才缺口，提出需求岗位、需求人数、吸纳或储备渠道、到岗时间等，电力企业人力资源部门统计电力企业各部门、各专业人才吸纳储备数据，形成下一年度、下一阶段电力企业人才储备计划。

电力企业人才培养计划。电力企业人力资源部门按照人才专业序列和岗位等级，统计各专业、各岗位培训需求数据，形成分层分类的员工培训需求，形成下一年度、下一阶段电力企业员工培训计划。

电力企业人才调配计划。电力企业人力资源部门要根据各部门、各专业人才盘点数据，分析人岗匹配度低的员工。按照人才客观职业兴趣和主观职业意愿，为人才在电力企业内部找到合适工作岗位和职业发展方向。对确实无法满足电力企业及岗位要求的员工制定人才优化、分流计划，甚至解除劳动合同。

电力企业人才保留计划。在人才盘点过程中，电力企业可以借助工作态度测评工具，全面评估员工敬业度、满意度，也可以借助盘点数据发现电力企业各部门、各专业关键人才对工作岗位、直接领导、工作环境等影响工作态度因素的满意状况。电力企业应当根据测评结果，采取针对性关键人才发展措施，提升电力企业关键人才获得感，保留电力企业关键人才队伍，降低企业人才流动率。

二、电力企业人才盘点派生成果

人才盘点会议有利于电力企业发现某些管理问题，通过交流讨论，电力企业高级管理层能够对这些问题的解决达成一致。电力企业人才盘点会议有时会产生人才的晋升和加薪等派生成果。主要包括：

电力企业关键人才破格晋升。在已经出台电力企业人才晋升、薪酬激励管理办法的基础上，电力企业借助人才盘点会议，为电力企业关键人才破格晋升、特别加薪提供依据。换而言之，电力企业关键人才破格晋升、特别加薪往往是在人才盘点会议中，为挽留离职风险较高的电力企业关键人才而做出的决策[1]。

电力企业绩效欠佳员工处理。在电力企业人才九宫格的最左下方的位置，是绩效和潜力都欠佳的员工。电力企业人才盘点会议是一个畅所欲言、有数据和事实支持的沟通交流平台，把与会人员平时没有恰当的途径表达的对个别问题员工的意见，通过深入讨论，达成基本一致的处理意见，包括调岗、降级，乃至解除劳动合同等。

电力企业组织机构调整建议。在电力企业人才盘点会议中，有时会从人才讨论，延伸到电力企业的组织建设层面。为便于电力企业人才盘点讨论，往往会展示电力企业组织架构图。电力企业关键人才储备计划，也应当以电力企业组织结构为基础。与会人员往往在电力企业人才盘点讨论中，通过“头脑风暴”，对电力企业组织能力建设产生构想，其结果可能是合并部门、撤销部门、新设部门，或者调整部门功能[2]。

电力人才小百科

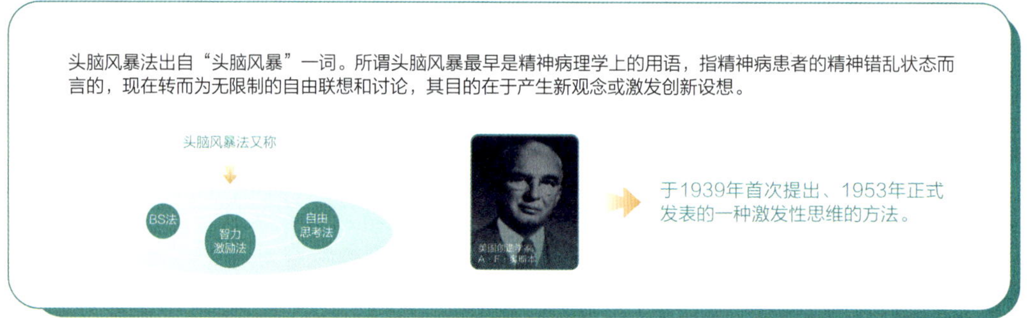

头脑风暴法

头脑风暴法出自“头脑风暴”一词。所谓头脑风暴最早是精神病理学上的用语，指精神病患者的精神错乱状态而言的，现在转而为无限制的自由联想和讨论，

[1] 贝可. 人力资源管理实务［M］. 北京：清华大学出版社，2016，78－82.

[2] 罗宾斯，贾奇，孙建敏，李原，黄小勇. 组织行为学［M］. 第 14 版.北京：中国人民大学出版社，2018，228－231.

其目的在于产生新观念或激发创新设想。头脑风暴法又称智力激励法、BS 法、自由思考法，是由美国创造学家 A·F·奥斯本于 1939 年首次提出、1953 年正式发表的一种激发性思维的方法。

第四节 电力企业人才盘点案例

典型案例一：某电力企业启动年度人才盘点

某电力企业组织部于近日召开人才盘点会议，启动年度人才盘点工作。本次盘点面向该电力企业所属供电服务中心技术人员、班组长及青年员工，对其近一年内业绩、能力进行分类评估。组织部对人才盘点的目的、意义、实施要点及“4+X”能力评价模型、“九宫格”盘点工具进行了详细介绍；班组长列举客观实例、详细介绍了本班组员工近一年业绩表现；部门负责人进行有效补充，使用能力评价量表对每位员工的职业素养、基本岗位素质、专业能力等一一打分，并综合考虑业绩、能力表现放入九宫格相应位置；组织部针对存在评价意见不统一、争议较大的情况开展现场纠偏和沟通反馈，确保本次盘点结果科学准确。通过本轮对供电服务中心人才“家底”的盘点，组织部全面诊断了该中心的人才队伍现状，收集了针对每类员工的翔实可靠的评价数据，为公司搭建人才梯队、推动员工成长成才奠定了坚实基础。

典型案例二：某电力企业拓展人才盘点成果，实施“英才计划”强化队伍建设

某电力企业把人才建设作为企业发展的硬支撑和软实力，积极拓展人才盘点成果，深入落实“英才计划”和“工匠计划”，精准发力选才、育才、用才，过程致力于氛围营造和技术拔高，结果致力于典型引领和孵化工匠，打造发现、培养、激励、管理、评价为一体的青年成长成才培育模式，盘活用好各类人才资源，为

公司高质量发展提供人才保障和智力支持。

探索人才评价“数字化”。运用大数据思维开发 360° 全方位人才评价系统，通过多维数据的抽取汇聚及关联性分析，对人才的能力特质进行精准画像；根据不同层次、不同岗位的人才评价标准与评价周期，全周期记录人才成长，拓展人才储备库信息源；通过人才盘点和岗位胜任力分析等方法，将岗位能力、个人画像、人才评价数据等紧密联合，实现能岗匹配和人事相宜；通过制定岗位继任计划，实施人才的梯次培育和主动培养；将人才的培养、选拔、考核、使用建立在客观分析的基础上，以数据辅助决策、创新推动精益、系统取代人工，促进人才管理工作更具方向性、针对性和目标性，为精准识人、严格用人提供有力支撑。《基于大数据思维的 360 度全方位人才评价分析》荣获国网山西省电力公司第四届大数据应用创新大赛一等奖。

创建人才储备“英才库”。结合人才盘点结果，研究制定《落实“英才计划”加强人才队伍建设方案》，指导 34 个基层单位制定“英才计划”落实子方案，实施“专业化”人才培育。以人才盘点结果为依据，建立公司“百人英才库”，重点培养四级正职、优秀四级副职、班股长、年轻大学生、“三晋英才”、轮训优秀学员。

选拔技能精英“大工匠”。加快推进“工匠计划”人才战略落地，面向输电运检、电缆运检、电气试验等电网核心专业实施技能精英培育工程，组建首支技能“精英团队”。用好人才盘点结果，开展专家人才选聘。

建设岗位成才“实战地”。开展“三级五百”上挂下派工程，输送优秀青年骨干到省公司挂职，遴选优秀大学生在市县公司、直属单位间挂职。在所属各单位内部全面开展青年员工挂职锻炼。在全市各供电所开展青年员工挂职，供电所任职挂职覆盖率达 100%。

岗位职级提升有途径。有序推进职员职级聘任，拓展深化人才盘点成果，修订下发《公司业务支撑与实施机构、县公司六至八级职员职级序列管理实施方案》《公司职员职级序列管理实施细则》，新增六至八级职员编制 300 余个，有效拓展了优秀员工的职业成长空间。

典型案例三：某电力企业基于人才盘点打造“四行”人才队伍

某电力企业以人才盘点结果为基础，对进入培养库的“四行”人才进行“学习—实践—评估—使用”赋能培养，营造人人渴望成才、人人努力成才、人人皆可成才、人人尽展其才的良好局面。

基于人才盘点结果，面向入职 3 年内的新员工实施“行远计划”，培养“有思想、有情怀、有责任、有担当”的一线业务骨干；面向入职 4～10 年优秀年轻人才实施“行思计划”，培养“会说、会写、会做、会指挥”的基层管理后备人才；面向入职 5 年以上有一定工作履历的员工实施“行知计划”，培养“做到信念坚、政治强、本领高、作风硬”的中层管理后备人才；面向四级正、副干部，培养具备“学习本领、政治领导本领、改革创新本领、科学发展本领、依法执政本领、群众工作本领、狠抓落实本领、驾驭风险本领”的优秀干部。

聚焦“四行”人才梯队成长路径，打造人才闭环式赋能发展模式。一是在学习模块，基于能力画像，进行关键特质增值，采用讲授式、研讨式、体验式混合学习的方式，围绕“4＋X”能力模块完成“行思”人才和“行远”人才集中培训；二是在实践模块，基于挑战任务，通过“上派下挂”实岗锻炼加速人才成长；三是在评估模板，基于培养与业绩成果，进行关键成就考核，探索人才能力特质数据化，完成行知计划年轻人才、行思计划后备基层管理者培养全过程跟踪考核评估，人物画像发掘员工个人专长，支撑优化选人用人工作；四是在使用模块，基于市场化竞聘，进行关键成就兑现，加大干部人才竞争性选拔力度，通过内部人才市场、干部选用提拔方式等为企业输送专业技术人才、经营管理人才，充分发挥人才评价的指挥棒作用和人才激励的正向激励作用，为人才搭建施展才华的平台，激发人才立足岗位建功立业。

第四章

电力企业人才管理之基

电力企业人才供给主要是内部培养，电力企业人才库在电力企业人才队伍建设中扮演着重要角色，是电力企业人才盘点成果的深化应用，也是电力企业人才培养的基础。因此，有必要了解人才库的概念、组成要素、建设路径等内容。

第一节　电力企业人才供给方式

电力企业人才供给的主要方式是：内部培养与外部招聘。受限于行业特点，电力企业特别是电网企业人才供给目前依然是以内部培养为主。

一、电力企业人才内部培养

电力企业人才内部培养，是通过内部晋升、工作调换、工作轮换、人才重聘返聘等，从电力企业内部选拔出合适人才补充到空缺岗位的过程。许多知名企业重视人才内部培养，美国当代最成功最伟大的企业家、通用电气原总裁杰克·韦尔奇就是从企业内部选拔出来的，海底捞从不用“空降兵”，注重从内部员工中挖掘和培养人才[1]。

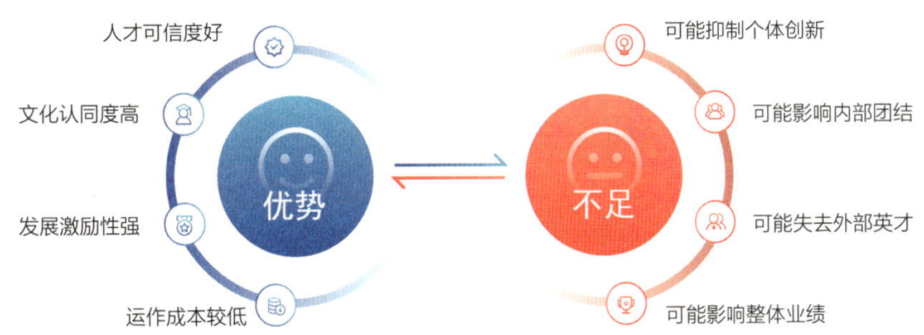

图 4-1 电力企业人才内部培养优缺点

电力企业人才内部培养的优势。电力企业人才内部培养具有以下优势：人才可信度好。相比外部人才，电力企业对本单位员工的道德品行、工作业绩、性格特征、工作动机、发展潜力等都有比较客观、准确的了解。文化认同度高。电力企业员工更了解本单位的实际情况，文化认同度较强，可以较快适应新工作。发展激励性强。电力企业人才内部培养可以给人才提供更多发展机会，有助于增强人才对电力企业的归属感。尤其是各级经营管理人员的选拔，往往可以带动一批人才晋升，可以有效鼓舞队伍士气。运作成本较低。电力企业人才内部培养可以节约场地费、广告费、招聘人员、应聘人员差旅费等。同时，本企业员工往往认可现有的薪酬体系，其工资待遇要求会更加符合电力企业实际情况。

电力企业人才内部培养的不足。电力企业人才内部培养的不足主要包括：可能抑制个体创新。同一个电力企业的员工拥有相同的文化背景，可能产生“团队思维”现象，抑制个体创新。当电力企业的重要职位都由基层员工提拔，可能导致思维僵化、认识固化，不利于电力企业长期发展。可能影响内部团结。电力企业人才内部培养往往会涉及内部竞争，竞争失败的员工可能心灰意冷、士气低落，不利于电力企业内部团结。竞争上岗、内部竞聘还可能导致电力企业各部门、各单位之间“挖人”现象，不利于各部门、各单位之间的协同。可能失去外部英才。一味寻求人才内部培养，将会降低外部“新鲜血液”进入电力企业的机会。可能

---

❶ 袁庆宏. 人力资源管理［M］. 天津：南开大学出版社，2019，219-224.

影响整体业绩。根据彼得原理，人才总是会晋升到其当前能力无法胜任的岗位。如果电力企业没有配套的人才培养计划，新晋升人才很难在短期内达到电力企业要求，可能影响电力企业的管理效率和整体业绩。

二、电力企业人才外部招聘

电力企业人才的外部招聘是按照电力企业发展战略和业务需要，把外部优秀人才招聘到电力企业合适岗位的活动。

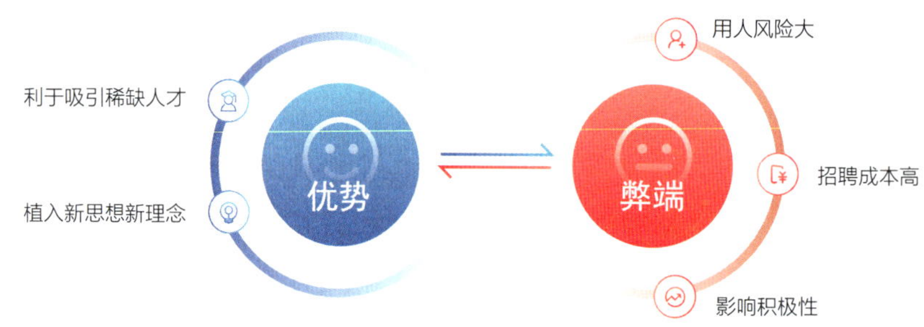

图 4-2 电力企业人才外部招聘优缺点

电力企业人才外部招聘的优点。电力企业外部招聘具有以下优点：利于吸引稀缺人才。电力企业外部招聘人才来源广泛，选择余地充分，可以吸引到某些稀缺的复合型人才。植入新思想新理念。电力企业外部招聘人才往往能够带来新思想新理念，可以看到电力企业业务、管理中存在的有待提升之处，改革创新意愿比较强。同时，从外部招聘员工能够营造竞争氛围，对电力企业现有员工产生“鲶鱼效应”，更好激发其工作积极性和主动性。

电力企业人才外部招聘的弊端。电力企业外部招聘具有以下短板：用人风险大。电力企业外部招聘仅仅通过有限的短时间接触，就判断候选人是否符合电力企业空缺岗位的要求，容易因为信息不对称性等原因而作出不准确判断，增加用人风险。招聘成本高。电力企业外部招聘往往需要在媒体发布人才招聘信息，或者通过猎头公司招募，需要支付人才招聘费用。由于外部应聘候选人相对较多，选拔过程往往比较繁琐与复杂，需要投入较多时间、人力成本。此外，外部招聘员工需要花费较长的时间进行培训，才能了解电力企业工作流程和运作方式，提高电力企业人才培训成本。影响积极性。电力企业内部如果有能够胜任招聘岗位的人而没有获得该工作岗位，电力企业员工的积极性往往会受到打击。

三、电力企业人才供给展望

电力企业人才供给制约因素。主要包括：电力企业发展阶段。电力企业处于快速发展阶段时，电力企业人才内部培养已经不能满足业务需求，应当借助外部招聘快速获得优秀人才。反之，当电力企业内部有比较合适空缺工作岗位的人选时，应当采取内部培养方式。电力企业人才基础。当电力企业空缺工作岗位比较重要、电力企业内部暂时没有合适人选时，应当考虑外部招聘。若电力企业现有人员中具备培养的对象、培养成本不高时，应当采用内部培养方式。电力企业用工成本。当电力企业空缺岗位级别比较高时，外聘招聘成本往往较高。电力企业应当从长远发展、外聘人才的贡献等多个角度深入分析，选择合适的电力企业人才供给方式。

电力企业领导风格。电力企业领导选人用人风格对选择人才供给方式有重大影响。有些电力企业领导人喜欢从外部引进人才，一些电力企业领导人则青睐内部培养。

电力企业人才供给创新路径。电力企业应当构建稳健人才供给链，确保电力企业产生人才需求时，可以敏捷高效地供给拥有合适技术技能、恰当数量的人才，能够持续提高人才供给效率，尽最大可能缩短电力企业人才供给时间。坚持电力企业人才内部培养、外部招聘相结合。对于电力企业核心业务需求紧迫度相对较低，电力企业人才内部培养周期、难度相对合理的工作岗位，一般适合电力企业人才内部培养。对于电力企业培养周期较长、难度较大、核心业务需求紧急程度高，电力企业外部人才市场储备相对较为充足的工作岗位，往往适合电力企业人才外部招聘。基于电力企业核心业务需求的人才流动机制。将分散在电力企业不同业务单元的人才供给计划，集成为电力企业人才整体发展计划，鼓励人才在电力企业内部适当流动。电力企业一些人才过剩的业务模块可以和人才匮乏的业务模块相对冲，促进电力企业内部实现人才稳健供给[1]。电力企业还可以整合内外部资源，建立电力企业人才库，切实发挥人才“蓄水池”作用。

第二节　电力企业人才库的构建

一、电力企业人才库综述

电力企业人才库的内涵。电力企业人才库，又称电力企业人才池，是直观呈现电力企业各种能力的集合体，将各个渠道收集的电力企业人才信息，通过一定的审核标准，分类整合并加以归档[2]。电力企业出现人才缺口，电力企业人才库可以快速筛选出满足业务需求的优秀人才，为电力企业发展提供坚实人才基础。电力企业人才库已经成为人才资源开发、使用、管理和增值的重要工具之一。电力企业人才库，主要是借助 360° 评估法等人才评价方法，从领导、同事、属下、用户等几个方面，综合评价人才的能力、潜力。评价结果合格的电力企业人才，可以进入电力企业人才库。建立电力企业人才库，有助于精准掌握人才队伍情况，对电力企业人才进行统一管理。电力企业人才库为电力企业选拔合格管理者、组建新的业务团队提供人才依据和来源。

电力企业人才库的分类。有些学者认为，从电力企业人才综合能力素质及岗位职位来看，电力企业人才库可以分为高层人才库、中层人才库、基层人才库。还有的学者认为，电力企业人才库可以分为专业技术型人才库和储备人才库。

---

❶ 饶征，孙波. 人力资源管理概论［M］. 第 1 版. 北京：中国人民大学出版社，2018，289－292.

❷ 罗双平. 人才发展方法、案例及模板［M］. 北京：化学工业出版社，2016，355－358.

笔者认为，电力企业的人才来源，主要是电力企业员工，外部应聘者。电力企业人才库可以分为内部人才库和外部人才库。电力企业内部人才库。主要面向电力企业员工。优秀人才是电力企业的核心资源和独特优势。根据电力企业人才综合评价结果，决定是否可以进入电力企业内部人才库。电力企业人才的主要来源是内部培养，应当高度重视电力企业内部人才库建设。电力企业人才本身对电力企业工作内容、工作环境比较熟悉，文化认同度比较高。通过建设电力企业内部人才库，促进电力企业员工成长成才，能够帮助电力企业降低管理成本。电力企业外部人才库。其来源于大量外部应聘者及简历，包括电力企业已离职员工。电力企业对外部应聘者进行面试时，可以将未被录用的外部应聘者归入外部人才库。外部应聘者每天投递的大量简历，也可以放进电力企业外部人才库。当电力企业需要进行招聘时，可以重复查看简历，从中挑选适合招聘岗位的人才。考虑到当前电力企业人才的来源，笔者将着重论述电力企业内部人才库的建立、完善及应用。

电力企业人才库的功能。主要有如下功能：电力企业人才库有助于实现人才数据规范统一。电力企业人才库把人才简历按照统一格式录入、整理，缺漏、错误信息进行进一步的完善、调整，重复、冗余信息进行精简、优化。电力企业人才库中的信息不仅仅利于查找，还可以避免电力企业简历重复下载等问题，降低电力企业管理成本。电力企业人才库有助于促进人才资源有效盘活。不同发展阶段的电力企业有不同的业务侧重点，也会有不同的电力企业人才需求。建立电力企业人才库，把优秀人才进行分类、归档，进行标签化管理。根据电力企业发展战略和重点，定期维护电力企业后备人才，为满足电力企业今后人才需求打牢基础。电力企业人才库有助于能够拓展人才来源渠道。当电力企业现有人才来源渠道无法满足工作岗位要求时，就会误认为人才市场上没有合适人选，导致电力企业工作岗位无限期空缺，或者降格以求寻找下一层级人选。电力企业人才库可以有助于电力企业寻找处于“潜水状态”的人选，能够提升电力企业人才简历信息复用率，让数量充足的候选人进入电力企业人才招聘引进漏斗，促进电力企业吸引到更为优质的人才。电力企业人才库有助于提供人才使用培养依据。从电力企业人才工作实践来看，一部分电力企业忽视从人才检索到人才引进、使用、发展环节的转化数据。电力企业人才库能够借助准确、丰富、全面的人才信息，最大限度还原电力企业人才全貌，确保电力企业通过科学分析，不断验证和迭代岗位需求，为人才引进、使用、发展模型提供科学依据。

二、电力企业人才库建设

（一）电力企业内部人才库建设

建立健全电力企业内部人才库，持续加强电力企业人才队伍建设是电力企业人才工作者的一项重点工作。一个优秀的电力企业内部人才库，不仅能够在电力企业业务部门有人员调配需求的时候，人员随时能够补充上岗，还可以通过合理的梯队人才建设，为电力企业的业务升级、管理转型提供有力支撑。虽然电力企业都意识到建设内部人才库的重要性，但是，在实际工作中缺存在明显短板。总的来说，电力企业人才入库标准、在库培养、在库考核、出库评估及使用，是电力企业内部人才库建设亟需解决的突出难题，具体表现为：有的电力企业内部人才库入库标准不清晰，个别电力企业甚至使用简单的年龄、职称、业绩作为入库条件，没有真正吸纳有价值的优秀人才。一些电力企业入库人员“人才地极差”过大，难以形成电力企业人才梯队。一些电力企业内部人才库建设只有入库，没有入库人才的培育培训等配套机制，导致电力企业内部人才库建设仅仅停留在名单层面。一部分电力企业缺乏在库人才的动态管理，没有入库人才考核、使用以及退出等配套措施等。针对内部人才库建设遇到的突出问题，电力企业应当从以下几个方面入手，精准把握内部人才库建设的核心，做好人才选拔储备、人才在库培养以及人才任用和动态管理。

图 4-3　电力企业内部人才库建设

准确选拔人才“种子”。精准筛选人才“种子”是电力内部人才库建设第一步也是最关键的一步。电力企业人才“种子”成色如何，一定程度上决定了优秀人才培养培育的有效性。如果电力企业内部人才库建设不顾电力企业发展和员工队伍实际，盲目“贪大求全”，不问学科背景、不论水平高低，将各种水平、层次的员工都纳入人才库，导致内部人才库质量不高，不仅容易埋没“种子选手”，还会降低电力企业人才与专业领域、合适岗位的匹配效率。电力企业人才进行科学测评的关键在于“以事评人”“人事相宜”“人岗相宜”。电力企业应当规范人才评价标准，明确人才筛选方法。一般而言，电力企业应当从道德品质、关键专业、关键岗位、关键特质、关键经历、关键成就等角度，建立契合电力企业发展战略、与业务发展需求的电力企业人才标准。同时，结合电力企业人才信息收集、专业考试、能力测评、人格测试、一对一深度访谈等人才选拔流程，抽丝剥茧般对候选人进行深度剖析，不仅关注候选人成长的结果，更看重在候选人成长过程中展现的关键行为和底层特质，全面、立体、深入地判断人才是否适合电力企业人才入库标准，确保电力企业人才标准的、能力与潜质突出的优秀人才能够脱颖而出。

匹配在库培养措施。电力企业人才在库培养的核心是以电力企业人才关键岗位、关键事件历练为纽带，实现电力企业与优秀人才之间的价值传递，通过岗位实践、训战融合等模式精准培养和潜才选育。从电力企业人才管理实践看，在库培养环节，一部分电力企业经常使用的方式是行动学习、集中授课。但是，行动学习的内容往往与电力企业业务要求并不完全一致，往往提升的是电力企业人才

电力人才小百科

评选方式。首席高级专家、高级专家、优秀专家、专家可选择采用但不限于面试答辩、实操考核、理论考试、量化积分、评审评议等方式评选。其中，科技研发类专家人才选拔需包括面试答辩和量化积分，专业管理类专家人才选拔需包含理论考试和面试答辩，生产技能类专家人才选拔需包含实操考核和面试答辩。

- **面试答辩。**可采用现场答辩或视频答辩方式，主要考核前沿知识和政策掌握情况、承担重点工作情况等。
- **实操考核。**可采用现场实操方式，组织技能类人选进行评价，主要考核岗位技能、绝招绝技水平等。
- **理论考试。**可采用笔试或机考的方式，题型可分为客观题和主观题，内容可分为通用和专业部分，主要考核公司战略、企业文化、前沿知识、制度标准、规程规范等。
- **量化积分。**可采用业绩举证评分方式，分通用部分和专业部分评价，主要考核履职贡献、传承贡献、创新贡献、专业贡献等。
- **评审评议。**可采用聘请高级别专家现场考评方式，主要考核重要创新、重点工程、重大攻关、解决现场难题完成情况等。

专家人才选拔评价标准坚持德才兼备、以德为先，具体分为通用标准和专业标准。

- 通用标准主要考核履职贡献、传承育人、个人荣誉等方面。
- 专业标准根据专业分类，主要考核创新成果、学术贡献、重点任务、难题攻关、绝招绝技等方面。其中，科技研发类突出“卡脖子”技术攻关、重大科技项目研究、核心技术标准编制等能力；专业管理类突出各类重要管理制度编制、重大管理难题攻关等能力；生产技能类突出技艺革新、技术攻关、传承育人、绝招绝技等能力。

专家人才选拔包括工作筹备、推荐报名、资格审查、组织评选、公示聘任等环节。

- **工作筹备。**评选单位制定专家人才选拔方案，明确评选规模、分配名额等，报本单位人才工作领导小组审批。本单位专业部门按要求设置选拔分支专业及数量，确定选拔方式，编制评价标准，报本专业专业委员会审定。
- **通知报名。**发布各专业选拔规模和申报基本条件等要求，职工自愿申报，所在单位择优确定报名候选人。
- **资格审查。**所在单位人力资源管理部门负责审查申报人员的基本信息、工作经历等，纪检部门负责廉政审核，专业部门负责审查本专业申报人员的专业工作经历及业绩材料。资格审查后，报名人员名单公示5个工作日后上报。
- **组织评选。**评选单位专业委员会按既定方式组织开展评选，确定候选人。
- **公示聘任。**评选单位人才工作领导小组研究，履行决策程序审定后，人选名单公示不少于5个工作日，无异议后予以公布、聘任。

某电力企业专家人才选拔聘任方式与程序

的通用能力，对于业务能力的直接提升程度则不尽如人意。为了确保电力企业人才培养更有效、成长更全面，进一步调动电力企业业务部门的参与，电力企业应当倡导“实战导向”“以事育人”的理念，在电力企业业务关键任务指标与人才的能力提升之间建立联系，制定与核心业务密切关联的训战计划。围绕电力企业业务场景，开展人才在库培养。结合复盘萃取等成人学习理论，检验训战效果、人才在库培养效果，实现人才有成长、业务有提升、服务有改进，确保电力企业人才管理效果由必然王国走向自由王国。在电力企业人才管理实践中，不会培养人、不愿培养人、没时间培养人，是一些电力企业管理人员在人才培养工作中经常出现的问题。电力企业应当创新工作思路，坚持管理人员、人才双赋能，推动电力企业管理人员更加积极主动参与到人才培养中。电力企业人才直接上级的赋能和管理主要包括以下维度：统一思想，向电力企业人才的直接上级介绍人才在库培养整体情况，明确电力企业人才的直接上级在其中所需承担的角色与责任、应当的辅导动作，以及必要的资源支持，电力企业表现优异或欠佳时，其直接上级可能承担的后果。统一行为，主要是推进电力企业人才在库培养培育措施的标准化和专业度，通常会从电力企业在库人才导师手册、课程资源、过程跟踪等维度来组织实施。统一评价，把电力企业人才的直接上级对人才在库培养和辅导工作的规范化程度纳入考核，进行激励约束。通过三个方面，有助于电力企业电力企业人才的直接上级成长为“人才评鉴师”“人才发展师”，[1]确保其认识到开展电力企业人才在库培养的必要性，帮助其树立正确的管理意识，切实提升其管理能力和知识技能，形成电力企业内部传承和人才培养的良性氛围，促进其落实人才在库培养措施的工作成果转化、固化。

人才数据动态优化。为充分彰显内部人才库助力电力企业发展的价值，真正实现“能者上，平者让，庸者下”，电力企业应当建立内部人才库的动态管理与巡视盘点机制，持续完善电力企业内部人才库，实现电力企业人才数据动

[1] 何丹，李文东，时勘. 组织文化对员工工作满意度和情感承诺的影响—基于多水平分析的研究结果［J］. 北京工商大学学报，2010（5）：23.

态优化。

总之，电力企业内部人才库的建设过程，就是把人才培养、储备、使用相结合，全程跟踪、动态管理，不断收集和更新人才数据，实施标签化管理的过程。借助积累的电力企业人才历史数据，建立人才档案，促进量体裁衣式电力企业人才培养计划制定实施，推动电力企业人才选拔与聘用，有效提升电力企业人才发展各环节工作。

（二）电力企业外部人才库建设

随着电力市场改革步伐的深入，电力企业人才市场化竞争日趋激烈，电力企业人才的吸引与引进、招聘，越老越受到电力企业的重视。一个高效完备的电力企业外部人才库，有助于电力企业提升人才招聘效率和质量。电力企业应当进一步重视外部人才库建设，也都在推进外部人才库建设。电力企业外部人才库建设步骤包括：

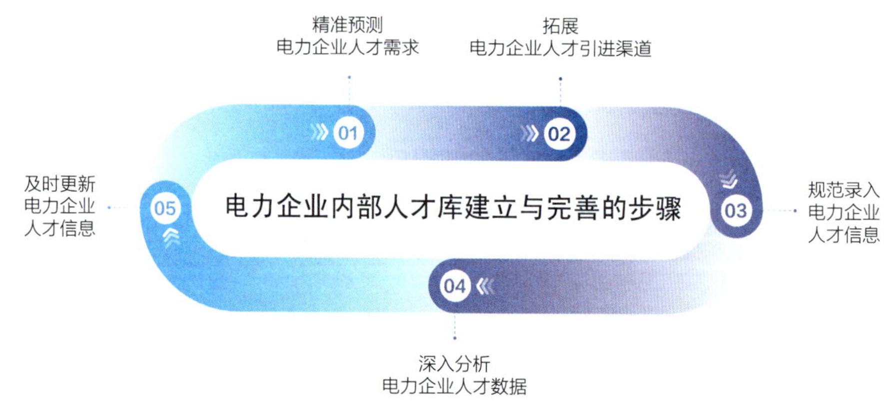

图 4-4　电力企业内部人才库建设

精准预测电力企业人才需求。有效预测电力企业人才需求，应当首先弄清楚电力企业人才流动状况和电力企业未来人才需求状况。电力企业可以借助员工入职、晋升、离职等数据变化，掌握电力企业流动的频率和去向，从而厘清电力企业人才流动状况。电力企业根据下一阶段业务发展规划，明确何种类型的人才能够满足电力企业的需求，进而把握电力企业未来人才需求状况。

拓展电力企业人才引进渠道。电力企业外部人才库建设工程浩大，需要电力企业人才候选人信息全面丰富，这样才能更好满足电力企业需求。获得海量人才候选人信息，应当拓展各类人才引进渠道来源。电力企业已经离职员工，也应该成为外部人才库人才候选人信息来源。电力企业人才引进渠道多元化、多样化，能够让电力企业摆脱对外部渠道的过分依赖，从而降低电力企业人力资源管理成本。电力企业应当结合核心业务对人才的需求，全面评估、筛选收集的人才候选人信息，确保这些人才资源足够优质。

规范录入电力企业人才信息。电力企业可以借助人才管理信息系统，通过统一、标准的格式来录入简历资源。为了便于分类和整理，电力企业还可以给人才候选人简历添加上固定标签。当电力企业查看人才候选人信息的时候，可以便捷、快速、准确地定位到目标人才。

深入分析电力企业人才数据。电力企业能够从外部人才库获取关键人才分布的领域、竞争对手的人才变动情况、本企业内部招聘环节的转化情况等数据。通过分析这些数据，能够帮助电力进一步加强电力企业人才管理和发展，为电力企业科学发展、创新发展提供更为精准的人才支撑。

及时更新电力企业人才信息。电力企业外部人才库中的资源是一种流动的资源。但是，如果电力企业不及时更新和维护，电力企业外部人才库中的资源就很可能随着时间的流逝逐渐失去其应有价值。为防止电力企业外部人才库中的资源陷入“沉睡”状态，电力企业应当及时跟踪人才的动态，定期获取人才的关键信息，确保电力企业外部人才库中的人才信息始终保持鲜活状态。[1]同时，在电力企业与关键人才保持联系的过程中，应当及时向外部人才介绍企业的重大战略、发展成果，确保关键人才进一步加深对电力企业的了解，及时为电力企业可能出现的岗位空缺做好准备。

---

❶ 郭玉锦. 组织承诺及其中的文化思考［J］. 哈尔滨工业大学学报，2011（2）：34.

总之，通过这些步骤，电力企业可以建立有效的外部人才库，有助于一些电力企业缓解当前人才缺口难题，也能为电力企业今后的业务发展提前储备人才。

第三节　电力企业人才地图绘制

一、电力企业人才地图内涵

电力企业人才地图概念。电力企业人才地图，是指可以推动电力企业精准掌握关键人才的分布、背景、薪酬等关键信息，了解关键人才整体发展优势、弱势，为电力企业关键人才高质量发展提供行动指引的汇总和描绘。

电力人才小百科

- 由Dr.parry与一群心理、行为学家组成项目小组。
- 根据12项关键能力，设计十段日常管理情境，拍摄成影片。
- 针对情境设计题本，并经过项目小组五分之四以上通过方可纳入题本，完成初稿。
- 挑选256位经理人参与模拟测试，再度修正题本。
- 历时三年，正式上市。

人才地图的由来

电力小百科

电力企业人才地图分类。有的学者根据企业和岗位的不同，将电力企业人才地图分为三类：特定电力企业人才地图，主要展示特定电力企业的组织架构，担任重要岗位的人才和资历背景、工作职责、工作业绩情况、薪酬水平和是否有离职意愿，等等。特定工作岗位人才地图，关注的不是特定电力企业的全部岗位，而是当前电力企业人才市场中的热点岗位，也是电力企业人才引进难度较大的岗位，主要关注某一类特定岗位人才群体的规模有多大、地域分布、人才的资历和背景、工作职责和绩效状况、薪酬水平、跳槽动机等。特定企业的特定岗位人才地图，主要包括特定岗位的人才资历背景、工作职责、工作成果、薪酬水平、和发展意愿等。[1]结合国网安徽省电力有限公司等省级电网企业实践，笔者认为，根据电力企业人才地图的绘制者及用途，可以把电力企业人才地图分为内部人才地图和外部人才地图。[2]电力企业内部人才地图，绘制者一般是电力企业人力资源部，主要用于电力企业精准掌握内部关键人才的整体优势、劣势、发展现状，往往使用电力企业人才九宫图，划分为绩效、能力两个维度，通过高中低三个层级，来界定电力企业人才在人才九宫格中的具体方位，提出针对性的电力企业人才培训、使用建议，以提升电力企业人才发展质量。电力企业外部人才地图，绘制者是电力企业人力资源部或者外部人才咨询机构、猎头公司，有利于电力企业及时了解、全面掌握关键人才所在的地域、职级、职位、背景、工作职责、绩效水平、流动意愿、成长动机等。

电力企业人才地图意义。电力企业人才地图直接作用：电力企业人才地图可以精准掌握电力企业及外部人才市场上人才的状况、数据信息等内容，为电力企业提供人才储备数据库。电力企业人才地图的长远作用：电力企业人才地图可以

---

[1] 饶征，孙波. 人力资源管理概论［M］. 第 1 版. 北京：中国人民大学出版社，2018，289－292.

[2] 袁庆宏. 人力资源管理［M］. 天津：南开大学出版社，2019，219－224.

帮助电力企业全面了解内外部人才，可以将内部人才状况和外部人才信息有机结合起来，制定电力企业人才引进招聘、培养发展计划，细化电力企业人才岗位、引进标准，乃至影响人才选拔、招聘结果。

二、电力企业人才地图编制

电力企业人才地图绘制步骤包括分析电力企业人才需求、调研电力企业人才市场、编制电力企业人才地图三个步骤。

图 4-5　电力企业人才地图绘制步骤

分析电力企业人才需求。绘制电力企业人才地图第一步，应当结合电力企业实际情况，从电力企业发展战略和业务需要出发，精准分析电力企业内部人才供给情况。电力企业人才需求分析重点关注以下两个维度：深入分析电力企业人岗匹配情况，完成电力企业岗位评估。深入分析电力企业发展规划情况，预测 3～5 年内有可能新增的电力企业工作岗位。基于电力企业人才需求分析，形成电力企业人才供给评估报告。

调研电力行业人才市场。结合重点工作岗位人才需求，开展电力行业人才市场调研，深入了解电力企业人才质量高低、电力企业员工稳定性强弱，人才质量好稳定差的电力企业往往是重点关注对象。主要步骤如下：明确电力行业人才市场调研方向。全面、深入分析近 3～5 年人才引进的电力企业工作岗位，分析候选人的数量、质量、分布、来源渠道等情况，明确调研方向。明确电力行业人才市场调研内容。调研内容应当聚焦电力企业重点工作岗位来开展，主要包括：同类型电力企业相同工作岗位的任职资格、薪酬情况、劳动强度、人员稳定性，等等。明确电力行业人才市场调研方法。常用的调研方法包括：抽样调研，从调研对象的总体中抽取部分个人、单位作样本，通过对样本的调查研究，推测调研对象总体情况。典型调研，从调研对象中筛选一个或几个具有代表性的单位，进行全面、深入、细致调查。重点调研，通过调研同类型电力企业的重点样本，大致掌握这些企业人才队伍建设基本情况。专项调研，又称为个案调研，主要目的是认识所选调研对象的现状和历史。[1]针对不同调研对象的，应当匹配恰当的调研方式。分析电力行业人才市场调研数据。及时汇总分析电力行业人才市场调研数据，撰写电力行业人才市场调研分析报告。

编制电力企业人才地图。主要包括电力企业重点工作岗位人才地图和电力企业人才地图总图。电力企业重点工作岗位人才地图。基于电力企业人才需求分析、电力行业人才市场调研以后，电力企业应当聚焦重点工作岗位，分析人才来源渠道，形成电力企业重点工作岗位人才地图。主要是通过对比分析电力企业关键人才的供求情况，结合电力企业工作岗位分析和人才素质测评结果，将标杆电力企业人才情况与本企业同岗位相关人才情况进行对比，明确与本企业工作岗位适配度和人才特征。[2]电力企业人才地图总图。完成电力企业重点工作岗位人才地图之后，还应当分类汇总、分析同类型电力企业人才队伍建设相关情况，编制电力企业人才地图总图，便于今后管理。

---

❶ 罗双平. 人才发展方法、案例及模板［M］. 北京：化学工业出版社，2016，355－358.

❷ 饶征，孙波. 人力资源管理概论［M］. 第 1 版.北京：中国人民大学出版社，2018，289－292.

电力人才小百科

研究机构	沟通和人际	领导和督导	行政工作管理	认知与观念	其他
IBM	正向思考 运用影响力 重视人际关系	关心他人发展 管理团队运作	企业管理力 效率 生产力	理解力 判断力 概念能力 逻辑思考	人际成熟度 应变力 耐力 自我控制 客观 自发性
AT&T 美台电讯	了解人 了解群体 响应式的沟通 表达式的沟通		计划 组织 观察	问题分析 策略思考 创意思考 风险评估	了解公司之 财务 营销 组织
AMA 美国管理学会	简报技巧 条理和明确度	指导他人 部属培育	设定标准 条理和明确度	分析能力 风险承担	了解组织
Exxon	言语和书面的沟通	领导力（激励） 沉着应变	领导力 计划与组织	问题分析 决断力	经营知识
Martin Marietta ...等十余家 各产业标杆	信息搜集和表达	团队合作 训练教导 提供回馈与肯定 主持会议	设立目标 计划改进 使用控制图表 评估组织绩效	问题解决 创新 判断力	

标杆企业人才地图管理人员关键能力项

电力小百科

第四节　电力企业人才库的案例

典型案例一：某电力企业建立优秀人才库

人才库是企业人才资源的蓄水池，为企业源源不断输入业务发展所需各类人才。一直以来，某电力企业注重人才培养，早已建立种子库、青苗库、后备库，时刻为公司发展提供人才保障。为适应改革发展需求，将“三库合一”成立优秀人才库，形成公司中层领导人员队伍的后备力量。

按学历、绩效等级、职称鉴定、年龄等条件，选拔熟悉业务、懂经营管理、知识层次较高、知识面较宽、综合素质较好的复合型人才进入优秀人才队伍。

推行优秀人才库管理，赢得基层员工认可。基层员工一致认为，公司这次建立的优秀人才库管理，彻底打破了排资论辈的陋习，极大地鼓舞了公司年轻大学生员工的干事热情，同时公司也根据年轻大学生员工的特点，制定了职业发展规划，让我们在艰苦的岗位进行锻炼，更加激发了我们的干事创业激情，我们敢于尝试敢于拼搏的态度为公司发展贡献力量，形成了良性循环。

典型案例二：某电力企业建设人才“两池”构建“三跨”培养机制

某电力企业以提升人才培养实效为目标，面向重点群体和重点专业，建设全省人才“需求池”“匹配池”（“两池”），通过岗位实践、项目实施等方式，构建“跨单位”“跨层级”“跨区域”（“三跨”）培养机制，常态化、系统化推进更大范围人才交流培养锻炼，助力专业人才队伍梯队化建设和高质量发展。

建立人才培养“需求池”。一般每年 3 月底前，结合年度培训计划编制工作，公司同步发布跨单位人才培养需求征集通知。各单位严格基于专业发展需要和人才队伍建设需要，自主提出交流培养需求，包括岗位需求、人员数量、人员素质要求及意向单位等。

建立人才培养“匹配池”。各单位人力资源部门收集本单位培养需求表，经审核后报公司人资部。公司人资部根据送出单位、接受单位“双向需求”，在征求专业部门意见基础上，结合公司队伍建设和专业发展需要，统筹建立跨单位人才培养“匹配池”。

制定“三跨”培养方案。接收单位根据匹配结果，制定参培人员“三跨”培养方案，方案应包括详细的培养实施计划、培训效果评估细则及考核评价方式等内容，培养方案经本单位人力资源部门审核后报公司人资部备案。

组织实施。跨单位人才培养纳入年度培训计划统一实施，送出单位组织人员按时到岗，接收单位根据培养方案开展培养工作，为参培人员配备职业导师，增强培养效果。

定期反馈。接收单位按月将日常工作考核、考勤情况反馈至送出单位。培养期间，送出单位、接收单位、参培人员至少开展一次成果评估反馈，从培训方案可行性、措施有效性、参与人员的责任心等方面进行详细分析，系统总结学习成果，同时要针对存在的困难和困惑，提出改进措施。

总结鉴定。培养结束，要开展“五个一”活动，即撰写一篇学习心得、组织一次交流座谈、完成一次鉴定考试、开展一次效果评估、给出一份综合评价。相关评价结果应纳入所在单位对参培人员的年度评价。

典型案例三：某电力企业建好用好人才精英库

某电力企业积极搭建人才选拔平台，积极充实内部人才精英库。近年来，该电力企业通过公平、公正、公开和“四不惟”的推荐选拔方式，逐步在专业技术管理岗位实行了主任制，专业技术岗位实行了工程师制，经营管理岗位实行了主办制，中层管理人员提拔上实行了后备制等。与此同时，以集团公司“112 人才”“综合专业人才库”等评价体系为依托，自主创新，在内部积极开展控制工程师、点检员的选拔评价，还在检修岗位上大力开展首席检修工艺员选拔考试，授予优异者“首席检修工艺员”称号。坚持实行评聘分开，动态管理，对遴选出来的人才实行聘任制。

同时，该电力企业制定了人才激励办法，以提高全体员工的工作积极性。一是提高绩效，加大收入分配倾斜力度。凡通过全能值班员、点检员资格认证的员工绩效均提高 10%。二是授予称号，享受人才津贴。凡被聘任为全能值班员、点检员、技师、高级技师、“首席检修工艺员”的员工，均以公司或人力资源管理部门文件形式聘任或授予称号，每月都可享受人才津贴。三是给予一次性奖励。对于通过点检员、全能值班员、技师和高级技师鉴定的员工以及在各类竞赛中获奖的员工，均给予现金奖励。此外，凡通过自学获得与本人当前岗位专业对口且国家承认学历的各级文凭的职工可获得相应的奖励。还与脱产读研者签订读研协议，为完成学业后继续回公司服务的研究生提供施展才华的广阔舞台。

典型案例四：某电力企业用好优秀储备人才库，促进三项制度改革

为进一步加大人才培养和交流力度，解决人才储备不足、年轻领导人员断层等问题，某电力企业聚焦人才培养短板，根据各专业人才梯队培养需要，制定《优秀储备人才培养方案》，建立优秀储备人才库，遴选了一批业务骨干到基层一线进行培养锻炼，为公司高质量发展提供有力的人才保障和智力支撑。

对储备人才实行届期聘任制，以一年为期实行动态管理，一年到期自动取消优秀人才储备资格。员工根据各单位推荐方式入围候选预备人选，由组织部、纪委办进行资格审查初审，经人才培养及评价委员会研究审批通过后入围优秀储备人才库；绩优人员及劳动比武竞赛名列前茅的员工可以直接入围优秀储备人才库。

按照“优中选强、育用结合”原则，该电力企业根据培养锻炼需求、优秀人才储备库人才情况进行双向匹配，并征求相关部门意见，经过公司人才培养及评价委员会审议通过，形成了首批见习养锻炼对象名单，以“五个一”实施举措推进，包括一份储备人才发展档案、一套见习目标及计划、一份见习岗位承诺书、一份见习综合考核表和一次培养锻炼成果汇报会。

典型案例五：某电力企业制定“三年成长地图”切实帮助一线技能人快速成长才

某电力企业深入推进三项制度改革工作走深、走实，积极开展人才强企决策部署，坚持问题与目标“两个导向”，突出继承与创新，借助人才地图理念，为生产一线技能人员“量身”制定“三年成才地图”，明确员工整体职业发展的关键时间节点和目标，切实帮助一线技能人快速成长才，成效显著。

“三年成长地图”作为广大员工在企业中职业发展的导航系统，是一项战略性、先导性、基础性的工作。持续通过对近五年一线技能人员人才培养开展分析、研究，重点针对专家队伍薄弱、中级职称申报人数不多和技师通过率不高等问题，结合人才培养制度及措施，组织开展了员工三年职业发展规划调研，并征集员工发展路径意愿，讨论员工三年职业发展规划，结合员工工学时间、技术技能水平、日常工作业绩、绩效考核情况和直线经理人评价等要素，有针对性从员工的岗位晋升、技术技能水平提升、业绩提升等方面制定了滚动式个性化“三年成才地图”，真正为每名生产技能员工规划好中长期目标。同时将员工“三年成长地图”目标纳入部门、班组、员工绩效考核中，层层分解人才培养主体责任，强化直线经理人带队伍能力，促进业务管理和队伍管理双提升，营造了良好的“追、拉、赶、帮、超”学习氛围。

第五章

电力企业人才管理之根

人才培育是电力企业人才发展的直接有效途径，也是电力企业人才管理的根本性问题之一。有效推进电力企业人才培育，离不开制定人才成长计划，搭建人才梯队培养模型，绘制人才学习地图，创新人才培养方式，匹配精品学习资源。

第一节　电力企业人才规划原则

电力企业人才发展规划，是指以电力企业发展战略为指引，在全面盘点现有人才队伍、分析电力企业内外部条件的基础上，以预测电力企业对今后人才的供给和需求为切入点，对电力企业人才晋升、补充、培训开发、人员调配、薪酬激励等人才管理各项工作作出全面、系统的工作安排。[1]电力企业人才发展规划能够推动电力企业形成人才磁场，彰显电力企业重视人才、招贤纳才的形象，有利于吸引一流人才，能够避免电力企业人无断层。当电力企业由于业务变动、人才晋升、退休、辞职等种原因出现岗位空缺时，确保有合适人选接替电力企业工作岗位。在制定实施电力企业人才发展规划过程中，应当有专人负责电力企业人才发展规划，赋予相关人员推动电力企业人才发展规划落地见效的权力和资源。在电力企业人才发展规

[1] 方振邦．战略人力资源管理［M］．北京：人民大学出版社，2016，262－264.

划制定实施前应当做好准备工作，确保电力企业人才管理各项工作不折不扣按照规划执行。定期开展电力企业人才发展规划执行情况评估诊断，确保电力企业人才发展规划能够与电力企业内外部环境、战略目标保持一致。

电力人才小百科

某电力企业党组《关于加快人才高质量发展的意见》提出，要实施三大工程，培育选拔优秀人才。

实施高端人才引领工程。

选拔一批代表电力行业最高科技水平、能够“一锤定音”的首席科学家，培育科技领域具有较强国际影响力的“大家”；选拔一批业务精通、善于钻研、作出突出贡献的首席专家，培育行业领域具有较强影响力的“大师”，抢占世界一流人才制高点。

实施电力工匠塑造工程。

通过工程实践、技艺革新、岗位练兵、师带徒等方式，培养选拔一批精益求精、执着专注、技艺精湛的“大工匠”，培育更多的全国技术能手、大国工匠，获得更多的中华技能大奖。

实施青年人才托举工程。

制定青年员工职业发展规划，建立创新创业导向培养机制，遴选一批理论功底厚、创新意识强、发展潜力大的青年人才，通过进项目、压担子、多岗位锻炼等方式进行跟踪培育、个性培养。

某电力企业实施三大工程

图 5-1　电力企业人才规划原则

一、电力企业人才规划制定原则

深入分析电力企业内外部环境变化。制定电力企业人才发展规划，应当充分考虑电力企业内外部环境变化，适应电力企业发展需要，从而更好支撑电力企业战略目标和业务发展。电力企业外部环境变化，主要是我国能源电力政策、国内外能源电力行业发展趋势、能源电力新理念新技术新模式，我国人力资源政策变化，电力行业人才市场发展趋势等。电力企业内部环境变化，主要是电力企业发展战略的调整、业务模式的变化、人才队伍的变化，等等。为更好适应电力企业内外部环境变化，电力企业人才发展规划应当对可能出现的情况做出风险研判和预测，制定应对风险策略。

人才供给满足电力企业的发展需要。人才供给满足电力企业发展需要，是电力企业人才发展规划关注和解决的核心问题。主要包括：电力企业人才的流入预测、流出预测，电力企业人才的内部流动预测，电力行业人才市场人才供给状况分析，电力企业人员流动的损益分析。当人才供给满足电力企业发展需要，电力企业才可能关注更深层次的人才培育、人才使用、人才激励、人才评价等工作。

电力企业与优秀人才实现长期共赢。电力企业人才发展规划不仅是面向电力企业的综合性工作计划，也是面向广大员工的职业发展指南。电力企业的发展和优秀人才的成长是互相依存、互相促进的关系。如果只考虑电力企业的发展需要，忽视电力企业人才的职业发展，可能损害电力企业的发展后劲。有效的电力企业人才发展规划，应当是一个能够使电力企业和优秀人才实现长期共赢的规划，也是一个可以让电力企业和优秀人才共同发展进步的规划。

二、电力企业人才规划实施原则

敏捷优于计划。电力企业人才发展规划一般以三年或者五年为一个周期，其核心价值在于方向性、前瞻性。在电力企业人才发展规划实施过程中，制定人才发展规划时依据的电力企业内外部环境随时都在变化之中。电力企业人才发展规划难以精准预测未来所有变化，其实用性是相对的。比较可行的做法是，与电力企业五年发展规划制定配套的人才发展五年规划，每年制定电力企业三年滚动规划，确保电力企业人才发展规划成为一个滚动的、连续的循环计划。在电力企业人才发展规划制定实施过程中，可以对电力行业同类型企业作比较多的分析预测，制定相应的工作措施。但是，当前，传统电力行业以外的企业也会向电力行业“跨界”，新技术、新模式层出不穷。电力企业人才发展规划应当具有更广阔的视野、更长远的规划、更敏捷的应对。

目标优于工具。实施电力企业人才发展规划会用到各种人力资源管理、企业管理工具。引入管理工具的目标不是为工具而工具、为技术而技术、为定量而定量，而是为了更好的研究分析电力企业人才发展的使命、愿景、工作目标，以及为实现电力企业人才发展目标而需要的人才管理措施和行动方案。电力企业人才发展规划能否真正落地，关键在于电力企业人才管理措施和行动方案是否实用，是否符合电力企业战略导向，能否满足电力企业业务痛点，而不是逻辑推理和数学论证是否严密。

第二节　电力企业人才成长计划

电力企业人才成长计划是电力企业对标世界级领先企业搭建的一套人才培养体系，帮助电力企业员工找到更匹配的岗位，提升综合能力素质，释放更大人才潜力。电力企业人才培养应当因地制宜，针对优秀人才扩大职责范围，丰富轮岗锻炼机会，引导优秀人才不断走出舒适区，进入练习区，拓展挑战区，促进优秀人才加速成长成才。为提升人才培养效能，应当制定实施电力企业人才成长计划。制定实施电力企业人才成长计划应当坚持系统性原则，针对不同类型、不同特长的员工设立相应的职业生涯发展通道，匹配不同的电力企业人才成长计划。坚持长期性原则，电力企业人才成长计划应当贯穿员工职业生涯相当长一个时期，乃至员工职业生涯全生命周期。坚持动态性原则，根据电力企业发展战略、业务特点、组织机构调整，员工不同时期的发展需求做出相应调整。

电力人才小百科

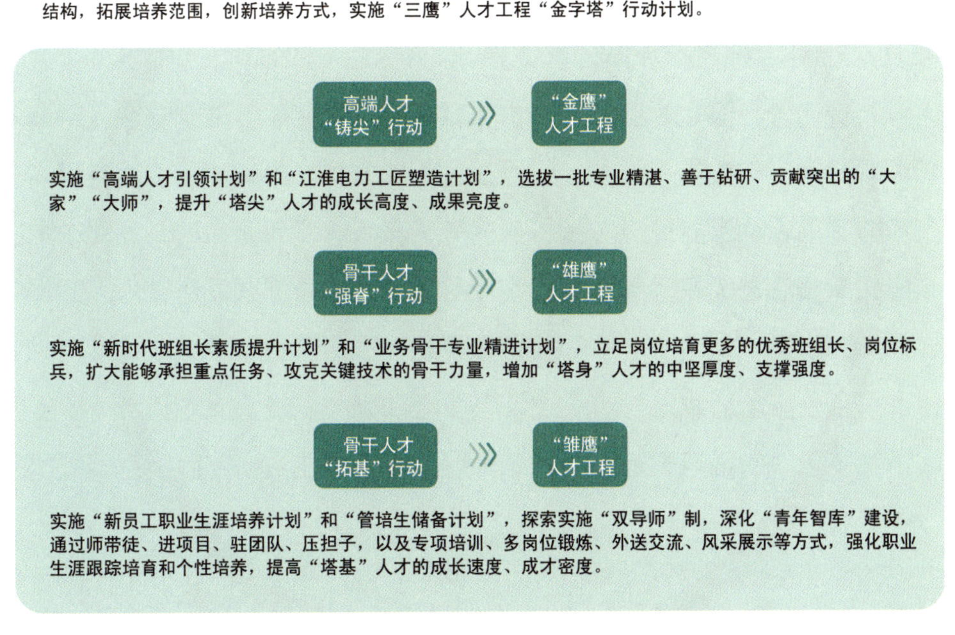
某电力企业根据上级要求，结合企业实际，完善公司“三鹰”人才工程培养体系，优化人才队伍“金字塔”结构，拓展培养范围，创新培养方式，实施“三鹰”人才工程“金字塔”行动计划。

实施“高端人才引领计划”和“江淮电力工匠塑造计划”，选拔一批专业精湛、善于钻研、贡献突出的“大家”“大师”，提升“塔尖”人才的成长高度、成果亮度。

实施“新时代班组长素质提升计划”和“业务骨干专业精进计划”，立足岗位培育更多的优秀班组长、岗位标兵，扩大能够承担重点任务、攻克关键技术的骨干力量，增加“塔身”人才的中坚厚度、支撑强度。

实施“新员工职业生涯培养计划”和“管培生储备计划”，探索实施“双导师”制，深化“青年智库”建设，通过师带徒、进项目、驻团队、压担子，以及专项培训、多岗位锻炼、外送交流、风采展示等方式，强化职业生涯跟踪培育和个性培养，提高“塔基”人才的成长速度、成才密度。

某电力企业实施“三鹰”人才工程“金字塔”行动计划

一、计划制定

电力企业人才成长计划坚持学思用贯通、知信行统一，在组织维度，通过导师制、行动学习、集中培训、岗位、成果输出等多种方式，提升工作绩效，萃取新知识。在个体维度，通过电力企业人才测评，推动电力企业人才发现自己、了解自己、成就自己。依托电力企业人才能力素质模型，明确不同层级电力人才需要提升的核心能力素质项目及差异化培养方向、培养目标、培养方式及评价机制，形成电力企业人才成长计划。将电力企业人才成长计划贯穿电力企业人才整个培

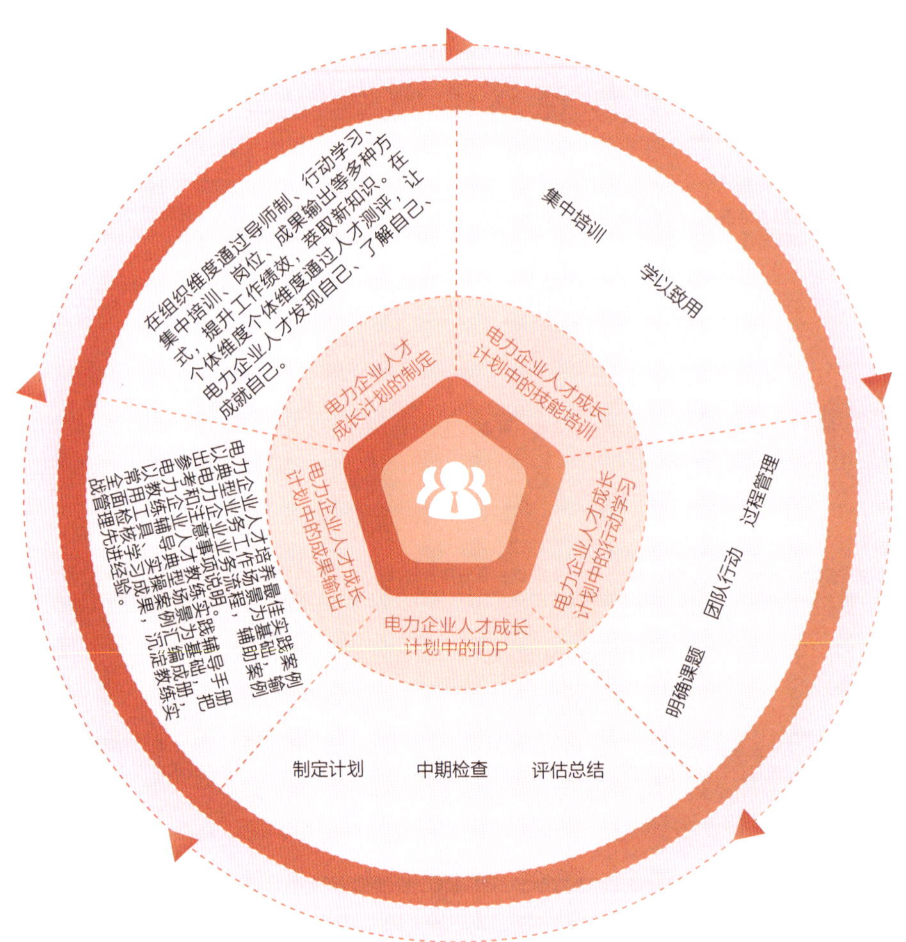

图 5-2　电力企业人才成长计划制定实施

养过程，主要包括行动学习、IDP（Individual Development Plans，个人发展计划）、课程设计等。IDP 是电力企业指导员工管理职业发展的工具，是一张描绘电力企业员工未来职业发展的地图，描绘电力企业员工职业优势、兴趣、目标，待发展能力及相应的发展活动，帮助电力企业员工在合适的时间提升相应技能，更好实现职业理想。

二、技能培训

电力企业人才成长计划针对不同层级人才的能力素质要求分别设置培训课

程，补齐短板、弱项。结合新生代员工队伍特点，在岗位锻炼、社群分享等环节设置培训课程，延续学习过程，强化培训转化氛围，推动学以致用，加速能力提升和行为转化。为推动电力企业员工有意愿、有能力，有机会运用技能培训学到的知识，电力企业人才成长计划中的技能培训应当强化技能培训内容的与业务发展的关联性与价值性，确保员工知道如何运用所学知识，为员工创造机会和条件运用所学知识。

集中培训。围绕电力企业人才亟需发展能力项匹配课程，培训课堂提供运用所学知识的步骤、表单、工具。培训课堂强化模拟练习，确保电力企业人才掌握知识、技能。

学以致用。集中培训结束后，电力企业应当积极推动员工学以致用，完成学习转化，推动行为变化，实现培训闭环管理。每次主题课程结束后，电力企业应当设计梯级实践任务。定期组织线上辅导交流，电力企业员工分享实践收获，小组交叉反馈，讲师点评辅导。建立培训转化机制，明确学习转化任务安排，表彰优秀，及时奖励。

三、行动学习

行动学习法由英国管理思想家雷格·瑞文斯于 1940 年发明。电力企业人才成长计划中的行动学习以电力企业人才能力素质总体提升为目标，以电力企业面临的业务难题为载体，将不同层级的人才群体划分为若干个课题小组，集体研究、共创策略、采取行动，在解决问题过程中相互学习，实现专业能力与绩效改进双提升。在实际工作中，电力企业围绕业务难题选定课题，协作分工，配备导师，按照明确课题、共创行动、复盘优化、成果汇报共步骤，以课题实施成果作为行动学习环节的完成标志。

电力人才小百科

学习型组织理论。

美国管理学家、“学习型组织理论”创始人彼德・圣吉在《第五项修炼——学习型组织的艺术与实务》中提出。学习型组织理论认为，企业持续发展的源泉是提高企业的整体竞争优势，提高整体竞争能力。未来真正出色的企业是使全体员工全心投入并善于学习、持续学习的组织—学习型组织。通过酿造学习型组织的工作氛围和企业文化，引领员工不断学习，不断进步，不断调整观念，从而使组织更具有长盛不衰的生命力。

库伯经验学习圈。

美国著名心理学家，教育学家大卫库伯认为，学习过程应该由四个适应性学习阶段构成的环形结构，分别是：具体经验，反思性观察，抽象概念，主动实践，这四个过程依次循环成一个贯穿式的学习经历。这就是说，行动—经验—规律——行动整个循环，让学习效率更高效。

组织学习理论。

由美国商业理论家克里斯・阿盖尔里斯提出。组织学习理论强调双环学习，即打破习惯性防御，不仅反思现状，同时反思造成现状的原因，浮现并校正心智假设。

行动学习的理论基础

学习型组织理论。美国管理学家、“学习型组织理论”创始人彼德・圣吉在《第五项修炼——学习型组织的艺术与实务》中提出。学习型组织理论认为，企业持续发展的源泉是提高企业的整体竞争优势，提高整体竞争能力。未来真正出色的企业是使全体员工全心投入并善于学习、持续学习的组织—学习型组织。通过酿造学习型组织的工作氛围和企业文化，引领员工不断学习，不断进步，不断调整观念，从而使组织更具有长盛不衰的生命力。

库伯经验学习圈。美国著名心理学家，教育学家大卫库伯认为，学习过程应该由四个适应性学习阶段构成的环形结构，分别是：具体经验，反思性观察，抽象概念，主动实践，这四个过程依次循环成一个贯穿式的学习经历。这就是说，行动—经验—规律——行动整个循环，让学习效率更高效。

组织学习理论。由美国商业理论家克里斯・阿盖尔里斯提出。组织学习理论强调双环学习，即打破习惯性防御，不仅反思现状，同时反思造成现状的原因，浮现并校正心智假设。

电力小百科

明确课题。为强化行动学习主题的战略导向，电力企业可以通过战略解码工作坊研讨等管理工具，明确各大业务领域当前亟需解决的业务难题。同时，努力推动电力企业人才行动学习课题符合行动学习真实问题、重要紧急、内部可控、需要协作、适中聚焦、学习机会等基本要求，从课题的全局性、创新性、战略性、可行性等方面评分排序，结合竞争性、标准性、使用率、联动性、优化性、独特性、艺术性等电力企业人才行动学习前瞻性趋势，综合做出评定，选取行动学习课题，组建课题小组。根据电力企业人才专业序列，在电力企业人才能力素质提升上各有侧重，电力企业科技研发、生产技能人才侧重提升执行推动等能力项，电力企业专业管理人才侧重提升创新变革等能力项。

团队行动。为顺利实现电力企业人才行动学习课题任务与人才能力发展双重目标，可以组织工作坊集中辅导。电力企业人才行动学习课题小组在内外部专家的辅导下，综合运用各类管理工具，通过教练技术、引导技术等教学方法帮助各小组头脑风暴，共创策略，形成关键措施和行动计划。注重过程反思、复盘优化，推动完成电力企业人才行动学习课题各阶段任务。

过程管理。为保证电力企业人才行动学习效，电力企业可以借助贡献度积分方式等方式，鼓励各小组保持积极沟通与互动，激发各小组学习热情。通过班委会、临时党支部等组织，强化过程管理。同时，通过电力企业人才行动学习课题研究中期汇报、教练反馈、导师定期辅导等措施，及时了解、控制课题研究进度、质量。超前谋划、积极应对电力企业人才行动学习课题研究小组是否定期反复盘反思、导师是否定期开展辅导、课题研究遇到挑战找谁寻找帮助等行动学习中遇到的难题。在实际工作中，电力企业可以通过以下行动学习管理工具强化过程管理：电力企业人才行动学习结构化跟进表单，在行动学习课题研究各关键节点定期汇报成果。电力企业人才实施班委会、临时党支部自组织管理，课题研究各小组自行设定保障管理机制，定期研讨复盘。内外部教练反馈辅导，结合行动学习项目化管理，实施电力企业人才行动学习过程辅导。电力企业人才行动学习导师辅导，每月定期组织集中辅导交流，填写辅导记录。

四、实施 IDP

电力企业人才成长计划中的技能培训、行动学习是通用性的组织培养方式，IDP 则是针对员工个人的、个性化人才发展规划。IDP 通过员工及直接领导、电力企业人才工作者之间的分工协作，实现员工个人发展与电力企业组织目标的同频共振。电力企业人才成长计划中的 IDP 主要包括制定计划、中期检查、总结评估三个环节。

制定计划。结合电力企业人才测评结果，综合分析员工能力素质现状记忆潜能情况，找出个人能力短板，明确个人发展目标。电力企业员工和上级领导、电力企业人才工作者面谈，共同明确要发展的能力项，分析原因，制定计划，明确评价标准以及所需资源、验收日期等。电力企业人才工作者及员工上级领导针对提交的 IDP 提出修改完善意见，补充完善后形成 IDP 终稿。

中期检查。电力企业员工与上级领导开展一对一面谈，阶段回顾、评价个人能力发展计划实施情况。

评估总结。电力企业员工与上级领导整体评估、总结个人能力发展情况。面谈结束后，评估总结报告由双方签字后在规定时间内提交电力企业人力资源部存档。

五、成果输出

电力企业人才成长计划中的成果输出是检验人才培养效果的有效途径，也是沉淀人才培养经验的重要载体。电力企业人才成长计划中的成果输出涵盖输入、应用、转化等多项人才培养内容，积累大量学习素材、实操案例，主要包括电力企业人才培养最佳实践案例、教练实践辅导手册等可视化、可传播的工作成果。电力企业人才培养最佳实践案例以典型业务工作场景为基础，输出电力企业业务流程，辅助案例参考和注意事项说明，便于更好复制推广。电力企业人才教练实践辅导手册以教练辅导典型场景为基础，把常用工具、实操案例汇编成册，全面检核学习成果，沉淀教练实战管理先进经验，为电力企业今后人才队伍建设提供学习素材。[1]

第三节　电力企业人才培养模型

一、电力企业人才梯队培养模型构建基础

成人学习理论。美国著名成人教育学家马尔科姆·诺尔斯认为，在成人的学习活动中，学习者的自主性和独立性在很大程度上取代对教师的依赖性。成熟的成人学习者在多数情况下有能力自己选择学习内容，自己制订学习计划。虽然个别情况下仍然依赖教师的帮助，但是在主导的心理需要上，成人学习者更倾向于独立自主地进行学习。[2]

---

❶ 方振邦. 战略人力资源管理［M］. 北京：人民大学出版社，2016，262－264.

❷ 陈晓萍，徐淑英，樊景立. 组织与管理研究的实证方法［M］. 北京：北京大学出版社，2018，441－449.

721 学习法则。普林斯顿大学创造领导中心的摩根.迈克尔和他的 2 位同事在《构筑生涯发展规划》中提出了著名的 721 学习法则。成人学习一般遵循 721 学习法则，即 70%来自工作、生活经验，工作任务与问题解决，20%来自反馈以及观察学习工作标杆人物的，10%来自课堂培训。❶

转化学习理论。由社会学家杰克·迈齐罗提出的一种以学习经历的意义为核心的理论。转化学习理论认为，每一步都反映了一个成年学习者在不同层次上的经历：正经历着迷茫的困境、进行自我反省、批判性地评估假设、认识到不满与转变过程之间的联系、探索新角色关系和行动的选项、制定行动计划、获得执行计划的知识或技能、临时尝试新角色、在新的角色和关系中建立能力和自信、将变化融入生活。❷

情境学习理论。由美国加利福尼亚大学伯克利分校的让·莱夫教授和独立研究者爱丁纳·温格提出的一种学习方式。情境学习理论认为，学习不仅仅是一个个体性的意义建构的心理过程，而更是一个社会性的、实践性的、以差异资源为中介的参与过程。知识的意义连同学习者自身的意识与角色都是在学习者和学习情境的互动、学习者与学习者之间的互动过程生成的，学习情境的创设就致力于将学习者的身份和角色意识、完整的生活经验、以及认知性任务重新回归到真实的、融合的状态，由此力图解决传统学校学习的去自我、去情境的顽疾。基于对

图 5-3　电力企业人才梯队培养模型的构建步骤

❶ 付亚和，许玉林. 人力资源管理［M］. 上海：复旦大学出版社，2015，66-72.
❷ 付亚和，许玉林. 人力资源管理［M］. 上海：复旦大学出版社，2015，66-72.

知识的社会性和情境性的主张，情境学习理论认为，学习的本质就是对话，在学习的过程中所经历的就是广泛的社会协商。[1]

二、电力企业人才梯队培养模型构建步骤

电力企业人才梯队培养模型，是以成人学习理论、721 学习法则等教育培训理论为基础，以电力企业发展战略为牵引，按照特定的培养目标和人才标准，以相对稳定的培训内容和培养模式、管理制度和评估方式，推进人才培养的过程集合。构建电力企业人才梯队培养模型主要步骤如下：

明确电力企业人才梯队培养目标。电力企业人才梯队培养的目的是为企业实现战略目标源源不断培养和输送优秀人才。电力企业业务重点发展方向决定人才梯队培养目标。电力企业人才梯队培养目标规定着人才梯队培养重点、培养措施与培养结果。电力企业在培养人才梯队时，首要的是深入了解和认真分析企业战略目标和业务发展情况进行深入了解和细致分析，找到实现电力企业战略目标，需要具备的核心能力，承载核心能力的关键岗位，进而明确电力企业人才梯队培养的努力方向与工作重点。

确定电力企业人才梯队培养标准。为了提升电力企业人才选拔、培育的标准化水平，电力企业应当明确人才梯队培养标准。其核心内容与电力企业人才能力素质标准的内容是基本一致的。在实际工作中，应当结合电力企业战略目标解码结果，明确实现电力企业战略目标需要的核心能力，以电力企业人才能力素质模型为基础，建立电力企业人才梯队培养标准。以电力企业人才能力素质模型为标准，选择胜任当前岗位并有潜质取得更优异绩效的员工。换而言之，建立电力企业每个关键工作岗位的能力素质标准，能够帮助电力企业确定各个关键工作岗位亟需重点培养的核心能力。

---

[1] 陈晓萍，徐淑英，樊景立. 组织与管理研究的实证方法［M］. 北京：北京大学出版社，2018，441－449.

组织电力企业人才梯队评估选拔。电力企业人才梯队培养标准之后，电力企业应当把工作重点转向人才梯队评估选拔。围绕选拔对象，做好电力企业人才梯队重点培养。电力企业人才梯队评估选拔一般通过人才盘点等方式，采用评价中心等人才测评方法，从绩效、能力、潜力等维度，全面评估电力企业人才队伍现状，区分电力企业不同员工类别，形成电力企业人才九格图。结合电力企业人才盘点结果，选拔具有高潜力的优秀人才，纳入电力企业人才库。深入分析电力企业人才库中人才的能力现状与期望目标之间的差距，确定电力企业人才梯队培养工作的聚焦点和实施路径，确保电力企业人才梯队培养工作更加有的放矢。

实施电力企业人才梯队系统培养。对于纳入电力企业人才库中的人才，电力企业应当安排针对性培养，全面提升人才能力素质。电力企业人才梯队的培养方式主要包括集中培训、轮岗锻炼、导师辅导、行动学习、挂职锻炼、挑战性任务、担任兼职培训师、课题研究，等等。各种培养方式的应用背景、边界条件不尽相同，需要电力企业结合不同人才类别和电力企业希望实现的人才梯队培养目标，选择适当的培养方式，因材施教、因人施培。根据成人学习规律，电力企业人才梯队培养通常按照“学习、实践、反思”的路径推进，学以致用、学用结合。这就意味着，应当在学习中实践，在实践中反思，在反思中成长。电力企业可以借鉴华为等世界级领先企业，实施训战结合模式，坚持赋能、实战两手发力，突出学习的转化、行为的转变。电力企业还可以采取循环培训、作战的模式，定期把一部分员工抽回来赋能，再走向业务一线，实现电力企业人才快速成长。

检验电力企业人才梯队培养效果。为了推动电力企业选拔出的优秀人才能够不断学习，实现能力素质持续成长，亟需全程跟踪、定期考评电力企业人才梯队培养情况，构建电力企业人才动态管理机制，确保电力企业人才梯队培养效果与员工绩效考核、岗位晋聘等相衔接，充分调动培养对象的积极性。绩效优秀的电力企业人才，经过培养锻炼，当出现空缺的工作岗位时，能够得到优先晋升机会，产生良好激励作用。对于工作业绩退步，培养期间表现较差的人员，应当根据电力企业人才动态管理机制，淘汰出电力企业人才库。换而言之，电力企业人才动态管理机制有效运转，可以起到激励先进，鞭策后进的作用，在整个电力企业内部形成积极向上的人才文化。还应当全面评估电力企业人才梯队培养工作整体效果，评价人才梯队培养工作对电力企业战略和业务发展的贡献价值，发现电力企业人才梯队培养过程中存在的不足之处，持续优化、不断提升，切实彰显人才培养工作对电力企业发展的推动作用，提升人才培训工作在电力企业内部的地位。同时，对在员工培养方面投入较大精力并取得明显效果的培养人，比如转兼职培训师、员工导师、部门负责人等，也应当给予适当激励，激发培养人的积极性，切实发挥标杆引领作用。[1]

电力企业人才梯队培养五步法就像旋转的车轮一样，源源不断向电力企业关键工作岗位输送优秀人才，驱动电力企业向战略目标行稳致远。

第四节　电力企业人才学习地图

一、电力企业人才学习地图内涵

电力企业人才学习地图的概念。电力企业人才学习地图，是基于电力企业人才职业规划和能力发展路径而设计的一系列学习活动，是电力企业人才学习发展路径的直接体现。当电力企业人才职业发展走向更高层级或者其他工作岗位时，电力企业人才学习地图能够为员工提供针对性的学习与发展课程帮助员工更快、更好地适应新的工作职责要求。

---

❶ 梁娟娟. 浅议电力企业人才队伍建设存在的问题及对策［J］. 中国电力教育，2013（8）：127－128.

图 5-4　电力企业人才学习地图的概念

电力企业人才学习地图常见形式是 U 型，基于电力企业人才职业发展路径，通常包括电力企业新员工学习包、各工作岗位学习包、各职级晋级学习包。完整的电力企业人才学习地图包括“一图三册”，即电力企业人才学习地图主图，供电力企业培训管理员使用的学习地图使用手册、培训档案等电力企业培训管理员文档，供培训教练使用的教练手册，供电力企业学员使用的学习护照。电力企业人才学习地图课程体系的来源主要是电力企业组织的核心职能、关键绩效指标以及人才能力素质模型。

电力企业人才学习路径图，电力企业员工从入职到胜任工作期间所经历的有次序的活动、事件及体验的总和。电力企业培训课程体系，是同一专业不同课程门类按照门类顺序排列的集合，是电力企业培训内容和进程的总和，决定了电力企业员工通过培训获得的知识结构。电力企业人才学习地图与学习路径图、培训课程体系的核心内容是相通的，其核心和基础是人才能力素质模型。学习地图是一栋楼的整个楼道空间，学习路径图是上下楼的指示牌，培训课程体系相当于一段楼梯，培训课程就是一级级台阶。

电力企业人才学习地图的作用。从电力企业维度看，学习地图可以降低管理成本。电力企业不同工作岗位要求的能力、技能各不相同。当电力企业员工轮岗或者提升到新的工作岗位时，面对新的工作岗位职责要求，迫切需要电力企业提升员工能力素质。员工往往需要一个详细的人才培养指引——电力企业人才学习地图。电力企业人才能够借助学习地图缩短达到胜任标准的时间，加速成长成才。对于电力企业而言，缩短胜任时间就节省很多人力、财力、物力，降低管理成本。从电力企业员工维度看，学习地图可以导航职业发展。电力企业人才学习地图可以直观形象告诉员工，晋级和轮岗应具备的能力素质，今后努力的方向和目标，在能力发展的每个阶段应该学习的内容。员工根据电力企业要求，结合自身实际，自觉主动加强学习。当跨过一个个学习里程碑时，员工会切身感受到自己离目标越来越近，不断激发学习热情，持续提升能力素质，有效支撑电力企业业务发展。从电力企业人力资源部门维度看，学习地图可以推动培训落地。电力企业人才学习地图清晰准确地标明学习内容及先后次序，电力企业人力资源部门通过将这些

电力人才小百科

- 通用电气首席学习官Jim Williams在大量实验的基础上，设计任务模型（Proficiency Model），能力只有依托于执行工作任务才能得以发展。
- 同时，能力是否得到了发展，也必须通过工作任务的完成情况来证明。
- 以“任务模型“为基础设计学习地图，描绘出切实有效的学习地图，使员工“尽快”地胜任工作。
- 通用电气应用学习地图结合行动学习的30/30模式取得了巨大的成功，公司每一个关键岗位通过30天的学习路径再设计流程，能使所有关键岗位人才的培养周期缩短30%，解决了公司最关切的人才瓶颈问题，其价值也能量化：某关键岗位通过学习地图达到胜任标准的人数X（胜任人员平均绩效－未待胜任标准人员平均绩效）。
- X通过学习地图缩短的培养周期，就是培训部门为公司所赚的钱。
- 通过行动学习和学习地图，培训部门从花钱到赚钱。
- 通用电气前CEO杰克·韦尔奇认为企业人力资源总监的地位至少要与财务总监同等重要！

学习地图的价值

内容与员工队伍现状进行对比，就可以精准掌握相应的培训需求，制定系统科学的人才培训计划。同时，电力企业人才学习地图有效整合海量学习资源，既包括传统的课程资源，也包括新颖的行动学习、微课、慕课等。电力企业员工可以在各个阶段选择相应学习内容，电力企业人力资源部门能够结合年度培训资源建设情况、培训经费预算等具体条件，选择适合的学习方式，组织实施培训活动。

学习地图的价值

通用电气首席学习官 Jim Williams 在大量实验的基础上，设计任务模型（Proficiency Model），能力只有依托于执行工作任务才能得以发展。同时，能力是否得到了发展，也必须通过工作任务的完成情况来证明。以“任务模型“为基础设计学习地图，描绘出切实有效的学习地图，使员工“尽快”地胜任工作。通用电气应用学习地图结合行动学习的 30/30 模式取得了巨大的成功，公司每一个关键岗位通过 30 天的学习路径再设计流程，能使所有关键岗位人才的培养周期缩短 30%，解决了公司最关切的人才瓶颈问题，其价值也能量化：某关键岗位通过学习地图达到胜任标准的人数 X（胜任人员平均绩效 – 未待胜任标准人员平均绩效）。X 通过学习地图缩短的培养周期，就是培训部门为公司所赚的钱。通过行动学习和学习地图，培训部门从花钱到赚钱。通用电气前 CEO 杰克 · 韦尔奇认为企业人力资源总监的地位至少要与财务总监同等重要！

二、电力企业人才学习地图构建

（一）电力企业人才学习地图构建方法

电力企业人才学习地图的构建方法主要有两种：

岗位职责分析法。基于能力模型的方法，是从“能”的角度出发，通过构建电力企业人才能力素质模型，从能力到学习内容一一映射。电力企业人才能力素质模型各项能力素质逐步分解，整个学习内容更全面系统，适合于结构化知识。岗位职责分析法适用于工作岗位职责比较清晰、稳定的电力企业。使用岗位职责分析法建立的电力企业人才学习地图如果要与电力企业人才职业发展通道对接，还应当通过专家访谈等方法，把电力企业工作岗位职责进行强制排序，区分出员工从新人成长为专家不同的成长阶段所承担的工作职责。

典型工作任务法。基于任务模型的方法，是从“事”的角度出发，不需要构建电力企业人才能力素质模型，根据关键工作任务事项，直接映射到学习内容，使得映射更简单，适合于流程性知识。典型工作任务法适用于工作岗位职责一直处于变动中，但是工作过程比较清晰的电力企业工作岗位；也适用于没有固定岗位，只有角色定位的工作。

（二）电力企业人才学习地图构建步骤

使用不同的方法构建电力企业人才学习地图的步骤是不同的。使用岗位职责分析法构建电力企业人才学习地图的步骤共有七个。使用典型工作任务法构建电力企业人才学习地图的步骤则是十个。

使用岗位职责分析法构建电力企业人才学习地图的步骤。明确岗位职责，明确电力企业每个工作岗位现在和将来的职责要求。梳理工作任务，梳理形成电力企业各个工作岗位每项职责包含的工作任务。列出具体步骤，列出完成电力企业每项工作任务所包含的具体步骤、环节。提炼工作要求，提炼电力企业每个具体工作步骤应该达到的绩效标准和需要的知识、技能和素质要求。制定表现目标，按照电力企业每个工作步骤的绩效标准，为每项工作任务制定应当达到的表现性学习目标，建立电力企业工作任务—绩效结果—学习目标之间的映射关系。形成地图初稿，依据电力企业每个工作任务的学习目标与知识、技能、素质要求，明确课程主题、学习单元，匹配相应学习时间、培训模式和培训资源。形成学习地图，为每个课程主题、学习单元设定学习成果输出物和培训评价标准，输出电力企业人才学习地图的里程碑事件，形成完整的电力企业人才学习地图及学习地图使用手册、学习护照等。

使用典型工作任务法构建电力企业人才学习地图的步骤。编制任务清单，列出电力企业工作岗位承担的所有工作任务，形成电力企业工作任务清单。汇总整理任务，对电力企业工作任务汇总整理优化工作任务清单。任务分级分类，根据电力企业员工由新入职员工成长为专家的顺序，对电力企业工作任务分级、分类。选择典型任务，按照工作任务对电力企业员工成长的影响，从重要性、难度、频率等三个层面，全面评估工作，选取电力企业员工每个职业发展阶段的典型工作任务。列出工作步骤，列出完成电力企业每个典型工作任务需要的具体工作环节、工作步骤。提炼工作要求，提炼完成电力企业每个工作任务需要的知识、技能、素质要求。梳理岗位特征，列出完成电力企业典型工作任务常见的实际困难，从中梳理岗位需要具备的素质特征。设置岗位时间，设置电力企业每个工作岗位从新入职员工成长为专家经历的典型工作任务需要花费的时间。编制培养方案，编制电力企业每个岗位成长阶段的培养方案，设计学习目标、学习时间、培训模式和培训资源。绘制学习地图，绘制由典型工作任务构成的电力企业人才学习地图。

（三）电力企业人才学习地图升级迭代

电力企业人才学习地图不是一劳永逸的工程，而是需要随着电力企业内外部环境的变化不断升级迭代。主要包括三个方面：

培训资源优化。电力企业人才学习地图初建时期，培训课程的数量与质量往往不可兼得。大部分电力企业会倾向于先把培训课程基数建立起来，但是，培训课程的质量则需要持续提升。电力企业应当定期优化一批培训课程。适当引入外部精品培训资源，也是优化培训资源的重要途径。

激活知识资产。电力企业知识密集、技术要求高，已经沉淀了海量知识资产，提供大量成功和试错样本，是电力企业的宝贵资源。将电力企业最佳实践纳入学习地图，是实现知识资产从知识性向实用性转变的重要途径。

融合核心业务。将电力企业人才学习地图与直接为客户创造价值的业务紧密捆绑，促进电力企业人才学习地图解决业务实际难题，推动电力企业人才学习地图不断为企业创造价值。

三、电力企业人才学习地图应用

宏观层面。BSC（The Balanced ScoreCard，平衡计分卡）法表明，推动电力企业财务指标优秀因素，分别是用户、运营流程和学习与成长。其中，学习与成长是最根本的驱动因素。电力企业人才学习地图的战略意义在于，电力企业通过在学习与成长等方面的投入，能够夯实战略优势、提升管理效能，使电力企业可以把特定价值带给用户，获取经济价值。这就意味着，从电力企业学习发展以及培训管理工作角度来看，电力企业人才学习地图有机整合岗位能力、培训资源与职业发展，能够在电力企业运营维度实现进阶提升，还能够从战略层面发挥其应有作用。通过电力企业人才学习地图，能够把电力企业战略地图转化为电力企业能力地图，进而将能力地图转化为电力企业人才学习地图，推动电力企业战略发展和增强员工能力素质密切联系起来。

电力人才小百科

罗伯特·卡普兰和大卫·诺顿合著的《平衡计分卡：化战略为行动》一书，系统地提出了企业愿景和战略的度量指标和分解体系，该体系包括四个领域绩效的度量，即财务、客户、内部流程以及学习与成长。他们将其称为“平衡计分卡”。

财务

客户

内部流程

学习与成长

- 他们在书中写道，“我们称之为‘平衡计分卡’，顾名思义，它反映了如下多种平衡关系：短期与长期目标、财务和非财务目标、滞后和领先指标、外部和内部业绩视角”。
- 平衡计分卡不仅仅是一个战术性的或经营性的度量系统，它是一个战略管理系统。其重点在于：阐明并解码企业的愿景和战略连接各领域的战略目标和指标并与责任单位的管理者充分沟通；将战略目标和指标转化为行动；对行动结果进行度量；加强反馈和学习。只有平衡计分卡从一个度量系统转变为一个管理系统时，它才能发挥真正的威力。

平衡计分卡是什么

平衡计分卡是什么

罗伯特·卡普兰和大卫·诺顿合著的《平衡计分卡：化战略为行动》一书，系统地提出了企业愿景和战略的度量指标和分解体系，该体系包括四个领域绩效的度量，即财务、客户、内部流程以及学习与成长。他们将其称为“平衡计分卡”。他们在书中写道，“我们称之为‘平衡计分卡’，顾名思义，它反映了如下多种平衡关系：短期与长期目标、财务和非财务目标、滞后和领先指标、外部和内部业绩视角”。

平衡计分卡不仅仅是一个战术性的或经营性的度量系统，它是一个战略管理系统。其重点在于：阐明并解码企业的愿景和战略连接各领域的战略目标和指标并与责任单位的管理者充分沟通；将战略目标和指标转化为行动；对行动结果进行度量；加强反馈和学习。只有平衡计分卡从一个度量系统转变为一个管理系统时，它才能发挥真正的威力。

电力小百科

微观层面。电力企业人才学习地图可以应用于新员工入职培训，节约培训时间，降低培训成本。可以应用于企业级、部门级、岗位级专业培训，避免电力企业知识资产流失，构建学习型组织；可以应用于人才晋升评估培训，强化电力企业人才评价管理体系建设，降低优秀流失率。

第五节　电力企业人才培育案例

典型案例一：某电力企业基于“stat”模型的新员工职业生涯培养计划

某电力企业充分考虑新员工成长的特点，构建基于“stat”模型的人才培养体系，制定新员工阶段式规划目标（stage），把握新员工转变为公司骨干人才的重要时期，制定典型工作任务培训主题（task），大力实施先进激励措施（advance），跟踪新员工成长轨迹（track），引导新员工成长成才。

stage——阶段式规划

将新员工入职的五年周期分为三个阶段（入职五年后为托举培养期），通过对每个阶段进行清晰规划，把准新员工成长为骨干人才的重要时期，帮助新员工塑造职业观、认同感和归属感。

集中培育期。第 1 年入职培养，促使新员工了解公司概况，熟悉企业文化理念和行为规范准则，强化纪律观念和安全意识，树立团队精神和敬业精神，能够完成岗位一般工作任务。

专业培育期。入职第 2 年，立足岗位进行岗位业务能力培养，促使新员工熟悉岗位规范和要求，提升职业素养和业务技能，能够独立完成复杂的岗位工作任务，具备专业管理基本能力等。通过签订《导师带徒协议》，明确徒弟的学习任务和目标，制定阶段性考核标准，督促员工落实学历学位、岗位胜任能力、职业技能、专业职称等的个人提升计划。

进阶培育期。进阶目标：统一制定托举支持进阶标准，通过考试、测评、推荐等多种方式，按年度培育支持青年人才，首批培育支持 400 名地市公司级青年人才，其中，科技类人才占比不少于 30%。培养思路：入职第 3～5 年，以本专业为重点，适当拓宽培养专业领域，进行提升培养，促使新员工全面提升业务能力、创新能力和综合能力，能够解释、处理工作中的疑难问题，能够在管理创新、技艺革新、科技攻关等团队中发挥作用，能够组织、指导岗位业务工作的开展，打造持多证、持高证的复合型人才。

托举培养期。托举目标：统一制定托举标准，通过考试、测评、推荐等方式，按年度开展青年人才托举工程，首批托举支持 40 名公司级青年人才，其中：科技类人才占比不少于 30%。培养思路：入职第 5 年以后，对新员工专业能力、综合素质和发展潜力综合研判，按技术技能和管理两类进行针对性培养。技术技能类重在培养出一批专业基础扎实、动手能力强、创新潜力高的技术技能人才，列入托举支持计划。管理类重在培养出一批综合素质高，发展潜力大的专业管理类人才，列入管培生储备计划。

task——任务导向式培养

基于岗位培养。岗位见习培养。组织新员工开展岗位见习培养，增强岗位认知，选拔优秀新员工担任“见习班组长”“见习值班长”等职务，促进员工在实际工作中学习核心业务、工作流程等。场景式体验学习。按照“以任务为导向、以角色为主体、以项目为课程”的理念，精心设计和安排新员工入职培训，应用体验学习、主题研讨、角色任务实操、桌面演练、应急演练等教学模式，拓宽新员工获取技术技能途径，增加学习乐趣。融入式技能竞赛。结合年度重点工作与员工培训需求，开展“专业知识调考比基础”“现场竞赛比技能”“质量管理比创新”“年度员工档案比业绩”等竞赛项目，加强新员工间相互学习和交流，激励学习干劲。

跨单位培养。推进实施新员工多岗位轮岗锻炼，组织新员工到送变电公司、检修公司等单位一线岗位实践；深入推进“三跨”培养锻炼，有序拓展至原水电供区改造、古泉站、重大项目建设等重要任务中，促进新员工实践能力快速提升。各单位新员工均先安排到生产一线轮岗实习，提升新员工敬业、精业精神。

搭建员工成长平台。引导新员工做课题、进项目、驻团队、担担子。搭建创新创效平台，发挥科技创新中心、“双创中心”“四室一站”创新平台作用，组建青年智库、科技攻关、管理创新、技艺革新等团队，鼓励新员工积极参与，提升创新能力。搭建素质展示平台，组织开展知识竞赛、技能比武、劳动竞赛、青年创新创意大赛、演讲比赛等活动，激发新员工活力。搭建实践锻炼平台，选派优秀新员工参与重要项目、扶贫锻炼、东西帮扶等重点工作实践，提升新员工解决实际问题的能力。搭建沟通交流平台，定期开展新员工座谈会，深化党支部谈心谈话制度，及时掌握新员工实际需求，切实关爱新员工发展。

advance——先进激励机制

完善“双导师”机制。为新员工配备职业导师和技能（专业）导师。培养新员工岗位业务能力，帮助新员工开展职业生涯规划管理，推动新员工职业发展。建立跨专业师带徒机制。针对部分优秀新员工，结合个人意愿，实施跨专业导师带徒，推进复合型人才培养。

设定激励机制。每年评选 30%的优秀新员工，结合个人意愿，实施跨专业导师带徒，推进复合型人才培养，评选不合格的学员不能进入下一阶段培养，年度绩效结果不高于 C 级。每年评选 20%的优秀导师，执行优秀兼职培训师授课标准。

引入人才推优机制。对技能竞赛、比武等活动涌现的优秀新员工，优先推荐为相应层级的专家人才候选人，畅通推优通道。

track——追踪培养效果

建立新员工成长档案。实施“一人一档”，详细记录新员工基本情况、性格特点、个人职业生涯规划、培养提升计划、实施步骤、具体措施、年度业绩成果、岗位变动情况等。全面了解新员工情况，跟踪新员工成长轨迹，引导新员工成长成才。

开展培养效果评估。通过项目评估，有效解决培训质量评定和新员工发展、任用问题，同时注重追踪培训项目整体与长期实施效果。开展自我评估，通过自我审视，研判自身职业规划发展路径。

做好职业发展规划。设定职业发展目标，分为短期目标、中期目标、长期目标和人生目标。每个时期结合评估结果，对员工职业发展规划进行指导、修订、完善。

典型案例二：某电力企业构建“江淮电力工匠”能力模型　推动技能人才高质量发展

某电力企业落实高端人才“铸尖”行动，构建“江淮电力工匠”能力模型，实施江淮电力工匠塑造计划，打造一支敬业有素、能力突出、结构合理、群众认可的电力工匠队伍，着力培育更多的技术能手、国网工匠，提升“塔尖”人才成长高度、成果亮度。

构建“江淮电力工匠”能力模型。基于“江淮电力工匠”岗位工作场景，梳理总结出“江淮电力工匠”所需能力要素，注重定量与定性考核的有机结合，建立“江淮电力工匠”能力模型，完善电力工匠队伍建设体系，实现电力工匠队伍分级培养和管理。

评选江淮电力工匠。基于“江淮电力工匠”能力模型，对电力工匠的个人能力、工作行为和业绩产出以积分的方式进行全方位量化考核，并根据考核结果实现电力工匠分级。

设计覆盖全面的考核标准。结合公司人才发展现状，科学地设计测量标准，指标内容包括高技能人才常规工作情况，以及技术创新、技术攻关、QC 小组活动、技术培训、导师带徒、技术论文撰写等方面的优秀表现。

组织专项培训。对工匠的能力素质进行诊断分析，聚焦工匠的共性短板，应用集中培训、项目开发等方式，不断提升工匠专业能力及授课能力。定期开展交流培训，鼓励工匠参与课题调研、参观学习，帮助工匠不断更新知识结构。

搭建培养平台。加强“共建共享、协同发展”的校企合作机制建设，推进与职业院校合作建设创新教育基地。广泛开展专业技能竞赛，鼓励工匠参加省部级及以上等级竞赛比武活动，发挥绝招绝技，获取更多的高层级的技术能手和岗位标兵称号；推荐工匠作为教练或裁判各级竞赛比武活动，发挥技能引领作用。

典型案例三：某电力企业“金种子”优秀班组长进阶培养模式筑牢企业发展基石

某电力企业建立完善的阶梯式人才培养体系——“金种子”优秀班组长进阶式培养体系，培养对象聚焦于扎根一线的优秀班组长，以“强基”、“提升”、“超越”为三个阶梯，运用“集中培训＋跟踪培养”模式，重点提升班组长的“领导力、教练力、创新力、成长力、文化力”，加速广大一线员工成长成才，为基层班组铺设人才成长的“高速路”、打造能力提升的“直通车”，为该电力企业培养储备一大批未来人才，筑牢企业发展基石，其进阶式培养理念及管理模式为人才培养工作提供了良好的借鉴，在业内具备领跑价值。

坚持系统策划，全面提升培训效果。在培训模式上，实行市县公司一体化、小班制教学，不仅促进了市县公司班组长之间的沟通交流和学习借鉴，还有利于学员课堂融入、参与教学双方互动。在教学方式上，广泛应用体验式、案例式、研讨式和参观学习等教学方式，传统的讲授教学占比不超过45%，激发学员学习兴趣，提高学员参与培训的主动性。在师资选聘上，按照“内部为主、外部为辅”的原则，由系统内外专家人才，组建最优师资团队。在组织管理上，组建专业管理团队，构建标准精细管理流程，实行半军事化管理，严格组织纪律和考试考核。在氛围营造上，创建“金种子”微信平台，并灵活运用电子简报、彩虹资讯等多种渠道，电子相册、微视频等多种形式，全程跟踪、宣传引导。在总结反馈上，培训班坚持“期期有改进，课课有提升”的原则，每期培训结束后，立刻组织学员对培训内容、授课效果和培训管理等方面进行评估，并在下一期培训之前进行优化改进。

同时，结合班组工作实际和人才成长规律，研究形成了“H”型双向成长通道，班组长既可以走管理通道，也可以走技术通道。科学设计了跟踪培养模式，创新设立课题研究、班组对标、培养锻炼、人才评选、竞赛调考、评选树优、班组大讲堂、兼职培训师、技艺传授、科技创新、管理创新、职工技术创新等 12种模式，帮助学员明确跟踪培养内容。制定《跟踪培养管理办法》和《跟踪培养任务书》，每期培训结束后，立刻组织学员和所在单位人资部制定个性化的《跟踪培养任务书》，并根据管理办法定期考核学员跟踪培养情况，其跟踪培养成绩将作为参加下一阶段培训和个人业绩考核的重要参考。建立优秀人才储备库，定期组织跟踪培养“回头看”和量化考核，对评价好、进步快的（学员）重点培养。

此外，制定落实《关于加强班组长队伍建设的意见》，将班组长经历作为中层干部任职的重要条件优先考虑，在年度新提拔中层副职中，具有班组长工作经历的人选比例不低于 50%。一线核心班组班组长奖金系数提高到职能部室同岗级的 1.1 倍。将“金种子”培养情况纳入单位业绩考核，要求学员所在单位为学员搭平台、创机会、供资源，使基层班组真正成为吸引人才、激发活力、实现价值的“广阔天地”。

典型案例四：开展新时代技术技能员工发展通道建设

某电力企业紧扣国家电网公司“一体四翼”总体战略布局，服务中央碳达峰碳中和、新型电力系统建设等决策部署，坚持战略引领、尚技重能、绩薪驱动，探索构建大人才观下技术与技能相促进的选拔聘任、培养使用、考核激励机制，建设新时代技术技能员工成长成才发展通道，充分发挥高素质技术技能人才、能工巧匠、大国工匠在企业转型发展中的重要作用，营造人人皆人才、人人皆可成才、人人尽展其才的良好业态环境。

设立能进能出的通道管理

并行设立通道层级。与领导职务、职员职级、专家人才并行设立技术技能员工职业发展通道，相应从低到高设立十个层级（G1－G10，G 是“Grade”缩写，1－10 表示具备相应技能又具有对应岗位业绩的评价等级），员工可依据技能等级资格结合岗位贡献参加各层级选聘，离开技术技能岗位员工不再纳入通道管理。

实施授权分级管理。省公司负责核定 G7－G10 员工选聘结果，地市公司（直属单位）统筹负责 G1－G10 员工选聘工作。各单位切实落实主体责任，坚持宁缺毋滥、能者居之，选聘标准注重员工个人技能水平、岗位贡献情况。

层级	技能等级
G10	首席技师
G9	
G8	特级技师
G7	
G6	高级技师
G5	
G4	技师
G3	
G2	高级工
G1	中级工

建立能上能下的选聘机制

建立层级选聘机制。遵循技术技能员工成长成才规律，根据公司系统技能等级评价结果，结合年度绩效考核结果和个人岗位贡献等情况实施逐级晋升选聘。开通破格晋升通道，个人可凭借技能竞赛个人奖获得情况，实现跨资格选聘，破格业绩仅能用 1 次。

实行层级周期管理。G 级通道员工实行聘期制管理，聘期两年。聘期内出现年度绩效考核不合格、受到记过及以上纪律处分、违反员工奖惩规定、安全工作奖惩规定等情况，直接退出通道管理，取消相应待遇，次月生效。

强化岗位贡献业绩考核

分级考核确定结果。聘期满开展 G 级员工层级考核，省公司负责核定 G7－G10 员工聘期考核结果，地市公司（直属单位）统筹开展 G1－G10 员工聘期考核。考核结果分为优秀、称职和不称职三个等级，分别对应采取续聘、重新选聘、降级并取消选聘资格处理，考核优秀比例不超过 20%。破格晋升人员考核不称职直接降至原层级。

注重贡献量化考核。考核内容应包括聘期内绩效结果、岗位工作量、传帮带等个人业绩和岗位贡献量化指标。考核结果与薪酬分配、晋升发展等紧密挂钩，充分引导职工爱岗敬业、钻研业务、争创业绩，体现绩优者多得。

健全能增能减的薪酬体系

明确层级薪酬待遇。强化岗位绩效工资与员工职业发展的联动挂钩，构建 G 级通道各层级薪酬对应关系，依托职业技能等级设计差别化薪酬待遇，最高级薪酬待遇参照各单位三级职员的薪酬水平执行。

实现考核薪酬增减。建立“一级多档、考核联动”激励机制，体现多劳者多得、技高者多得的价值分配导向，充分体现技术技能员工能力差别。考核结果优秀的给予在采取适当的奖惩措施，聘期考核“优秀”的，奖励当年度绩效考核奖的 3%～5%；聘期考核“不称职”的，扣减当年度绩效考核奖的 5%～10%。

典型案例五：某电力企业强化精准培训助力梯队人才建设

某电力企业以“精准培训”为理念，开展“基于问题”和“基于重点”的培训。通过围绕高质量多方式的培训，快速提升员工职业素养，补短板，夯实专业技术水平，加快梯队性人才队伍的建设。

精准培训对象。重点围绕核心人才、班组长、新入职员工、运行人员、维护部人员、转岗人员、管理岗位复合型人才分块、分层次开展培训工作，对节能环保等专业开展专项培训，并逐步梳理建立各岗位“培训包”，指导员工提升有方向，学习有标准。试点开展岗位准入制度，将培训、使用、考核一体化，培养人才队伍。

精准培训制度。明确培训管理体制机制，从严从实抓好培训意识。确立各部门为本部门教育培训工作的责任主体，增强各部门培训责任人和培训员的培训意识，结合本部门工作开展情况，优化部门培训工作，将培养人才作为部门工作中的一项重要工作。针对培训管理中出现的问题，进行简化台账、优化管理，降低重复性工作，确保培训工作务实，使培训工作发挥实效。

精准培训方式。结合当前安全生产呈现出的新特点和面临的新问题、人员的整体现状、机组检修及升级改造等客观因素，结合现场考问、班组安全学习、事故预想、检修实操、技术创新、反措落实等形式，建立“现场就是学校，设备就是教材”的理念，重磅打造仿真机实操基地，有针对性的组织开展实操培训，提升员工实操水平。立足现场和设备，切实加强技能实训，并开展岗位练兵、技术比武和小专业竞赛，进一步夯实专业基础，提升专业技能水平，全面带动员工自我提升。

精准培训效果。为实现培训完成率 100%，专业技术、生产技能人员岗位持证率 100%，调考率 100%，该电力企业推进“去手机化”培训，建立纯净的培训空间，营造良好的学习氛围，避免培训流于形式，创新培训方式，开展有效、实用、新颖的培训，通过创新培训取代课堂式填鸭模式。建立内部激励机制，对培训中涌现的突出人才给一定的激励措施，调动员工的培训热情，让培训工作给予个人和公司双赢，提高经济效益和安全生产水平，助力梯队人才培养。

典型案例六：某电力企业全景导航图托举青年员工成长

某电力企业立足于优化青年成长环境、提升青工能力素质、助力企业发展，基于学习地图理念，设计实施青年成长全景导航图找准工作着力点，整合资源形成合力，以 2353 模式全方位服务青年、凝聚青年、引领青年，助力青年成长“第一公里”。2353 模式，即融入 2 个服务理念：服务青年成才、服务企业发展；抓住 3 个着力点：创新机制、搭建平台、丰富载体；开展 5 个版块工作：玩转青春、温暖青春、装备青春、解惑青春、闪亮青春；实现 3 大工作目标：提升青年工作活力，提升青年能力素质，提升企业发展软实力。

着力于创新机制，创新推出“3+3”导师带徒、青年认领重点项目、结亲连心等新机制，建立有利于青年成长的组织机构，形成领导重视、有人牵头、专人负责，相关部门协同配合的工作方式，为青年成长落实制度保障。着力于搭建平台，搭建“智汇松电”擂台、青年先锋工作室、虚拟“爱心超市”等新平台，发挥青年思想活跃、敢于创新、富有朝气优势，激励青年为企业生产经营管理出谋划策，营造一个有利青年实现自我价值的成长环境。着力于丰富载体，以一图一室一队（图册+工作室+先锋团队）组合拳，广泛开展“金点子”征集、管理创新、竞赛比武、征文演讲、才艺展示等系列载体活动，满足青年员工多样化、多元化成长需求，为青年健康阳光成长拓宽道路。

开展“城市导航”，针对公司录用新员工多数来自外地的情况，以优美图片和文字为他们介绍县情县貌、历史文化、风土人情及特色景点、餐饮、生活服务等各类信息一应俱全，让外地新员工带着旅游感觉融入新环境，更快适应新生活。

制定“关怀菜单”，开展“助青工成长—结亲连心”活动，邀请近十年参加工作的外省籍青工父母来公司参观、座谈，增强青工对企业的认同感和归属感。每逢春节、元旦、中秋等节日，组织新春游园会、新年登山比赛、中秋电网好声音等活动，营造浓浓共同家园氛围。开展“3+3”导师带徒活动，跨层级、跨专业组建以公司领导、优秀中层、专家人才等 3 类人为主的导师库，对应青年员工、中层后备、新提拔年轻干部等 3 类人为主的徒弟库，以“自愿+推荐”确立 60 多对师徒，使青工既有带业务的技能导师，又有带能力的管理导师，还有引领观念的思想导师，师徒间有计划、有考核定期开展业务、管理、思想等方面的传帮带活动，帮助青年全面成长。开展“技能+技术”成长规划，实施“月考月强”业务考试制度，为青工制作电网技能攻略，促进他们扎实专业技术基础。还绘制了人才发展通道一张图、成长规划图解漫画，由导师指导他们结合自身性格特点、专业方向等实际，一一制定个人职业发展规划和能力提升“路径图”，明晰职业发展方向，逐步提升能力素质。深化“阳光心灵港湾”建设，导航青年阳光心灵培育，借助微信、微博等社交工具及时关心青年内心晴雨变化。“知心姐姐”心理沙龙，开展含心理健康知识宣传、心理健康援助等活动，帮助青年疏导工作、思想、生活上的困惑，缓解工作压力，提升快乐指数。

第六章

电力企业人才管理之本

电力企业人才管理坚持以用为本。电力企业应当树立“聚天下英才而用之”的理念，推动优秀人才在任务攻坚、科研创新、人才培育、文化传承等方面发挥作用。电力企业人才使用应当符合人才使用规律。所谓电力企业人才使用规律，是电力企业依据人才能质能级原则，量才用人，充分发挥人才作用的规律。[1]电力企业人才使用规律具体包括：人事相宜，即电力企业人才所具备的素质应与工作岗位所要求的素质相一致；能级相称，即电力企业人才的等级要与工作岗位所要求的等级一致。[2]电力企业人才使用是一个不断变化的动态过程，也是人才发掘的过程，电力企业应当合理使用人才，用其所长，发挥最佳才能；用当其时，珍惜最佳时期；用当其位，放在最佳位置；用当其愿，产生最佳预期。[3]结合国网安徽省电力有限公司等省级电网企业实践，笔者主要介绍如下电力企业人才使用途径：

---

[1] 余凯成，程文文，陈维政. 人力资源管理 [M]. 大连：大连理工大学出版社，2001，59－62.
[2] 德斯勒. 人力资源管理 [M]. 北京：中国人民大学出版社，1999，44－47，102－103.
[3] 余凯成，程文文，陈维政. 人力资源管理 [M]. 大连：大连理工大学出版社，2001，23－26，59－62.

电力人才小百科

每年为专家人才安排一定时间的集中培训，累计时间不少于5天，优先安排参加国内外进修学习和考察交流。

聘期内安排专家人才参加所在层级的本部员工轮训，优先推荐参加挂职挂岗锻炼、跨单位人才交流培养。

每年制定专家人才使用计划，签订年度任务书。赋予其技术路线决策权、团队组建权、内部分配权，以及在标准、制度、规范、规程等相关专业领域审核、审定权。

鼓励首席高级专家、高级专家揭榜挂帅重大科研攻关、重点工程建设和重要课题研究，统筹安排各级专家科研任务，优先支持领衔关键课题研究。依托院士研究中心、博士后工作站、“双创”中心、专家人才工作室等，为专家人才在科研项目、设备设施、项目经费、图书资料、工作条件等方面给予支持，为其创新创造和技艺传承创造条件。

强化专家人才传帮带和人才培养责任，建立专家人才师带徒制度，每年带徒不少于2人，每年参与授课、讲座、培训资源建设等任务不少于32学时。

某电力企业对专家人才培养使用的规定

图6－1　电力企业人才使用途径

第一节　电力企业人才任务攻关

电力行业事关我国经济社会高质量发展，事关人民群众美好生活能源电力需要。电力企业生产经营任务繁重，应该坚持人才培养与人才使用相结合，围绕发电、输电、变电、配电、新能源、数字化各环节重点任务，用好优秀人才，提升工作质效。

图 6-2 电力企业人才任务攻关

一、聚焦电力企业重点任务强化目标管理

电力企业应当围绕年度生产经营工作计划，编制重点工作任务清单，明确任务难点、关键成果及验收标准。可以适当吸收优秀人才参与电力企业重点工作任务清单编制，加强沟通交流，“头脑风暴”、集思广益，形成共识。可以采取组建电力企业重点工作任务超市，推行重点工作任务竞标、“揭榜挂帅”“众筹”“秒杀”等方法，引导优秀人才主动认领电力企业重大工作任务。细化电力企业重大项目、重点任务目标管理，着重明确具体、可量化的工作任务目标，可评价、可测量的关键成果，还应当明确验收标准。采取举办现场签约会、重大任务招标会等方式，增强电力企业重大工作任务目标管理仪式感，引导电力企业优秀人才在思想上、态度上、行动上真正重视重大

任务。

二、聚焦电力企业重点任务推进团队管理

电力企业应当指导、帮助、推动优秀人才围绕重点工作、重大项目组建工作团队。倡导柔性团队原则，鼓励支持电力企业优秀人才打破部门、专业、单位、地域限制，把电力企业内外部优秀人才聚合在一起，共同完成重大项目、难点任务。赋予电力企业重点项目负责人更大团队成员选择权，项目实施路径自主权。灵活运用塔克曼团队发展模型，加强团队建设。借助钉钉、飞书等数字化管理工具，创新团队沟通。遵循“幸福递减律”，可以试点应用“饥饿疗法”，经常给团队成员制造危机感、饥饿感，引导团队成员培育艰苦奋斗、努力拼搏、不畏艰险、知难而上的优良作风，始终保持奋斗状态，增强团队成员内在活力。[1]坚持党建引领，聚焦重大电力工程，组建共产党员突击队；聚焦电力营销服务，组建共产党员服务队；聚焦电力运维项目，组建共产党员保障队，围绕工作难题，强化任务攻关，切实发挥共产党员先锋模范作用。

电力人才小百科

- 柔性团队是与动态竞争条件相适应的，具有不断适应环境和自我调整能力的组织。
- 柔性团队在管理体制上，还是在机构的设置上都具有灵活性，对企业的经营环境有较强的应变能力的组织。

柔性团队

[1] 孙非．人力资源管理和开发实务［M］．天津：天津社会科学院出版社，2002，222－224．

柔 性 团 队

柔性团队是与动态竞争条件相适应的，具有不断适应环境和自我调整能力的组织。柔性团队在管理体制上，还是在机构的设置上都具有灵活性，对企业的经营环境有较强的应变能力的组织。

电 力 人 才 小 百 科

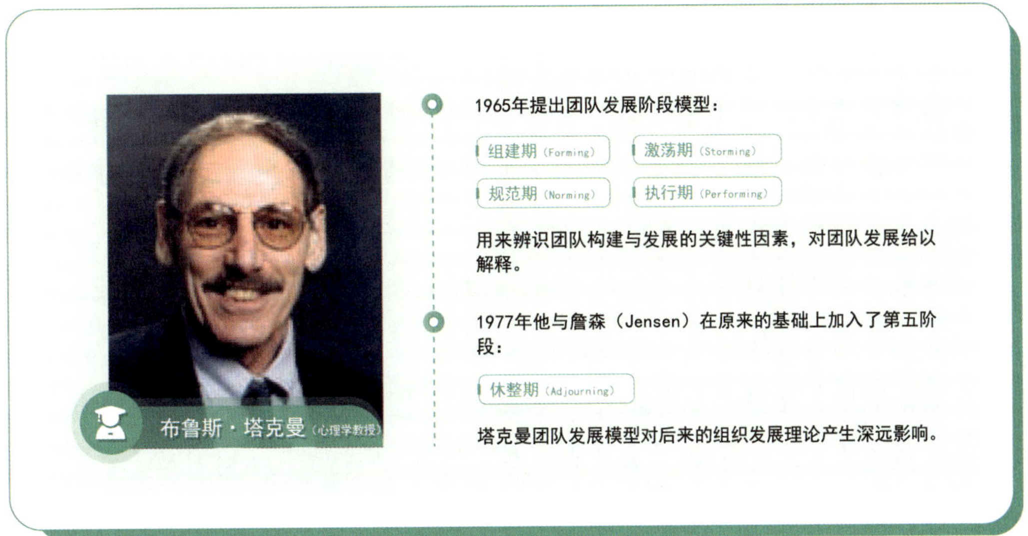

塔克曼团队发展模型

电 力 小 百 科

塔克曼团队发展模型

心理学教授布鲁斯·塔克曼在 1965 年提出团队发展阶段模型：组建期（Forming）、激荡期（Storming）、规范期（Norming）、执行期（Performing），用来辨识团队构建与发展的关键性因素，对团队发展给以解释。1977 年，他与詹森（Jensen）在原来的基础上加入了第五阶段：休整期（Adjourning）。塔克曼团队发展模型对后来的组织发展理论产生深远影响。

电力小百科

三、聚焦电力企业重点任务丰富激励管理

电力企业可以结合优秀人才队伍特点，特别是新生代员工成长进步需求，丰富人才激励管理内容、途径、方法。可以推行走动管理，电力企业领导、业务部门负责人、项目团队负责人应当经常深入一线，走近员工。电力企业各级管理人员应当经常、主动走近优秀人才，员工开会时也可以旁听列席，及时了解优秀人才第一手工作材料，增强优秀人才责任感、自豪感、获得感。在坚持量才使用、人事相宜，根据电力企业人才能力素质安排适当工作的基础上，可以尝试让一流人才完成超一级工作难题、二流人才完成二级工作难题、让三流人才完成二流工作难题，给优秀人才压担子，确保优秀人才既感受到工作压力，又在可以承受的工作压力范围内，激励电力企业人才奋发进取，促使电力企业人才加速成长。同时，应当避免“人才高负荷”“人才高消费”现象。坚持鼓励人才扎根一线、深耕专业，加强电力企业人才适度流动。电力企业人才在某一工作岗位工作时间一般以三到五年为宜，定期实施轮岗交流、挂职锻炼、挂岗锻炼。加大跨专业、跨单位交流力度，丰富人才工作履历，推动人才养成宽广视野。此外，电力企业还可以扩大优秀员工评选表彰奖励，把多数员工的行为看作优秀行为，把 70%以上的员工评为优秀，实现激励多数、鞭策少数的目的。

四、聚焦电力企业重点任务探索创新管理

电力企业应当结合 90 后、95 后员工兴趣爱好特点，加大项目团队创新管理力度。围绕工作目标，强化工作成果管理，淡化工作过程控制，根据项目进度，允许员工实行弹性工作制。适当丰富工作内容，推行项目团队工作岗位“复合制”

"AB"岗等工作模式，培养通用技能过硬、专业能力突出、能力第二曲线发展良好的"π"型人才。借助在线通讯、视频会议等信息化工具，创造条件，鼓励优秀人才积极参加电力企业年度工作会议、战略研讨会等高层次会议，培养人才宏观视野格局。[1]结合电力企业新生代员工特点，试点项目成员"昵称制""花名制"，推行工作成果积分制、"勋章制"。坚持把"赛马"当成人才培育、任务攻关的重要抓手，建立健全多维度、立体式技术技能竞赛体系，分版块、分单位、分专业，举办差异化普惠式知识竞答、技术比武、技能竞赛、业务比拼、成果展示活动，加强业务学习、业务交流。应当积极选派优秀人才参加省部级、国家级、国际级技术技能竞赛，立体宣传竞赛进展、竞赛结果、选手风采，激励优秀人才成长进步。

五、聚焦电力企业重点任务实施容错管理

电力企业应当把鼓励激励、容错纠错导向贯穿人才培养、使用、管理全过程。加强分类指导，根据项目性质、工作类别、任务难度，合理设置电力企业差异化考核评价指标。对于探索类业务，应当鼓励电力企业人才勇闯"无人区"，允许"十年做的板凳冷"。对于创新类业务，应当建立容错、试错机制，培育鼓励试错、宽容失败的创新文化。对于常规类业务，应当坚持"小改进大奖励、大改进只鼓励"原则，引导员工专注专业、持续改进、精益精进。对于工程类业务，合理区分安全、质量、廉洁等"红线"、底线类过错，还是其他类型措施。根据不同业务类型，设置过错影响期，以及容错、纠错途径、程序。对于因工作失误受到问责追责的员工，电力企业应当采取定期回访、谈心谈话、关怀激励等措施，引导员工把问责、追责视为职业奋进的"阶梯"，而不是"休止符"，甚至"终止符"。

---

[1] 德斯勒．人力资源管理［M］．北京：中国人民大学出版社，1999，44－47，102－103.

第二节　电力企业人才技术创新

技术创新，是以科学技术知识及其创造的资源为基础的创新，或者以创造新技术为目的的创新，是电力企业竞争优势的重要来源，是电力企业高质量发展的重要保障。[1]哈佛大学政治学博士安德鲁·肯尼迪在《全球科技创新与大国博弈》中指出，创新就是创造一种对世界来讲很新颖的产品或技术。从本质上来讲，人才是创新的核心。电力企业应当加强顶层设计，做好分层对接，用好优秀人才，全力推动技术创新，以技术创新带动管理创新、业务创新、商业模式创新。

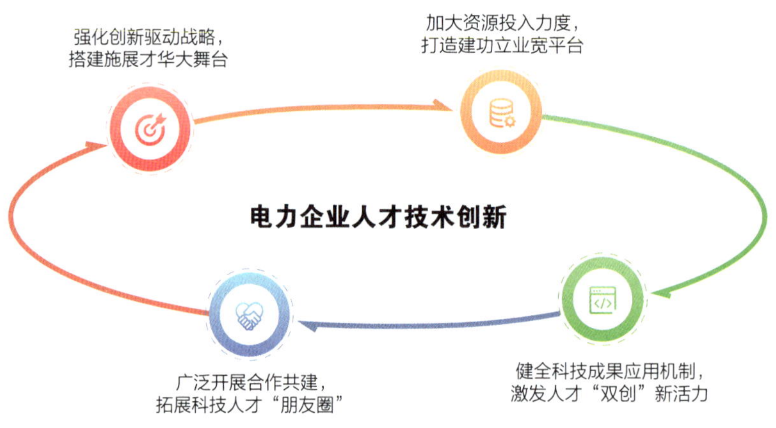

图 6-3　电力企业人才技术创新

一、强化创新驱动战略，搭建施展才华大舞台

电力企业顺应时代发展趋势，应当坚持把创新作为引领发展第一动力，把人才作为第一资源，着眼实现能源电力高水平科技自立自强，持续深化创新驱动发展战略，结合本企业实际，进一步明确电力企业科技创新发展战略、

[1] 余凯成，程文文，陈维政. 人力资源管理［M］. 大连：大连理工大学出版社，2001，59-62.

目标任务、工作重点，确定电力企业年度计划，制定电力企业基础研究、应用研发、技术革新、工艺升级有序衔接的科技创新工作体系。建立健全电力企业科技创新管理体系，深化电力企业科技工作委员会建设，完善由电力企业内外部专家组成的科技工作咨询团队，对电力企业科技工作重大事项开展调查研究，提出咨询意见、建议。优化电力企业科技创新管理模式，深化项目论证、批复、任务分配、关键节点控制、协调例会、工作简报、结项评审等管理流程。倡导英雄不问出处、有志不在年高理念，大力推行重大科技项目“揭榜挂帅制”“项目总师制”，赋予电力企业项目团队负责人更大团队组建、经费使用、成果转化、收益分配自主权，赋予项目总师充分技术话语权、技术路线决定权。统筹安排电力企业各级专家科研任务，优先支持领军人才领衔关键课题研究。

电力人才小百科

- “揭榜挂帅”制度，也被称为“科技悬赏制”，是一种以科研成果来兑现的科研经费投入体制，一般是为了解决社会中特定领域的技术难题。通常由政府组织，面向全社会开放的、专门征集科技创新成果的一种非周期性科研资助安排。
- 即“把需要的关键核心技术项目张出榜来，英雄不论出处，谁有本事谁就揭榜”，把项目交给真正想干事、能干事、干成事的人手中，具有不论资质、不设门槛、选贤举能、惟求实效的特征。
- “揭榜挂帅”依托于社会主义市场经济条件下的新型举国体制。

有利于充分激发创新主体的积极性　实现关键核心技术的突破创新　提高创新链整体效能

揭榜挂帅制

揭榜挂帅制

“揭榜挂帅”制度，也被称为“科技悬赏制”，是一种以科研成果来兑现的科研经费投入体制，一般是为了解决社会中特定领域的技术难题。通常由政府组织，面向全社会开放的、专门征集科技创新成果的一种非周期性科研资助安排。即“把需要的关键核心技术项目张出榜来，英雄不论出处，谁有本事谁就揭榜”，把项目交给真正想干事、能干事、干成事的人手中，具有不论资质、不设门槛、选贤举能、唯求实效的特征。“揭榜挂帅”依托于社会主义市场经济条件下的新型举国体制，有利于充分激发创新主体的积极性，实现关键核心技术的突破创新，提高创新链整体效能。

电力小百科

二、加大资源投入力度，打造建功立业宽平台

电力企业应当构建以重点实验室、试验基地、研究中心、创新中心为主体的科技创新平台，加大电力企业科研项目、设备设施、项目经费投入力度，优化硬件设施、办公条件；依托电力企业院士工作站、博士后工作站、专家人才工作室等，在电力企业工作条件、图书资料、等方面给予支持；建立健全稳定增长的科技投入机制，通过绩效激励、专项基金、引入社会资本等多种渠道筹集资金，促进电力企业科技投入稳定增长[1]。完善电力企业发展规划、财务资产、科技管理、纪检监察、法律审计等部门会商协调机制，强化科技投入统筹管理，优化科技投入绩效评估、监督管理机制，提高科技经费使用效能。电力企业应当更加突出技术标准牵引、导向作用，认真落实《国家标准化发展纲要》，建立健全技术标准管理机构，把标准编制特别是编制国际化标准纳入电力企业科技创新考核管理范畴，大力提升电力企业技术标准话语权，加速技术标准国际化进程。

[1] 德斯勒．人力资源管理［M］．北京：中国人民大学出版社，1999，44－47，102－103.

三、健全科技成果应用机制，激发人才“双创”新活力

电力企业应当打破科技研发、成果应用之间的“壁垒”，打通电力企业科技创新链条，将研发、设计、推广等方面集中起来，实现电力企业专业部门协同合作，提升“合成化”“集成化”“大兵团”作战能力，促进电力企业科技成果顺利转化。规范电力企业科技成果转化流程，细化电力企业科技成果转化条件、机制、指标、程序及收益分配。组建电力企业科技成果技术服务中心、科技成果推广站，创新电力企业科技成果转化分层管理模式，形成电力企业新技术成果推广目录，综合运用经济、管理、法律等多重手段，促进电力企业科技成果转化。举办院士论坛、技术鉴定会，开展新兴技术、自主创新产品认定，推动电力企业科技成果、核心技术在电力企业内部共享、推广应用。创新电力企业科技考核评价管理体系，可以尝试把自主创新成果、新型产品推广应用等列入对电力企业领导班子业绩考核。制定涵盖重大关键技术攻关、科研成果产出、科技成果转化等内容的差异化技术创新评价指标体系，定期发布电力企业科技创新能力评价白皮书、蓝皮书、绿皮书、红皮书。建立健全基于贡献与价值的电力企业科技人员绩效管理体系，创新收入分配机制，对电力企业科技创新团队负责人和团队成员设置差异化绩效考核目标。对于电力企业重大项目负责人，主要考核评价项目团队创新成果及推广应用情况；对于项目团队成员，采用工作目标与关键成果相结合方式考核评价。

四、广泛开展合作共建，拓展科技人才“朋友圈”

电力企业应当树立“不求所有、但求所用”的人才理念，加强校企合作、企企合作力度，与“顶流”高校、科研院所、知名企业组建科技创新协同平

台，建立联合实验室、联合研发中心，形成优势互补、分工明确、风险共担的长效合作机制，开展电力企业关键共性技术研究。围绕能源电力行业重大技术难题，以项目合作为纽带，广泛利用内外部资源，组建柔性研发团队，聚合科技创新资源，降低科技创新不确定性，缩短研发周期。加强电力企业产业链协同创新，以国家重大需求、区域支柱发展需要和电力企业业务需求为基础，与电力企业产业链上下游企业、高校、科研机构开展战略合作，组建构建新型电力系统科技创新联盟，围绕电力企业科技创新关键问题，开展技术合作。加强电力企业知识产权共享力度，加快技术转移，加速电力企业科技成果转化，促进交流合作。依托电力行业重大工程，以科研为先导，以设计为龙头，以设备为关键，以建设为基础，整合科研、设计、制造、建设、试验、运行单位和高等院校等技术创新资源，开展“集群式”大兵团作战，集中攻克电力行业“卡脖子”难题，促进高水平科技自立自强，为创新过程赋予强大动力源泉，缩短创新产品与实际需求之间的距离，实现技术突破、商业价值“双丰收”[1]。

第三节　电力企业人才培育新秀

一枝独放不是春，百花齐放春满园。推动电力企业高质量发展，迫切需要一支宏大高素质专业化人才梯队。电力企业应当用好优秀人才，既要引导优秀人才在任务攻关、技术创新、项目建设上建功立业，也要引导优秀人才发挥自身特长优势，在培育人才梯队上建功立业。电力企业优秀人才主要通过担任专兼职培训师、开展导师带徒、搭建育人平台等途径参与人才培育。

[1] 王井红．关于电力企业人才开发的思考及分析［J］．中国新技术新产品，2014（24）：140.

电力人才小百科

师徒制培养。重点针对转岗、晋升员工，邀请专家担任技能导师和职业导师，在传授技艺、传播经验的同时，通过言传身教传播工匠精神、研究精神和创新精神。

赋能式加压。各单位优先聘请各级专家人才担任兼职培训师，承担本专业授课、讲座分享、资源建设等任务。

样板式引领。各单位强化技艺传承平台建设，打造技能传承“样板间”，利用数字化教学技术，以新技艺、新技术的方式传承核心技能，促进绝活、绝技走出“班组”，走出“工作室”，充分发挥专家人才的领衔作用，打造高端人才技艺传承“样板间”，培育更多的新生代技艺“大咖”。

坚持教培结合，推动技艺传承的主要路径

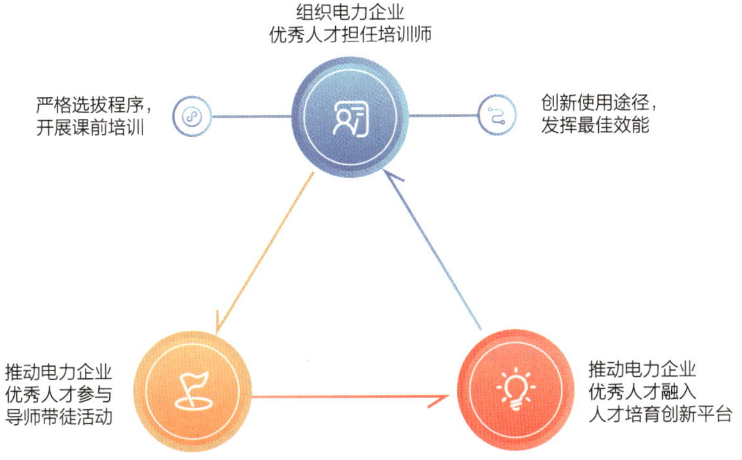

图 6-4　电力企业人才培育新秀

一、组织电力企业优秀人才担任培训讲师

电力企业应当着眼提升人才培育实效，从以下几个方面抓好优秀人才担纲专兼职培训工作。

严格选拔程序，开展课前培训。电力企业应当明确专兼职培训师选拔标准、选拔条件、规范选拔程序，保证电力企业专兼职培训师质量。明确选拔标准，从基础条件、通用素质、专业素质、培训技能、创新潜力等方面，细化电力企业专兼职培训师选拔程序。规范选拔流程，组建由电力企业人力资源部牵头、专业部门参与的专兼职培训师选拔工作小组，通过邀请行业领军人才担任特聘讲师，直接认定高级人才担任专兼职培训师，选拔认定骨干人才、优秀青年人才担任专兼职培训师[1]。坚持“逢进必培”原则，通过全封闭式的专业集训、规范的实操基本功训练，以及严格的考核评价，着力提升电力企业专兼职培训师授课技能。

创新使用途径，发挥最佳效能。电力企业应当引导担任专兼职培训师的优秀人才，积极参与专业培训、送学上门、培训资源开发、担任竞赛活动导师等工作，切实发挥育人作用。结合电力企业管理人员培训、专业技能培训、青年人才培训、新员工入职培训等契机，邀请电力企业优秀人才举办专题讲座。推动电力企业优秀人才担任专兼职培训师，讲授专业课程，参与行动学习，担任教学顾问，切实激活电力企业专兼职培训师队伍。推动电力企业专兼职培训师创新教学模式，探索智慧课堂建设，试点元宇宙＋培训模式，开展送学上门、送课到人等服务，妥善应对新冠肺炎疫情、极端恶劣天气带来的消极影响，做到听课不停学、赋能不间断。充分发挥电力企业优秀人才知识、经验优势，组织专兼职培训师参与新型电力系统构建、虚拟电厂、智慧发电、供电服务、运维检修、输配电、变电、新基建、数字新基建等课程课件开发，参与制定电力企业技能鉴定实操手册、考评规则等教学管理制度，丰富电力企业培训资源。组织电力企业优秀人才担任各级各类科技创新竞赛、技能竞赛、青年创新创意大赛教练、裁判员，提升竞赛选手水准，保证竞赛活动质量。

---

[1] 王井红. 关于电力企业人才开发的思考及分析［J］. 中国新技术新产品，2014（24）：140.

电力人才小百科

兼职培训师的遴选范围：

初级兼职培训师的遴选对象为地市供电公司及所属单位（包括县供电企业）、省公司所属专业公司、公司直属单位所属二级单位符合条件的员工。

中级兼职培训师的遴选对象为省公司（公司直属单位）本部员工、省公司级优秀人才，连续三年承担培训教学、项目开发及资源建设等任务且考核评价为良好及以上的初级兼职培训师。

高级培训师的遴选对象为公司总部员工、公司级优秀人才，以及连续三年承担培训教学、项目开发及资源建设等任务且考核评价为良好及以上的中级兼职培训师。

鼓励退居二线的科级及以上人员及技术技能专家担任兼职培训师，发挥知识传授和技艺传承作用。

兼职培训师的主要职责是：

执行本单位及上级单位下达的培训教学任务。

积极参加培训项目开发和培训资源建设工作，参与人才培养和开发工作。

定期参加培训中心组织的教研活动，提出培训工作改进建议。

积极探索创新培训方式和方法，加强业务学习，不断提高授课技能。

某电力企业兼职培训师遴选范围及职责

二、促进电力企业优秀人才参加导师带徒

实践证明，导师带徒活动是电力企业培育人才队伍的“传家宝”。推动导师带徒活动“重放光芒”是电力企业亟需解决的问题。

电力企业应当激发参与导师带徒热情。深度应用电力企业人才测评结果，着力挖掘重视人际关系、习惯从帮助他人中获得成就感与乐趣的电力企业优秀人才。将参与导师带徒活动作为电力企业优秀人才成长发展的重要经历，纳入电力企业人才晋升、人才积分管理范围。坚持正向激励与负向约束相结合，定期评选表彰优秀师徒，把徒弟成长情况作为导师绩效考核“必选项”。

电力企业应当创新导师带徒活动方式。电力企业应当注重导师带徒活动仪式感，结合新生代员工队伍特点，创新师徒协议签订、导师带徒活动成果展演方式。电力企业可以在师徒协议签订时，加入徒弟为师傅敬茶环节。电力企业还可以在导师带徒活动成果展演环节，邀请院士、行业领军人才担任评委并逐一点评展演成果。注重导师带徒活动规范化，电力企业可以考虑将看板管理、走动管理等现代管理理念、工具引入导师带徒活动。注重导师带徒活动智慧化，借助大数据、人工智能工具，实时跟踪导师带徒活动进度，及时纠偏。

电力企业应当促进导师带徒持续开展。电力企业应当推动师徒建立以信任为基础的工作关系，结合师傅、徒弟职业发展路径，建立基于职业生涯全周期的新型师傅关系。围绕重大任务、重大课题，借助微信以及企业内部在线通信工具，推动师徒保持常态化沟通，实现工作指导日常化。

三、推动电力企业优秀人才搭建创新平台

多年来，电力企业已经形成以各级各类创新工作室为主体的育人平台。电力企业应当巩固拓展人才培育优势平台，还可以借助新一代信息技术，搭建人才培育新型平台。

电力企业应当升级人才培育优势平台。充分发挥优秀人才特别是行业领军人才强大“吸铁石”效应，加强顶层设计、集约管理，统筹推进以优秀人命名的专业人才工作室、学习驿站、创客空间建设，确保电力企业人才培育平台人财物核心资源到位。在应用上下功夫，加强电力企业人才培育平台制度流程建设，定期组织理论学习、技能培训。充分发挥电力企业优秀人才作用，加大行动学习力度。依托电力企业专业人才工作室、青年创新工作室，定期开展课题研究、技术攻关、人才比武等活动，在电力企业优秀人才答疑解惑、行动示范、感染激励中助推人才成长。

电力企业应当探索人才培育新型平台。电力企业可以借助数字化技能，实现电力企业专业人才工作室等平台在线化运行、在线化管理，拓展电力企业传统育人平台活动空间。借鉴元宇宙理念，在虚拟仿真、虚拟增强、虚实联动、虚实融合、虚实共生上下功夫，推动电力企业优秀人才走出“工作室”，走出本企业，积极主动向外部输送优质育人资源，培育电力企业人才培育品牌。

电力人才小百科

- 元宇宙最早出自于尼尔·斯蒂芬森1992年出版的科幻小说《雪崩》(SnowCrash)，指在一个脱离于物理世界，却始终在线的平行数字世界中，人们能够在其中以虚拟人物角色自由生活。
- 元宇宙吸纳了信息革命、互联网革命、人工智能革命，以及VR、AR、MR，特别是游戏引擎在内的虚拟现实技术革命的成果，向人类展现出构建与传统物理世界平行的全息数字世界的可能性；
- 引发了信息科学、量子科学，数学和生命科学的互动，改变科学范式；
- 推动了传统的哲学、社会学甚至人文科学体系的突破；
- 囊括了所有的数字技术，包括区块链技术成就；
- 丰富了数字经济转型模式，融合 DeFi、IPFS、NFT 等数字金融成果。

元宇宙

元　宇　宙

元宇宙最早出自尼尔·斯蒂芬森 1992 年出版的科幻小说《雪崩》(Snow Crash)，指在一个脱离于物理世界，却始终在线的平行数字世界中，人们能够在其中以虚拟人物角色 自由生活。元宇宙吸纳了信息革命、互联网革命、人工智能革命，以及 VR、AR、MR，特别是游戏引擎在内的虚拟现实技术革命的成果，向人类展现出构建与传统物理世界平行的全息数字世界的可能性；引发了信息科学、量子科学，数学和生命科学的互动，改变科学范式；推动了传统的哲学、社会学甚至人文科学体系的突破；囊括了所有的数字技术，包括区块链技术成就；丰富了数字经济转型模式，融合 DeFi、IPFS、NFT 等数字金融成果。

电力小百科

第四节　电力企业人才知识管理

知识资产是电力企业的独特资源和核心优势。电力企业应当对标世界级领先企业，充分发挥优秀人才在知识管理中的独特价值，打造场景化、体验式知识管理体系，沉淀知识资产，实现知识增值。

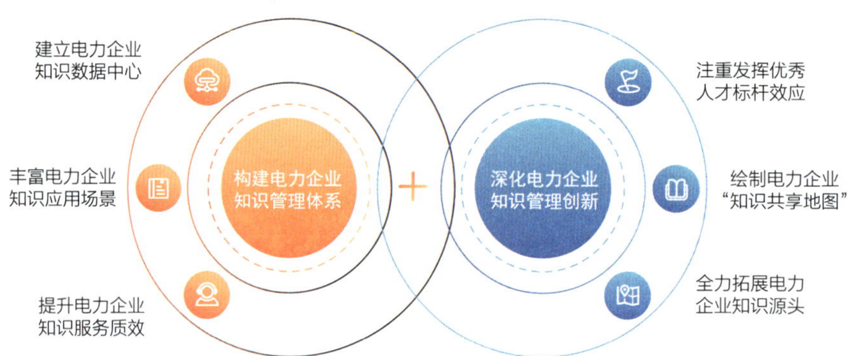

图 6－5　电力企业人才知识管理

一、构建电力企业知识管理体系

建立电力企业知识数据中心。电力企业可以依托以优秀人才命名的创新工作室、大师工作室、劳模工作室、创客联盟等载体，建立系统化、结构化、成体系的电力企业知识数据中心，将知识像实物资产一样分门别类、科学梳理、有序存储，实现隐性知识显性化，显性知识体系化。主要包括编写电力企业核心工作岗位、任务和流程及工作范例，编制知识历程图，整理隐性知识等。建立考核、评估激励等配套知识管理制度等。为了顺利推进知识数据中心建设，电力企业可以现在电科院、经研院等人才密集单位先行试点，提炼经验，逐步推广实施，实现电力企业知识管理规范化、体系化，为电力企业知识应用、知识传承、岗位培训奠定坚实基础。

电力人才小百科

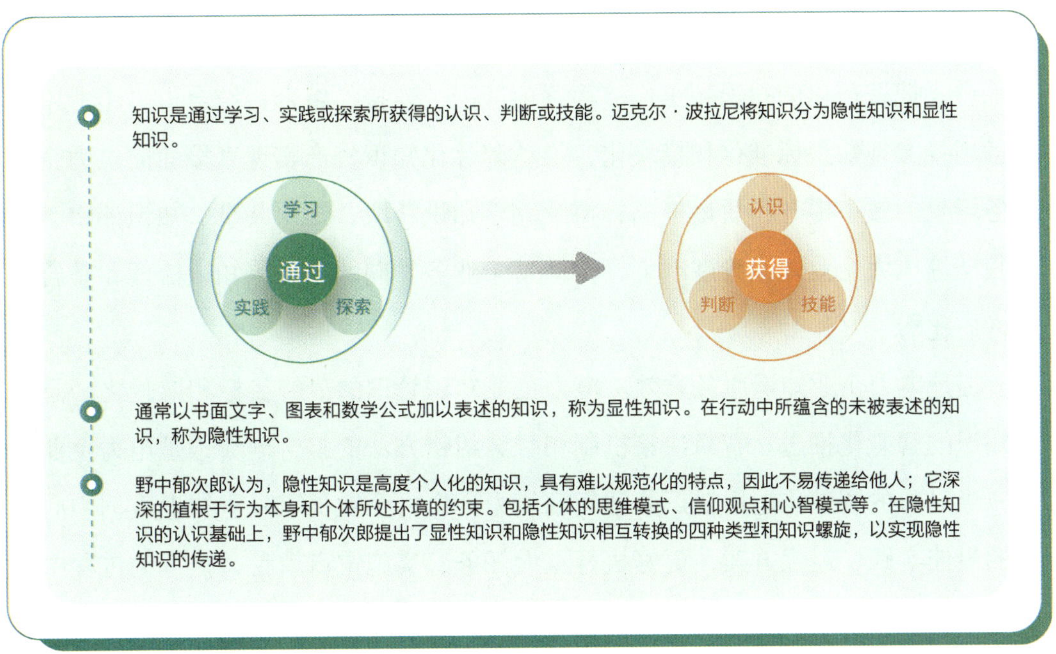

显性知识和隐性知识

显性知识和隐性知识

知识是通过学习、实践或探索所获得的认识、判断或技能。迈克尔·波拉尼将知识分为隐性知识和显性知识。通常以书面文字、图表和数学公式加以表述的知识，称为显性知识。在行动中所蕴含的未被表述的知识，称为隐性知识。野中郁次郎认为，隐性知识是高度个人化的知识，具有难以规范化的特点，因此不易传递给他人；它深深的植根于行为本身和个体所处环境的约束。包括个体的思维模式、信仰观点和心智模式等。在隐性知识的认识基础上，野中郁次郎提出了显性知识和隐性知识相互转换的四种类型和知识螺旋，以实现隐性知识的传递。

电力小百科

丰富电力企业知识应用场景。电力企业知识管理的核心在于知识运用。电力企业知识资产化是为了把知识更好应用到实际工作中，解决电力企业发展中的突出问题，全力服务新型电力系统构建。依托电力企业知识数据中心，搭建知识管理平台，把资产化的知识和工作流程逐项匹配、连接、组合，结合电力企业不同业务场景实现知识标准化和模块化，推动碎片化知识资产实现直接面向电力企业业务场景的效率提升和质量提高；持续完善知识获取、知识共享、知识评审、知识归档等电力企业知识管理制度，推动基于业务导向的场景化知识梳理和整合实现常态化[1]。

提升电力企业知识服务质效。电力企业知识管理的最终目标和愿景之一是实现知识的智慧化推送。智慧决策机制和智慧纠错方法的整合创新，是电力企业未来应当具备的智慧化运用知识处理问题能力。电力企业员工基于知识数据中心提示的最佳实践、最优方案，更好执行重大任务、实施重点项目，执行的过程中和收尾时将提供自动纠错功能。借助人工智能、大数据技术，电力企业智慧化的知识管理体系能够提供自学习功能，不断优化算法、演化发展、迭代知识，提升自身智慧化管理运行水平。

二、深化电力企业知识管理创新

注重发挥优秀人才标杆效应。充分发挥电力企业优秀人才在知识管理中的示范引领作用，是确保电力企业知识管理各项工作自上至下、一以贯之落地实

[1] 施建刚，林陵娜，唐代中．考虑横向公平偏好的项目团队成员知识共享激励研究［J］．运筹与管理，2015，(6)：242－250.

施的重要保障。充分发挥优秀人才榜样示范作用，推动电力企业把知识管理纳入考核机制、激励机制，有效激发电力企业各部门、各单位员工参与知识管理与创新，确保电力企业知识管理可以长期、持续推进。电力企业优秀人才示范带动下的全员参与机制，能够保证电力企业知识管理体系推动有力、实施有效。

绘制电力企业“知识共享地图”。电力企业应当把精通某项专业知识的优秀人才看作“知识宝库”，尝试不为员工共享知识本身，而是共享一份精准的“知识共享地图”。确保员工沿着“知识共享地图”，都可以及时找到对的人，引导员工积极学习知识、解决问题。主要方法包括：组织高频率、仪式感强的知识分享活动，引导员工共享电力企业“知识地图”；推动电力企业员工积极参与知识管理，共享隐性知识，建立对他人知识结构的认知；促进电力企业员工换位思考，理解他人行动背后的思维逻辑；格外重视关于失败、妥协、变通的经验分享，引导电力企业员工了解可以灵活执行电力企业管理制度的尺度。针对电力企业科技研发人才，电力企业应当通过积分制引导其贡献出“看家本领”。电力企业人才在任何场合分享观点、经验，都会被记录在案；借助同行投票、第三方评价、事后检验等方式，判断电力企业技术人才提供知识的有效性；每名电力企业技术人才都有一个有效性权重得分，评判过后，得分就会调整。将有效性得分拓展、细分到不同领域，得到每名技术人才在不同领域的专业能力、创新能力、集成能力得分，让电力企业员工了解一个人擅长领域，便于遇到问题时精准寻求帮助[1]。针对电力企业生产技能人才，电力企业应当充分发挥知识数据中心作用，尝试开展知识超市活动，把优秀知识经验做成海报、选定时间、地点，组织开展“知识赶集”分享活动，引导技能人才参与分享知识经验。知识贡献者站在自己海报旁边，等着来往员工提问，当场解答，电力企业技能人员不仅能增强职业荣誉感、专业自豪感、工作获得感，还可以通过交流获得别人的好经验、好方法。针对电力企业营销人才，电力企业应当注重发挥“传、帮、带”作用。在知识讲授、岗位实操结束后，电

[1] 施建刚，林陵娜，唐代中. 考虑横向公平偏好的项目团队成员知识共享激励研究［J］. 运筹与管理，2015，(6)：242－250.

力企业应当组织优秀人才给员工介绍经验。考虑到电力企业营销服务岗位优秀人才共享的大多是“本地化”、个性化工作经验，而非通用、普适的一般性知识，应当尽量通过口传心授方式，让电力企业员工理解、领悟、转化。

全力拓展电力企业知识源头。持续优化电力企业知识管理体系，应当以开放性创新机制为支撑。充分挖掘、转化政府、研究机构、合作单位、用户等各利益相关方智慧、经验，是电力企业内部知识的重要补充。电力企业应当全力拓展知识源头，主动向利益相关方学习知识与能力，将其消化吸收，内化为电力企业知识资产，更好满足人民群众美好生活能源电力需要和推动经济社会高质量发展。

第五节　电力企业人才文化传承

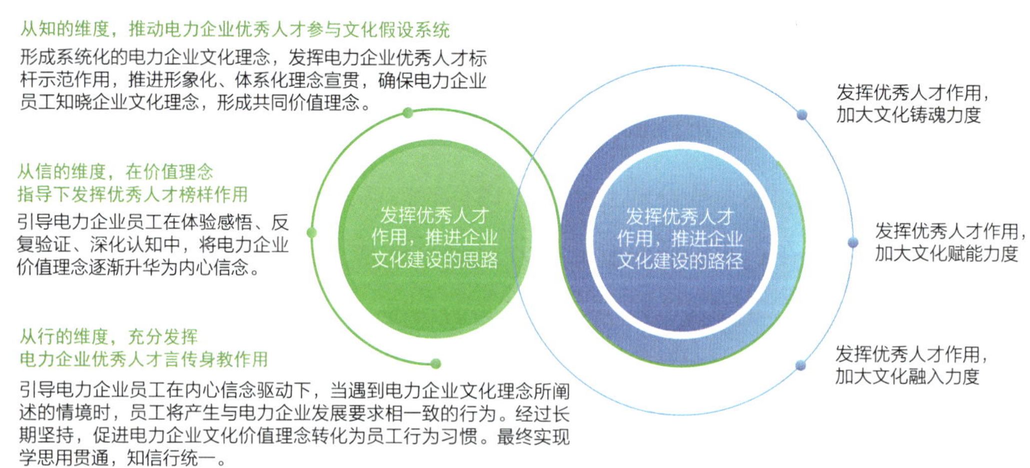

图 6-6　电力企业人才文化传承

一、发挥优秀人才作用，推进企业文化建设的思路

“企业文化理论之父”埃德加·沙因教授认为，文化是可以习得的，它包含了

企业成员所共同拥有的深层的基本假设和信念，产生出无意识的作用。所谓无意识，是指文化的作用是“理所当然”“本该如此”的习惯。这些假设和信念是通过学习获得的，是团体在解决外部环境中的生存问题和解决组织内部的结合问题过程中所产生的反应。“它是一个单独界定的稳定社会单位的一种财富”[1]。资源是会枯竭的，唯有文化才能生生不息。所有的生意终将死亡，唯有文化生生不息。换而言之，企业文化是电力企业综合竞争力的重要组成部分。电力企业实现远大发展目标，全面加速高质量发展，当好我国经济社会发展的“先行官”“排头兵”，全力满足人民群众美好生活能源电力需要，一方面应当大力增强客户价值，最大限度创造价值，提升电力企业品牌形象；另一方面应当加强企业文化建设，提升队伍凝聚力向心力。优秀人才不仅是专业技能、业务本领过硬，更是具备大局观念、认同电力企业文化的表率。用好电力企业优秀人才，意味着不仅用好其专业知识、专业能力、专业本领，更要通过其引导、带动全体员工建立与电力企业发展要求相一致的价值理念、内心信念、行为习惯，为电力企业高质量发展提供源动力。

电力人才小百科

第一个层次是“人为事物”层次

是组织文化中最表层、最明显的层次，主要指在组织中可以看到的行为和可以感受到的现象，包括可观察到的组织结构和组织过程等。

第二个层次是价值观层次

主要反映在组织的目标、战略和哲学信条当中。当群体价值观得到组织成员公认的时候，它们就会变成信念和假设，并最终进入无意识状态，就如同习惯成自然一样。

第三个层次是基本假设层次

是沙因组织文化模型中最核心的因素，它是组织成员潜意识的一些思想、信仰和假设。沙因认为，基本假设层次是组织行为模式的终极根源，基本假设一旦形成，就会反过来支配组织的价值观和行为。只有充分了解一个组织的基本假设层次，才能真正地了解组织文化。

沙因的文化三层次论

---

[1] 孙非. 人力资源管理和开发实务［M］. 天津：天津社会科学院出版社，2002，222－224.

沙因的文化三层次论

第一个层次是“人为事物”层次，是组织文化中最表层、最明显的层次，主要指在组织中可以看到的行为和可以感受到的现象，包括可观察到的组织结构和组织过程等。

第二个层次是价值观层次，主要反映在组织的目标、战略和哲学信条当中。当群体价值观得到组织成员公认的时候，它们就会变成信念和假设，并最终进入无意识状态，就如同习惯成自然一样。

第三个层次基本假设是沙因组织文化模型中最核心的因素，它是组织成员潜意识的一些思想、信仰和假设。沙因认为，基本假设层次是组织行为模式的终极根源，基本假设一旦形成，就会反过来支配组织的价值观和行为。只有充分了解一个组织的基本假设层次，才能真正地了解组织文化。

电力小百科

发挥优秀人才作用，推进电力企业文化建设，赋能激励员工向上向善、积极进取的工作思路是：从知的维度，推动电力企业优秀人才参与文化假设系统。形成系统化的电力企业文化理念，发挥电力企业优秀人才标杆示范作用，推进形象化、体系化理念宣贯，确保电力企业员工知晓企业文化理念，形成共同价值理念。从信的维度，在价值理念指导下发挥优秀人才榜样作用。引导电力企业员工在体验感悟、反复验证、深化认知中，将电力企业价值理念逐渐升华为内心信念。从行的维度，充分发挥电力企业优秀人才言传身教作用。引导电力企业员工在内心信念驱动下，当遇到电力企业文化理念所阐述的情境时，员工将产生与电力企业发展要求相一致的行为。经过长期坚持，促进电力企业文化价值理念转化为员工行为习惯。最终实现学思用贯通，知信行统一。

二、发挥优秀人才作用，推进企业文化建设的路径

主要从理念、信念、行为三个维度推进电力企业文化建设。

发挥优秀人才作用，加大文化铸魂力度。电力企业引导优秀人才积极参与企业文化建设，首先应当在知上下功夫，实现从文化意识向文化自觉的转变。借助电力企业战略研讨会、年度务虚会、企业文化建设推进会，引导电力企业优秀人才参与企业文化建设，参与梳理电力企业的企业文化假设系统，其来源主要包括党内先进政治文化、社会主义核心价值观、中华传统优秀文化、电力行业优秀文化、电力企业特色文化实践、电力企业各专业专项文化以及劳模精神、劳动精神、工匠精神等。引导电力企业优秀人才参与企业文化价值理念传播，开展理念灌输式传播、文化具象式传播。通过推动电力企业优秀人才积极参与学习培训、担任讲师等方式，组织电力企业文化集体学习、专题培训。加强先进典型选树，将电力企业优秀人才事迹纳入企业文化学习培训教材，通过案例分析、情景模拟、角色扮演等方式，开展电力企业文化价值理念情景式传播。打造线上、线下相融合，实体、虚拟相融合式电力企业企业文化展厅，通过拍摄电力企业优秀人才专题片，邀请电力企业优秀人才担任讲解员等方式，推进现场参观、互动传播、元宇宙传播，创新电力企业文化价值理念实景式传播。

发挥优秀人才作用，加大文化赋能力度。电力企业引导优秀人才积极参与企业文化建设，可以在信上下功夫，实现从文化自觉向文化自信的转变。组织电力企业优秀人才积极参加企业文化交流研讨，借鉴“六顶思考帽”等新兴学习方式，定期组织思想交流研讨活动，在交流碰撞中感悟优秀企业文化。借鉴室联网理念，整合以优秀人才命名的专业培训室、实训基地、劳模工作室、青年创新工作室、大师工作室等阵地，建立健全矩阵式电力企业文化学习交流平台，畅通企业文化交流渠道。创新以优秀人才为原型的电力企业文化作品，组织优秀人才设计电力企业文化品牌标识物。引导电力企业优秀人才参与企业文化问题诊断，借助 PDCA

循环，推进收集文化问题、开展研讨剖析、持续改进优化；引导优秀人才担任企业文化建设“引导员”，通过问题调查、公开结果、解释澄清“三部曲”，加强典型问题管理，推动电力企业优秀文化内化于心[1]。

发挥优秀人才作用，加大文化融入力度。电力企业引导优秀人才积极参与企业文化建设，可以把在行上下功夫为落脚点，实现从文化自信向文化行动的转变。编制以电力企业工作岗位职责为基础的企业文化建设责任清单，引导电力企业优秀人才带头践行优秀企业文化。坚持一年一个主题、一个月一个活动，推进“优秀人才+”“企业文化+”实践，把电力企业文化融入人才引进、人才评价、人才发展、人才激励全过程，开展专项行动，管理典型事件，强化荣誉表彰，为电力企业高质量发展提供坚强文化保障、强大精神动力、丰润道德资源。

第六节　电力企业人才使用案例

典型案例一：某电力企业精益打造N个业务骨干成长平台，实现业务实施与骨干培养相互促进

打造“技改大修自主实施”培养平台。将自主实施与人才培养相结合，通过核心业务自主实施带动专业人才技术培养，通过专业队伍锻炼提升生产队伍整体素质，实现业务实施与骨干培养相互促进。

打造“跨专业”资源融合平台。融合各专业优质资源，创建跨单位、跨部门、跨专业的柔性平台，在平台中解决公司重点、难点问题，在工作中历练解决疑难杂症的能力，进一步拓宽知识领域，丰富实践经验。并通过深化公司“四室一站一中心”建设，培育出更多的科技创新与技术技能人才。

[1] 余凯成，程文文，陈维政．人力资源管理［M］．大连：大连理工大学出版社，2001，59－62.

打造“管理小组”重点攻关平台。各单位成立专业管理小组，大胆选育一批能够在专业岗位上、专业攻关上、创新研究上、技艺革新上发挥重要作用的业务骨干。各专业在重点专业管理任务上压重担，促进管理小组创新，提升业务素质，提高综合协调能力和组织能力。

打造专业高竞技人才交流平台。以“提高素质、学用结合、以赛促训、发现人才”为出发点，在培训学习基础上，定期赛练，定期考核，组织开展业务竞赛，以赛促培、以赛促学，加强业务骨干学员间相互学习和交流，培养锻炼业务能力。

打造“党建＋人才”素质拓展平台。积极发挥共产党员先锋模范作用，在组织员工学业务、学技能的同时，通过开展各类党建主题活动，抓好党员先进引领、示范辐射，通过政治学习塑品行、专业学习促业务、文化学习增素质等专项活动，营造浓厚学习氛围。

打造“产教融合”校企合作平台。利用电气学院专业实训、人才评价等优质的硬件资源，提升本单位技能等级评价、岗位任职资格评价、专家人才选拔等承办能力。借助“产教融合”的优质师资资源提升业务骨干的理论水平，挖掘相关课题研究的深度。

典型案例二：某电力企业推动高端技能人才引领专业发展

“没想到我只是一个班长就能和公司副处级干部工资一样，这让我更加充满干劲。今后我一定不辜负公司的培养和信任，更加努力工作，发挥好我作为七级技术师的带头引领作用。”某电力企业输电专业一位七级技术师看到这几个月工资卡里实实在在增长的数字，激动地说道。

如何真正让高级技术师更好地服务专业发展，发挥实际引领作用，是该电力企业重点关注研究的问题。该电力企业组织各专业部门深入研究，正式下发《支持高级技术师发挥高端引领作用的意见》，从软件、硬件等方面提出具体要求措施，为高级技术师提供全方位支持。在《意见》中下发高级技术师的责任清单，明确七级技术师每年要完成技术攻关、技术创新、培训交流等 8 项具体责任，以考核任务形式倒逼形成七级技术师培养路线图和培养任务，促使七级技术师不断进步，在技术攻关、带人育人方面更好的发挥高端引领作用。

在该电力企业某下属单位，某位变电专业七级技术师正在和创新团队研究带电作业创新项目，为国网公司青创赛做准备。与往年不同的是，除了自己的班组外，还有该电力企业其他班组参与了他的创新研发。

在该电力企业系统内，经常听到职工们对该电力企业开展七级技术师评价工作、让技术人才才华有施展之处的做法热议好评，掀起了一股向七级技术等高技能专业人才学习，投身技术发展的热潮。

典型案例三：某电力企业实施“合金计划”，推动科技创新

某电力企业依托柔性技术攻关团队，推动核心技术攻关。以年度核心技术攻关项目或课题为重点，以重大项目、关键任务为载体，推行“揭榜制”，在全省组建跨单位、跨专业的联合攻关团队，破除学历、资历等背景限制，谁有能力谁揭榜，谁最能干谁挑梁，推动关键核心技术突破，充分锻炼专家人才的技术技能攻关能力。

依托“四室一站”，吸纳专家人才。鼓励各单位专家人才申报技能大师（技术专家）工作室，申报总量需达到人才总量的 80%以上。依托工作室平台，制定项目（课题）攻关计划，广泛开展技术攻关、技能研修、技艺传承、培训资源建设等活动，充分锻炼和发挥专家人才示范引领作用，培育更多优秀青年人才。依托博士后科研工作站，采用合作引领模式，与专家人才联合开展国家重点项目研发、国网重大科技项目研发等，打造国内领先的电力企业专家人才培

养创新平台。同时，加强与国内知名高校或科研机构合作研发力度，在特高压、大电网和新能源等前沿领域方面开展技术研究和难题攻关，大力支持人才创新创造。

依托院士研究中心，孵化高精尖类人才。以院士研究中心为平台和纽带，以高层次科技创新项目为载体，拔高人才培育标准，强化基础性、前瞻性研究及重大工程需求项目研究，促进产学研用紧密结合，孵化高精尖类人才，为高层次队伍建设提供方向指导及技术理念支撑。

依托“新跨越行动计划”，助力公司改革创新。推进落实“新跨越行动计划”，完善揭榜挂帅、松绑放权、加大激励等机制，围绕关键核心技术、前瞻技术、数字化融合以及基础研究工作，展开深层次的研讨和跨专业交流，组织各专业专家人才共同探索科技创新新模式、新路径，不断拓宽公司人才科研思路和创新方向，推动公司改革创新。

典型案例四：某电力企业“小”工作室培养“大”人才

近年来，某电力企业把人才作为企业发展的第一资源，多管齐下，重视员工能力提升的主动性，扩宽人才成长渠道，深化专业拓展，创建专业人才工作室，培养出许多专业“大”人才，并在专业领域上实现多个领先。

专业人才工作室是把科技创新和人才培养相结合，勇于探索的重要一步。在培养机制上，专业人才工作室采取扁平化架构，按照专业划分，涉及大师工作室、劳模工作室、创新工作室，由专业化团队一体化管理。在培养方式上，专业人才工作室充分发挥实训基地作用，采取“基地实训＋检修实战”“专业培训＋科技攻关”，利用检修日期相对集中的特点，分时段利用实训基地和机组检修，以专业团队在科技攻关的同时，达到对本专业内人才的培养。

专业人才工作室的创建是该电力企业探索人才建设的新脚步，也是新格局下以人才驱动发展的新起点，未来，专业人才工作室将培养出更多专业人才。

典型案例五：某电力企业传承工匠精神激发创新活力

多年来，某电力企业将工匠作为火炬，点燃传承工匠精神的薪火，以工匠为职工创新工作的带头人和骨干，建立星级创新工作室梯队；以工匠为职业教育评价的导师和顾问，建设星级内训师和钻级课程体系，推进“一所一实训场”配置，针对性提升基层一线培训经费、场地资源占比，完善技能班组培训课程体系，保持居全网前列的人均素质当量，有效对接完善“大城工匠”培养、评价、激励等工作机制，为电力企业高质量发展提供高技能人才支撑。

同时，升级企业文化展示中心，专门建设“荣誉殿堂”，为多年来为企业改革发展做出突出贡献的先进典型人物亮起专属的星星，增强先进典型的荣誉感，通过颁奖礼、“红榜送基层”等多种方式，由单位领导班子带队将证书、奖牌送到获奖集体、个人所在的工作场所，进一步提高先进典型的感召力和影响力，发挥典型的示范带动作用，有效营造劳动光荣、技能宝贵、创造伟大的浓厚氛围。

第七章

电力企业人才管理之重

电力企业人才评价既是人才培养的起点，又是人才培养的结果，是电力企业人才全周期管理的重点内容。坚持培评联动、培评一体，是电力企业人才管理的大势所趋。加强和创新人才评价，是提升电力企业人才队伍能力素质的有效途径。

第一节　电力企业人才评价常识

一、电力企业人才评价内涵

电力企业人才评价概念。电力企业人才评价是人才管理的重要组成部分，是电力企业基于应用心理学、管理学、测量学、系统论和计算机技术等多种学科的原理和方法，对各级各类人才的知识水平、工作能力、综合素质、性格特点、职业倾向、发展潜力等进行实时测量和全面评价的人才管理活动[1]。换而言之，电力企业人才评价是电力企业按照一定的人才等级标准，以定性+定量

[1] 于桂兰，苗宏慧. 人力资源管理［M］. 北京：清华大学出版社，2009，167－169.

相结合方式，全面鉴别和判定电力企业各级各类人才需要评价的具体内容的过程。通过电力企业人才评价，有助于电力企业全面掌握人才的能力素质与绩效表现，为电力企业合理配置人才资源，进而实现电力企业人才使用最优化提供依据和标准。电力企业人才评价是一个比较复杂的过程，应当综合考虑各方面因素。

电力企业人才评价虽然也要使用人才测评工具，但是，电力企业人才评价强调整体性与系统性。电力企业人才评价注重突出人才评价的整体性与系统性，确保电力企业人才评价内容、方式、模式、结果的协同联动，对电力企业人才培养、人才发展、人才使用与人才激励具有重要牵引作用。电力企业人才评价注重发挥人才评价的社会性功能和管理功能。电力企业人才评价以人才评价的工具性功能为基础，注重发挥电力企业人才评价的社会性功能和管理功能。换而言之，电力企业人才评价对人才评价的目标、标准、流程、工具、应用等各个环节进行系统化设计，坚持科学、公正、开放原则实施电力企业人才评价活动，在客观、公正、准确的基础上，最大限度发挥电力企业人才评价的正向牵引功能。电力企业人才评价更加注重人才的现实表现和可预期的未来表现。电力企业人才评价注重对人才能力素质的全面评价、关键行为的全面评价和工作绩效的全面评价，往往具有前瞻性视野。

电力企业人才评价特征。电力企业人才评价具有以下特征：从评价内容维度来看，电力企业人才评价的内容具有全面性、丰富性，包括电力企业人才能力素质评价、电力企业人才行为评价、电力企业人才绩效评价等方面。从评价时间维度来看，电力企业人才评价是在较长时间区间中形成对人才连续的、历史性的评价，可以做到从历史的维度观察电力企业人才，而不是在某一时点上的评价电力企业人才。从评价机制维度来看，电力企业人才评价注重通过辩证思维，构建对人才整体的、动态的评价机制，而不是孤立地、静止地评价电力企业人才。

二、电力企业人才评价方法

（一）理论基础

电力企业人才评价主要基于以下理论：

认知能力理论。认知能力是指人类大脑处理、储存和提取信息的能力，即人们掌握事物结构、表现与其他事物关系、发展动力、发展方向和基本规律的能力[1]。现代心理学研究证实认知能力对绩效的影响，也就是说，认知能力可以预测人们的工作绩效和跨行业的成就。认知能力被广泛应用于人才选拔和职业分类中作为主要的预测手段。

智力发展理论。智力发展理论一直是心理学研究工作领域最有意义也最活跃的课题之一，主要包括智力三元论、多元职能理论等智力理论。其中，智力三元论由美国耶鲁大学的心理学家斯腾伯格提出。斯腾伯格认为，一个完备的智力理论必须说明智力的三个方面，即智力的内在成分，这些智力成分与经验的关系，以及智力成分的外部作用，这三个方面分别构成智力成分亚理论、智力经验亚理论、智力情境亚理论[2]。多元职能理论由美国哈佛大学心理发展学家霍华德·加德纳提出。霍华德·加德纳认为，每个人都拥有八种主要智能：语言智能、逻辑一数理智能、空间智能、运动智能、音乐智能、人际交往智能、内省智能、自然观察智能[3]。霍华德·加德纳提出“智能本位评价”理念，扩展了人才评价的基础；主张“情景化”评估，升级了人才评价的功能和方法。

[1] 于桂兰，苗宏慧. 人力资源管理［M］. 北京：清华大学出版社，2009，167－169.
[2] 戴维. 战略管理：概念与案例［M］. 第 12 版. 北京：清华大学出版社，2010，285－286.
[3] 彭剑锋. 人力资源管理概论［M］. 上海：复旦大学出版社，2011，412－414.

荣格

荣格人格理论。瑞士心理学家，精神分析心理学的代表人物荣格认为，人格类型理论由四个部分组成：人格结构理论，认为人格由意识、个体潜意识和集体潜意识三部分组成；人格动力理论，提出人格发展等量原则与熵原理、人格的因果性与目的性、人格的两种流动方向；人格类型理论，将人格按照两种态度和四种驱力分为外倾思维型、内倾思维型、外倾情感型、内倾情感型、外倾感觉型、内倾感觉型、外倾直觉型、内倾直觉型；人格发展理论，将人格发展分为四个时期，分别是童年期、青年期、中年期、老年期[1]。

职业兴趣理论。美国约翰·霍普金斯大学心理学教授霍兰德编制职业偏好量表，在此基础上发展自我指导探索，形成“人格特质与工作环境相匹配”理论，提出具有广泛社会影响的职业兴趣理论，认为人格可分为现实型、研究型、艺术型、社会型、企业型和常规型六种类型，人的人格类型、兴趣与职业密切相关，职业兴趣和人的人格间有着很深的关联性。

大五人格理论。人格是心理特征的整合统一体，是一个相对稳定的结构组织，在不同时空背景下影响人的外显和内隐行为模式的心理特性，心理学家认为可以用五种不同的特征来描述一个人，即外倾性、宜人性、责任感、神经质、开放性[2]。

---

[1] 彭剑锋. 人力资源管理概论［M］. 上海：复旦大学出版社，2011，412－414.

[2] 彭剑锋. 人力资源管理概论［M］. 上海：复旦大学出版社，2011，412－414.

（二）具体方法

电力企业人才评价主要使用标准化测评、360° 测评、结构化面试、半结构化模式、情境模拟、沙盘推演、绩效考核等方法。结合国网安徽省电力有限公司等省级电网企业实践，笔者主要介绍如下常用方法：

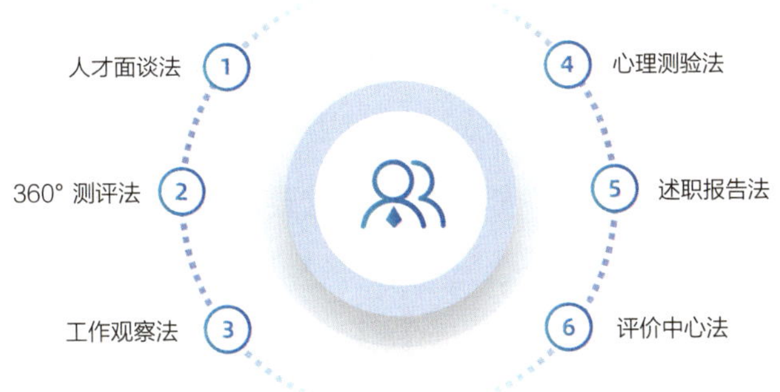

图 7－1　电力企业人才评价的主要方法

人才面谈法。电力企业人才评价常用方法之一。在电力企业人才引进中，称之为面试。在电力企业人才评价中，亦则称其为访谈。人才面谈法包括结构化访谈法、半结构化访谈法、无结构化访谈法。依据电力企业人才评价的不同目的，可以设计不同的访谈提纲、访谈内容，从中得到丰富多样的信息、数据。

360° 测评法。最早由被称为“美国力量象征”的典范企业英特尔首先提出并加以实施。对与电力企业评价对象存在密切联系的人员进行 360° 立体评价，促进评价对象客观认识自己的优势与短板。评价者为电力企业人才的上级、同级、下属以及本人。根据电力企业工作岗位特点，有时还包括重要客户、供应商等。

工作观察法。通过观察电力企业人才行为，评价其在不同维度的表现。主要包括办公场所行为观察、工作现场行为观察、会议场景行为观察、重大事件观察、非正式场合观察等。在工作观察之前，应当明确观察行为目的、评价维度、观察方法、评价讨论、评价记录、评价结果等。

心理测验法。心理测验法能够测评电力企业人才的心智、动机、兴趣、价值观等内在特质。电力企业人才心理测验的题目基于理论和数据分析确定，应当达到一定测量学指标，不能随意改变，需要有标准化指导语，根据标准流程和规范来操作。根据电力企业人才评价目的，可以选择性格、动机、价值观、兴趣类型、领导风格、团队角色、能力倾向、心理健康等方面不同的心理测验方法。

述职报告法。由电力企业人才陈述过往一段时间的工作成果，介绍对电力企业目标岗位未来工作的设想等，由人才评价委员会提出问题，作出评价。在电力企业人才年度考核、晋升选拔、内部竞聘、重要岗位社会招聘选拔中，经常会使用述职报告法。

评价中心法。由经过训练的多位评估者，使用多种方法对电力企业评人才进行多项维度测量、评估，电力企业人才评价结果由评估者经过讨论，借助统计方法整合形成。情境模拟是评价中心法的关键组成部分。评价中心组能够有效提高人才评价的信度、效度，在电力企业人才评价方面应用越来越多广泛。

第二节　电力企业人才评价类型

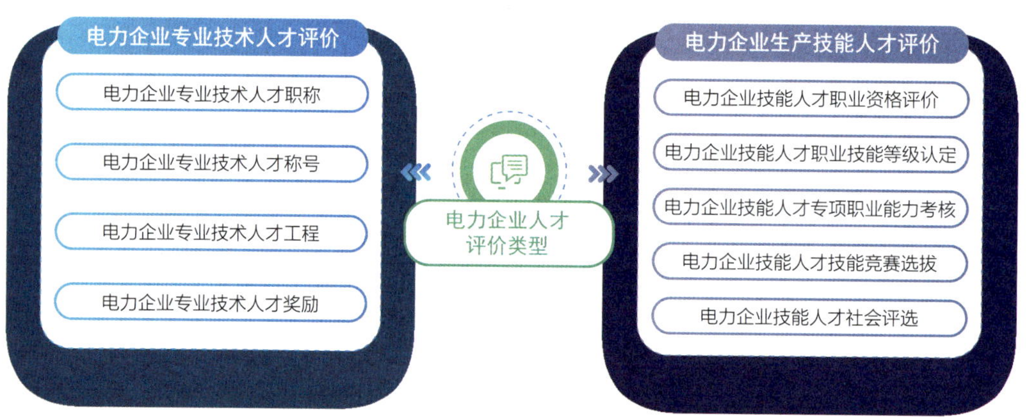

图 7-2　电力企业人才评价类型

一、电力企业专业技术人才评价

根据评价目标，电力企业专业技术人才评价方式可以分为职称及专业资格评价、入选人才工程评价、人才奖励及称号评价等；还可以分为潜力型评价、激励型评价、“盖棺定论”型评价等。结合国网安徽省电力有限公司等省级电网企业实践，笔者主要介绍电力企业专业技术人才职称、人才称号、人才工程、人才奖励等评价方式。

电力企业专业技术人才职称。亦称为专业技术资格，是电力企业专业技术人员的专业技术水平、能力、成就的等级称号，是反映电力企业专业技术人员技术水平、工作能力的标志[1]。按不同的系列去划分种类，如电力工程系列、电力经济系列、电力政工系列等。电力企业专业技术人才职称级别一般分为正高级、副高级、中级、初级四个级别，有部分系列初级分设为助理级和员级。电力企业专业技术人才职称评价包括职称评审、以考代评、职业资格对应等方式。电力企业专业技术人才职称评审，是指已经经过初次职称认定的电力企业专业技术人员，在经过一定工作年限后，申报中级职称以上的人员按照规定条件和要求，向本专业的评审委员会评委提交评审材料，经过本专业的专业评委来确定其是否具备高一级职称资格[2]。电力企业专业技术人才职称以考代评，是在全国已实施相应级别专业技术资格统一考试实行以考代评的系列，不再进行相应系列（专业）和级别的专业技术职务任职资格的认定、评审工作，电力企业相关专业技术人员一律参加考试获得相应专业技术资格。电力企业专业技术人才职称与职业资格对应，是为了减少重复评价，降低电力企业用人成本，健全职称制度体系，建立的职业资格与电力企业专业技术人才职称对应关系。

---

❶ 于桂兰，苗宏慧. 人力资源管理［M］. 北京：清华大学出版社，2009，167－169.

❷ 高铭. 电力企业人才甄选问题的思考［J］. 人力资源管理，2010（11）：40－41.

电力人才小百科

第一阶段

从建国初期到1966年。职称的主要特点是以学术、技术水平为授予和晋升的主要依据，一旦授予，终生享有。

第二阶段

从1977年到1983年。这个时期，恢复、建立、实行了职称制度， 职称一词被普遍接受和使用。

第三阶段

从1986年国务院国发27号文件提出在全国实行专业技术职务聘任制度到现在。

我国职称制度简史

我国职称制度简史

第一阶段，从建国初期到 1966 年。职称的主要特点是以学术、技术水平为授予和晋升的主要依据，一旦授予，终生享有。

第二阶段，从 1977 年到 1983 年。这个时期，恢复、建立、实行了职称制度，职称一词被普遍接受和使用。

第三阶段，从 1986 年国务院国发 27 号文件提出在全国实行专业技术职务聘任制度到现在。

电力小百科

电力企业专业技术人才称号。亦称为电力企业人才类荣誉称号，是在人才计划或者项目实施过程中给予电力企业人才的入选标识，是对电力企业专业技术人才阶段性专业成就、贡献和影响力的充分肯定，分为国家级人才称号、省部级人才称号、行业级人才称号、企业级人才称号。授予和使用人才称号的目的是赋予电力企业专业技术人才荣誉、使命和责任，为电力企业人才树立成长标杆，激励和引导电力企业人才强化使命担当。电力企业人才称号获得者是优秀人才的代表。电力企业技术人才称号不是给人才贴上“永久牌”标签，也不是划分人才等级的标准，获得者不享有学术特权。

电力企业专业技术人才工程。国家主管部门、电力行业协会、电力企业等按照国家经济发展规划战略目标，行业、企业发展目标，明确一个时间范围，以一定的政策和资源投入所实施的人才项目[1]。实施电力企业专业技术人才工程主要目的是，根据经济社会发展需要和电力行业、电力企业高质量发展需要，在电力行业、电力企业科学技术发展的核心专业和技术领域，形成一支结构合理、高效精干的技术带头人队伍，从整体上提高电力行业、企业专业技术队伍能力素质，造就一批不同层次的电力企业技术带头人及后备人选。

电力企业专业技术人才奖励。电力企业贯彻尊重劳动、尊重知识、尊重人才、尊重创造的方针，遵循精神奖励与物质奖励相结合的原则，设置的专业技术人才奖和奖励性津贴。电力企业技术人才奖励可以分为定期奖励和及时奖励。电力企业专业技术人才定期奖励，结合电力企业年度考核一般每年开展一次。电力企业专业技术人才及时奖励，开展时间、次数不设限制。电力企业技术人才奖励还包括引进人才安家补贴、引进人才奖励、专业技术职称提升奖励等。

二、电力企业生产技能人才评价

电力企业可以通过职业技能考核鉴定、职业技能等级认定、专项能力考核、技能竞赛选拔、社会选评等方式，对电力企业技能人才进行多元评价，符合条件的技能人才可以直接认定或破格晋级。

电力企业技能人才职业资格评价。在国家职业资格目录内，由人力资源社会保障部门备案职业技能考核鉴定机构，按照国家职业技能标准，通过职业技能鉴定的方式，对电力企业技能人才从事某一职业所必备的学识、技术和能力的评价。电力企业技能人才职业资格评价的实施主体是政府部门所属职业资格实施机构。

---

[1] 高铭. 电力企业人才甄选问题的思考［J］. 人力资源管理，2010（11）：40－41.

电力企业技能人才职业资格评价是对关系公共利益或涉及国家安全、公共安全、人身健康、生命财产安全的职业（工种）实施就业准入的手段[1]。电力企业技能人才职业资格评价的主要方式是理论知识考试、操作技能考核、综合评审。通过电力企业技能人才职业资格评价可以取得职业资格证书。职业资格证书是电力企业技能人才具有从事某一职业所必备的学识和技能的证明，是电力企业技能人才求职、任职的资格凭证，是电力企业招聘、录用员工的主要依据，也是境外就业、对外劳务合作人员办理技能水平公证的有效证件。换而言之，职业资格证书的颁证主体是人力资源社会保障行政部门。职业资格证书是电力企业技能人才的就业准入资格凭证、技能水平证明，是落实有关人才政策的依据。获得职业资格证书的技能人才要纳入电力企业人才统计和认定范围。

电力人才小百科

	定义	反映内容	评聘标准	等级	如何获得	举例
职务	组织内具有相当数量和重要性的一系列职位的集合或统称	是一组重要责任相似或相同的岗位	聘任岗位称之为“专业技术职位”		单位聘任	总工程师
职称	专业技术人员的专业技术水平、能力以及成就的等级称号	反应专业技术人员的技术水品给、工作能力的标志	专业技术人员的水平以“专业技术职务任职资格”来标识	四级职称体系：正高级、副高级、中级、初级	1. 经过评审委员会评定通过； 2. 通过考试获得	技术员、助理工程师、高级工程师
职业资格	对从事某一职业所必备的学识、技术和能力的基础要求	反应劳动者为适应职业劳动需求而需要运用特定的知识、技术和技能的能力		五级：五级（初级）、四级（中级）、三级（高级）、二级（技师）和一级（高级技师）	通过考试	一级建造师/二级建造师/造价工程师

职务、职称与职业资格的区别

❶ 宋雪梅. 浅谈电力企业人才队伍建设［J］. 才智，2013（8）：290.

电力小百科

	定义	反映内容	评聘标准	等级	如何获得	举例
职务	组织内具有相当数量和重要性的一系列职位的集合或统称	是一组重要责任相似或相同的岗位	聘任岗位称之为“专业技术职位”		单位聘任	总工程师
职称	专业技术人员的专业技术水平、能力以及成就的等级称号	反应专业技术人员的技术水品给、工作能力的标志	专业技术人员的水平以“专业技术职务任职资格”来标识	四级职称体系：正高级、副高级、中级、初级	1. 经过评审委员会评定通过； 2. 通过考试获得	技术员、助理工程师、高级工程师
职业资格	对从事某一职业所必备的学识、技术和能力的基础要求	反应劳动者为适应职业劳动需求而需要运用特定的知识、技术和技能的能力		五级：五级（初级）、四级（中级）、三级（高级）、二级（技师）和一级（高级技师）	通过考试	一级建造师/二级建造师/造价工程师

电力企业技能人才职业技能等级认定。经人力资源社会保障部门备案公布的电力企业和社会培训评价组织，按照国家职业技能标准或评价规范对电力企业技能人才的职业技能水平进行考核评价的活动[1]。电力企业技能人才职业技能等级认定的实施主体是经人力资源社会保障部门备案的电力企业和社会培训评价组织，即电力企业技能人才职业技能等级评价机构。电力企业技能人才职业技能等级认定是技能人员水平评价的主要方式。电力企业技能人才职业技能等级认定的主要方式是理论知识考试、技能操作考核、业绩评审、竞赛选拔、企校合作等。通过电力企业技能人才职业技能等级认定能够获得职业技能等级证书。职业技能等级证书是由职业技能等级评价机构颁发的、对电力企业技能人才具备某一职业（工种）某一等级职业技能水平的证明。换而言之，职业技能等级证书的颁证主体是职业技能等级评价机构。职业技能等级证书是电力企业技能人才的技能水平证明，可以作为落实有关人才政策的依据。取得职业技能等级证书的技能人才可以

[1] 于桂兰，苗宏慧. 人力资源管理［M］. 北京：清华大学出版社，2009，167－169.

纳入电力企业人才统计和认定范围。

电力企业技能人才专项职业能力考核。经人力资源社会保障部门备案职业技能考核鉴定机构，按照专项职业能力考核规范对电力企业技能人才掌握某一就业技能的水平进行考核的活动。电力企业技能人才专项职业能力考核的实施主体是人力资源社会保障部门所属职业技能鉴定机构。电力企业技能人才专项职业能力考核是技能人才评价的重要补充，主要用于服务新兴产业发展需要、地方特色产业需要和就业创业需求。电力企业技能人才专项职业能力考核的主要方式是技能操作考核。通过电力企业技能人才专项职业能力考核可以获取专项职业能力证书。专项职业能力证书是电力企业技能人才熟练掌握并应用某项实用职业技能的证明，证明电力企业技能人才具备从事某职业岗位所必需的基本工作能力[1]。其颁证主体是人力资源社会保障行政部门，能够作为落实有关人才政策的依据。取得专项职业能力证书的技能人才能够纳入电力企业人才统计和认定范围。

电力企业技能人才技能竞赛选拔。地方政府、电力行业及大型电力企业组织开展电力企业人才职业技能竞赛、岗位练兵和技能比武活动等，对符合条件的优胜选手，由政府主管部门或经备案的职业技能等级认定机构按照有关规定直接晋升职业资格或职业技能等级。

电力企业技能人才社会评选。人力资源社会保障部门会同有关部门对经济社会发展急需、紧缺行业（领域）人才，对电力行业高质量发展急需的“高精尖人才”，对长期在基层一线工作、实绩突出，发展潜力大、有真才实学、堪当重任的优秀青年人才等，按照“一事一议、一人一策”的原则，通过用户评价、市场评价、专家评价等方式直接选评[2]。

---

❶ 宋雪梅. 浅谈电力企业人才队伍建设［J］. 才智，2013（8）：290.

❷ 戴维. 战略管理：概念与案例［M］. 第12版. 北京：清华大学出版社，2010，285－286.

第三节　电力企业人才评价痛点

电力企业人才评价是人才管理的关键环节，具有导向作用和示范作用，是电力企业人才发展的“风向标”“指挥棒”，影响着电力企业人才队伍建设质量。近年来，电力企业人才评价虽取得重大进步，但是依然存在提升空间。电力企业人才评价痛点具体表现为：

一、电力企业人才评价导向依然存在偏差

虽然相关政策要求建立以科技创新质量、贡献、绩效为导向的分类评价体系，但是有的地方、有的电力企业依然坚持“一把尺子量到底”的单一人才评价标准，唯论文、唯职称、唯学历现象依然比较严重，导致一些从事应用创新、工程建设、成果转化、技能操作、能源服务的电力企业应用型人才很难在评价体系中赢得一席之地，创新创业积极性受到影响。换而言之，过于强调论文、课题、获奖、专利等显性指标，而忽视电力企业人才的实际贡献和实际解决问题的能力的现象仍然存在，导致一些投身于技能操作和综合能源服务的电力企业人才难以获得更多尊重，享受电力企业人才政策红利。电力企业应当进一步落实符合电力企业各级各类人才特点的分类评价制度，按照实际能力和贡献业绩进行差异化评价，鼓励其在不同领域和岗位人尽其才、人尽其用。

二、电力企业人才评价标尺依然比较单一

当前，使用同一标准、同一规则对电力企业实用人才的“标准化”评价方式，造成评上的用不上，用上的评不上现象依然存在。一些地方、一些电力企业对不同领域、不同门类的人才进行简单、量化衡量，评价标准针对性不强，分层、分

类的科学评价体系建设进展缓慢。此外，有的地方、电力企业简单地将人才“帽子”作为引才、用才、评才的主要依据，导致电力企业人才供给和需求错配、人才结构失衡。电力企业应当进一步健全完善实用、管用的电力企业多维度人才评价标准，改变单纯以各类人才“帽子”和头衔作为评价依据的做法，根据电力企业人才实际能力和贡献引才、用才、评才，确保电力企业人才待遇公平、活力迸发。

三、电力企业人才评价机制依然不够科学

电力企业人才评价方式计划经济色彩尚未根绝，特别是电力企业主体、社会组织和市场认可的多元评价机制还未形成，评人的不用人、用人的不参评，评在此岸、才在彼岸的现象依然存在。电力企业人才评价体系应当进一步健全，不唯资历、不唯学历、不唯年龄、不拘一格的人才评价选拔机制还没有完全建立；高层次科技研发人才、创新人才界定标准不清晰。高技能人才选拔评价的要素较为固化，未能真正有效区分技能人才实际素质和工作能力。重评价、轻管理问题依然比较突出，缺乏第三方监督、追责机制，电力企业人才评价失真现象时有发生。

第四节　电力企业人才评价创新

一、优化电力企业人才评价机构

建立电力企业人才评价服务中心。对标对表世界级领先企业人才评价经验做法，可以充分整合电力企业现有人才评价服务资源，组建电力企业人才评价服务中心，隶属于电力企业人力资源部门或者教育培训中心，全力支撑电力企业人才评价服务工作。电力企业人才评价服务中心的主要职责是负责落实电力企业人才

评价服务相关政策、制度；负责组织制定电力企业人才评价具体标准；负责组织开展电力企业人才评价工作；负责牵头创新电力企业人才评价工作；负责做好电力企业人才评价服务管理工作，提升电力企业人才评价工作质效。

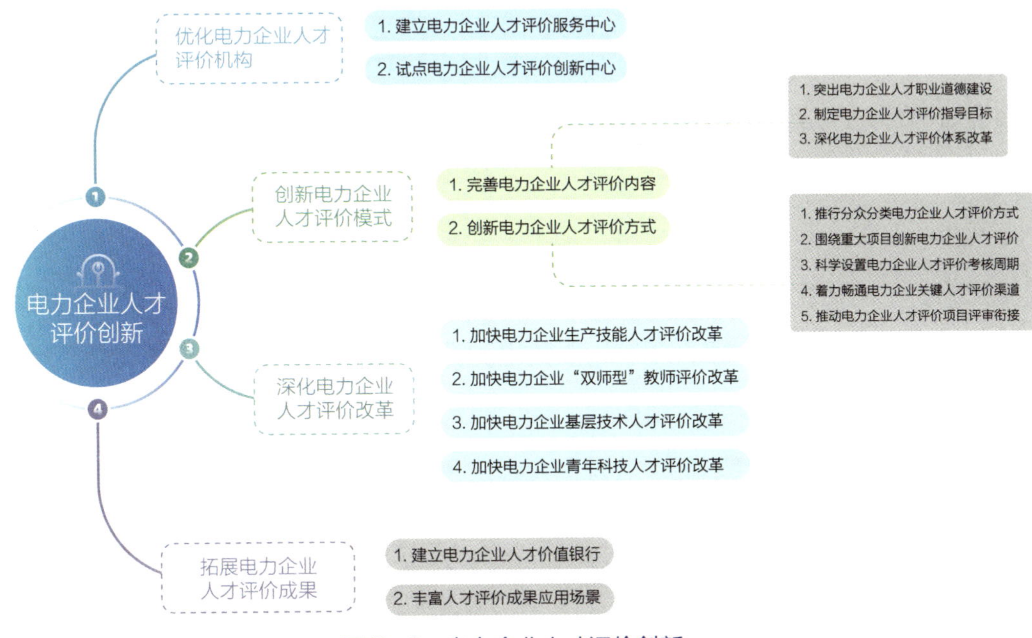

图 7－3　电力企业人才评价创新

试点电力企业人才评价创新中心。探索建立电力企业人才评价创新中心，打造电力企业人才集聚新高地。依托电力企业人才评价创新中心，建立健全电力企业人才评价服务机构的综合评估、动态调整机制。聚焦构建市场化的管理服务体系，积极倡导“行内评人才”“人才评人才”和“市场评人才”，探索权责清晰、管理科学、协调高效的电力企业人才评价管理新模式。

二、创新电力企业人才评价模式

（一）完善电力企业人才评价内容

突出电力企业人才职业道德建设。制定电力企业技术技能人员职业道德建设方案，加强电力企业人才政治纪律、科学精神、职业道德、从业操守等评价考核，从严治理弄虚作假和学术不端行为。建立健全电力企业人才评价诚信体系，建立电力企业职称申报评审、技能人才评价诚信档案和失信黑名单制度，建立健全基于道德操守和诚信情况的电力企业人才退出机制。

制定电力企业人才评价指导目标。根据《人力资源社会保障部关于公布国家职业资格目录的通知》及相关规定，以职业属性和岗位要求为基础，以服务电力企业战略目标落地和加快构建新型电力系统为导向，科学制定电力企业人才评价分类指导目录。根据发电、输电、配电、变电、储能、新能源、数字化等不同工作岗位、不同层次人才特点和职责，分类建立健全涵盖品德、知识、能力、业绩和贡献等要素，科学合理、各有侧重的电力企业人才评价标准。围绕构建新型电力系统、数字新基建以及综合能源服务，组织开展电力企业战略性新兴岗位人才评价标准开发工作。定期发布电力企业人才评价标准，建立评价标准动态更新调整机制。

深化电力企业人才评价体系改革。克服唯学历、唯资历、唯论文、唯奖项等倾向，取消不合理限制性评价条件，注重考察电力企业各类人才的专业性、创新性和履责绩效、创新成果、实际贡献。探索电力企业人才职称、职业资格、人才称号评审代表作清单制度，增加技术创新、专利、成果转化、技术推广、标准制定、决策咨询、服务一线等评价指标的权重，对电力企业不同专业、不同岗位人才实行差别化评价。

（二）创新电力企业人才评价方式

推行分众分类电力企业人才评价方式。按照符合电力企业发展需要和业内认可要求，建立以同行评价为基础的业内评价机制，探索引入电力企业人才市场评价和社会评价。用好人才“对数定律”，确保电力企业一流人才选出、带出一流人才。大力推行电力企业人才代表性成果制度，电力企业科技研发人才评价应当突出研究成果质量、价值和实际贡献。电力企业生产技能人才评价应当关注实际岗位表现、实际作用发挥、实际价值彰显，关注技术革新、工法创新情况。电力企业专业管理人才评价的代表性成果可以包括理论文章、决策咨询报告等。电力企业智库研究人才评价的代表性成果可以包括省部级以上领导批示或经省直有关部门、设区的市党委、政府认定纳入决策的研究成果。电力企业教育培训人才评价的代表性成果可以包括教学成果、精品课程、教学课例等。应当避免简单通过各类人才“帽子”、头衔评价电力企业人才。在电力企业各类重大工程项目、科技计划、机构平台等评审评估中加强电力企业人才评价，完善在重大攻关、急难险重及特殊事件中评价识别电力企业人才机制。

电力人才小百科

法国著名数学家安德烈·韦伊根据自己的人生经历，无意中道出了一个著名的人力资源管理定律，叫“对数定律”。其具体表述是：“一流人选择一流人当下属；但是，二流人则会选出三流人当下属。”后来，美国数学家保罗·哈尔莫斯在《我要当数学家》一书中反复提到韦伊的这个定律。

乔布斯比较青睐人才“对数定律”。他对下属的一个团队说：“你们是二等团队，二等队员，这里许多人都是二等或三等员工，因此今天我遣散你们中一部分人！”乔布斯坚持认为：“如果你想建设一个由一流队员组成的团队，就必须要狠。团队扩张时，如果吸收了几名二流队员，他们就会招来更多二流队员，很快，你的团队里甚至还会出现三流队员。”

人才“对数定律”

法国著名数学家安德烈·韦伊根据自己的人生经历，无意中道出了一个著名的人力资源管理定律，叫“对数定律”。其具体表述是：“一流人选择一流人当下属；但是，二流人则会选出三流人当下属。”后来，美国数学家保罗·哈尔莫斯在《我要当数学家》一书中反复提到韦伊的这个定律。

乔布斯比较青睐人才“对数定律”。他对下属的一个团队说：“你们是二等团队，二等队员，这里许多人都是二等或三等员工，因此今天我遣散你们中一部分人！”乔布斯坚持认为：“如果你想建设一个由一流队员组成的团队，就必须要狠。团队扩张时，如果吸收了几名二流队员，他们就会招来更多二流队员，很快，你的团队里甚至还会出现三流队员。”

电力小百科

围绕重大项目创新电力企业人才评价。服务电力企业重大工程、重大项目，是电力企业人才评价工作的一大创新。建立健全围绕新能源、新型电力系统重大工程，实施电力企业人才评价机制。针对能源互联网、特高压、智慧电厂、电动汽车充电桩、综合能源、智慧储能、虚拟电厂等重点产业发展所需“高精尖”人才和急需紧缺人才，探索“自主评价+业内评价+市场评价”的电力企业人才多元评价体系，重点评价对落实电力企业战略目标、服务我国经济社会发展作出的贡献。鼓励能源电力行业领先的科研单位和龙头企业参与电力企业人才评价标准制定。聚焦强基固本创新电力企业技能人才评价。聚焦如期实现“3060”目标，探索因地制宜地研究制订“定向评价、定向使用”的电力企业人才专业技术职称制度，研究制订电力企业技能人才技能评价标准，探索开展电力企业技能人才创新创业大赛、技艺技能大赛，建立健全以赛代评机制。探索建设农电工等电力企业特殊职工群体的职称制度，鼓励电力企业各类技能人才服务乡村振兴，服务经历可以作为电力企业人才评价重要依据。结合电力企业业务优势，对于电力企业高端领军人才，可以采取“一事一议”的方式进行评价、激励。

科学设置电力企业人才评价考核周期。坚持过程评价和结果评价相结合、短期评价和长期评价相结合，克服电力企业人才评价考核过于频繁的倾向。探索实施聘期评价制度，研究制定电力企业不同岗位技术技能人才聘期差异化考核办法。突出中长期目标导向，适当延长电力企业基础研究人才、青年人才等评价考核周期，鼓励持续研究和长期积累。

着力畅通电力企业关键人才评价渠道。落实“放管服”要求，完善以电力企业职称管理制度体系、技能人才职业技能等级评定体系为核心的电力企业人才分类评价机制。探索电力企业高层次和急需紧缺人才高级职称考核认定机制，建立电力企业人才评价“直通车”制度。支持符合条件的电力企业人才根据专业技术水平和工作业绩贡献等，破格申报、直接申报相应层级专业技术职务任职资格。全力推动电力企业技能人才与相关领域专业技术人才的职业资格互通。

推动电力企业人才评价项目评审衔接。深入推进电力企业人才评价、项目评审改革，进一步精简整合、取消下放、优化布局评审事项，简化评审环节，改进评审方式，减轻人才负担。统筹电力企业各类人才评价项目，避免简单通过各类人才计划头衔评价人才，避免多头、频繁、重复评价人才。充分发挥电力企业行业协会优势，加强成员单位人才评价结果互认共享。

三、深化电力企业人才评价改革

加快电力企业生产技能人才评价改革。建立健全以电力企业业务需要为导向、以职业能力为基础、以工作业绩为重点、注重职业道德和知识水平的电力企业生产技能人才评价体系。完善电力企业职业资格评价、职业技能等级认定、专项职业能力考核等多元化评价方式，做好电力企业生产技能人才评价结果有机衔接。组织开展电力企业生产技能人才职业技能等级认定工作，大力推进电力企业生产技能人才在线评价，探索建立新型“八级工”制度，尝试增设特级技师、首席技师岗位，探索制定特级技师、首席技师考核认定办法。

电力人才小百科

人社部《关于健全完善新时代技能人才职业技能等级制度的意见（试行）》提出，企业可根据技术技能发展水平等情况，结合实际，在现有职业技能等级设置的基础上适当增加或调整技能等级。对设有高级技师的职业（工种），可在其上增设特级技师和首席技师技术职务（岗位），在初级工之下补设学徒工。形成由学徒工、初级工、中级工、高级工、技师、高级技师、特级技师、首席技师构成的新型“八级工”职业技能等级序列。

首席技师、特级技师是在高技能人才中设置的高级技术职务（岗位），一般应在有高级技师的职业（工种）领域中设立，通过评聘的方式进行，实行岗位聘任制。要稳妥有序开展特级技师、首席技师评聘工作，不搞高级技师普遍晋升。

促进职业技能等级认定结果与培养使用待遇相结合，建立与职业技能等级（岗位）序列相匹配的岗位绩效工资制。对在聘的高级工、技师、高级技师在学习进修、岗位聘任、职务职级晋升、评优评奖、科研项目申报等方面，比照相应层级专业技术人员享受同等待遇。聘用到特级技师岗位的人员，比照正高级职称人员享受同等待遇。首席技师薪酬待遇可参照本单位高级管理人员标准确定或根据实际确定，不低于特级技师薪酬待遇。

新型“八级工”制度

人社部《关于健全完善新时代技能人才职业技能等级制度的意见（试行）》提出，企业可根据技术技能发展水平等情况，结合实际，在现有职业技能等级设置的基础上适当增加或调整技能等级。对设有高级技师的职业（工种），可在其上增设特级技师和首席技师技术职务（岗位），在初级工之下补设学徒工。形成由学徒工、初级工、中级工、高级工、技师、高级技师、特级技师、首席技师构成的新型“八级工”职业技能等级序列。

首席技师、特级技师是在高技能人才中设置的高级技术职务（岗位），一般应在有高级技师的职业（工种）领域中设立，通过评聘的方式进行，实行岗位聘任制。要稳妥有序开展特级技师、首席技师评聘工作，不搞高级技师普遍晋升。

促进职业技能等级认定结果与培养使用待遇相结合，建立与职业技能等级（岗位）序列相匹配的岗位绩效工资制。对在聘的高级工、技师、高级技师在学习进修、岗位聘任、职务职级晋升、评优评奖、科研项目申报等方面，比照相应层级专业技术人员享受同等待遇。聘用到特级技师岗位的人员，比照正高级职称人员享受同等待遇。首席技师薪酬待遇可参照本单位高级管理人员标准确定或根据实际确定，不低于特级技师薪酬待遇。

电力小百科

加快电力企业“双师型”教师评价改革。按照兼备专业理论知识和技能操作实践能力的要求，完善电力行业职业学院、职业大学“双师型”教师评价标准，吸纳电力行业、企业作为评价参与主体，重点评价其职业素养、专业教学能力和生产一线实践经验。

电力人才小百科

有的学者将其概括为两种：

一是“双职称型”

即教师在获得教师系列职称外还需要取得另一职称。

二是“双素质型”

即教师既要具备理论教学的素质，也应具备实践教学的素质。

有的学者则将“双师型”教师的理解概括为三种：

一是“双证书论”

认为具有工程师、工艺师等技术职务的人员，取得教师资格并从事职业教育教学工作的人员即为“双师型”教师。

二是“双能力论”

认为既要能胜任理论教学，又能指导学生实践的教师，就可看做是“双师型”教师。

三是“双融合论”

即既强调教师持有“双证”，又强调教师“双能力”。

“双师型”教师

有的学者将其概括为两种：一是“双职称型”，即教师在获得教师系列职称外还需要取得另一职称；二是“双素质型”，即教师既要具备理论教学的素质，也应具备实践教学的素质。

有的学者则将“双师型”教师的理解概括为三种：一是“双证书论”，认为具有工程师、工艺师等技术职务的人员，取得教师资格并从事职业教育教学工作的人员即为“双师型”教师；二是“双能力论”，认为既要能胜任理论教学，又能指导学生实践的教师，就可看作是“双师型”教师；三是“双融合论”，即既强调教师持有“双证”，又强调教师“双能力”。

电力小百科

加快电力企业基层技术人才评价改革。适应能源电力行业技术专业化、标准化程度高、通用性强等特点，分专业领域建立健全电力企业基层技术人才评价标准，进一步解决评价标准过于追求学术化倾向。针对艰苦偏远地区一线岗位，建立电力企业基层专业技术人才“定向评价、定向使用”机制。健全以农电工为主体的农村电力实用人才评价制度，形成电力企业人才教育培训、认定评价、政策扶持“三位一体”的管理体系。

加快电力企业青年科技人才评价改革。逐步提高电力企业中高级职称、高级技师中的青年科技人才比例。加大各类人才项目对电力企业青年科技人才的支持力度，设立“电力企业青椒”等青年人才专项评价项目。充分发挥电力企业人才发展中心、教育培训中心平台资源优势，尝试建立优秀青年人才举荐制度。

四、拓展电力企业人才评价成果

借鉴金融行业价值管理思维，结合电力企业人才评价成果，以人才评估定价为核心，建立电力企业人才价值银行，构建“人才”与“资本”间的桥梁，将电力企业人力资本价值具象化、数字化、在线化，聚焦价值发现、价值交易、价值应用、价值增值，尝试为电力企业人才提供人力资本价值变现全要素解决方案。

建立电力企业人才价值银行。以电力企业人才评价结果为基础，围绕专业、岗位、能力、创新、贡献五个维度，建立电力企业人才价值银行。建立电力企业人才专属账户，对电力企业各类人才进行实名认证、人脸识别。利用大数据技术，全方位、多维度挖掘电力企业人才评价数据价值，开发人才价值、行业价值、岗位价值等应用模块。借助区块链技术，强化数据脱敏，确保电力企业人才银行数据安全。

丰富人才评价成果应用场景。电力企业人才价值银行通过大数据、人工智能评估评测，形成电力企业全息人才价值报告，可以应用于职业晋升、薪酬调整、内部调动、项目获取等上百个应用场景，实现人才、团队、企业三个层次的全方位综合评测评估，为获取政策支持、项目申报和评审、人才计划申报、评优评先、人力资本出资、人才流动补偿等提出依据。通过电力企业人才价值银行，对电力企业发现人才、培养人才、使用人才进行靶向引导，为电力企业人才分析、人力资本价值提升和制定人才政策提供依据。

第五节　电力企业人才评价案例

典型案例一：某电力企业首次评选出中国电科院院士和首席专家

为了全面贯彻落实中央人才工作会议精神，深入实施创新驱动战略和人才强企战略，某电力企业创新建立健全中国电科院院士和首席专家制度，做好首批专家人才评选工作，以更高站位、更大担当、更实举措开创人才工作新局面。

建立中国电科院院士制度，创新专家人才体系，是推动公司高质量发展的重大战略举措。公司努力培养一批潜心从事前沿科学技术研发、重大技术创新和重要课题研究，破解“卡脖子”关键核心技术难题并代表电力行业最高水平的科技领军人才。此次评选出的 3 名中国电科院院士分别属于新能源发电与并网技术、电力系统及自动化技术、输变电技术专业领域。

首席专家代表相关领域技术高超、技艺精湛，善于解决复杂专业技术问题的拔尖人才。此次首席专家是从科技研发领域和生产技能的设备运检、电力营销、电网建设、信息技术、调度运行等专业领域评选而出。

公司号召中国电科院院士和首席专家带领大家潜心钻研、攻坚克难，充分发挥传帮带作用，激发各级各类人才立足岗位创新创造的潜力动力，培养造就一支高素质人才队伍，为加快建设具有中国特色国际领先的能源互联网企业提供坚强人才保障。

典型案例二：某电力企业“三个首次”开展专业技术人才评聘

为贯彻落实人才强企战略，优化人才选拔、岗级晋升、薪酬分配机制，充分激发员工内生动力，某电力企业于近日完成年度专业技术人才评聘工作。

本次专业技术人才评聘工作本着严谨负责的态度，公平公正的原则，按照个人申报、所在中心（公司）初审、专业管理部门审核、人才工作办公室复审、员工本人签字确认、结果公示等评聘流程，确保了评聘过程公开透明，评聘结果准确无误。

本次专业技术人才评聘采用“积分制”，从基本素质、综合测评、专业支撑、科技创新四个维度，对员工进行综合评价。本次专业技术人才评聘工作的顺利完成，为该院今后专业技术人才培养及科学评价奠定了基础，为员工扎根一线，在生产支撑、科技创新工作中勇创最好提供了激励保障，为全力打造高端人才聚集中心提供了坚强支撑。同时，本次专业技术人才评聘实现了“三个首次”，即首次在“三通道”激励体系方案下开展专业技术人才评聘，首次采用“积分制”评聘，首次将“首席工程师”与“专业工程师”按相同标准同步开展评聘。

典型案例三：某电力企业开展技师及以下技能等级评价工作

某电力企业深入贯彻落实国网公司技能等级评价工作相关要求，紧密结合省电网发展及员工岗位实际，以公司发展战略为引领，以员工需求为导向，以提升员工专业素质和岗位技能为核心，立足现有培训资源，充分发挥人力资源部门统筹管理作用、专业部门专业主导和用人主体作用、评价机构业务统筹和技术指导作用，按照过渡实施、阶段应用方式，逐步建立科学、完备、自主的技能等级评价体系，将员工评价结果应用于薪酬调整、职级聘任、通道成长、人才评选等工作中，为公司建设知识型、技能型、创新型的员工队伍提供智力支撑和人才保障。具体内容如下：

考试要素，考试内容包括理论考试和操作考核，符合国网要求和技能鉴定通行做法。考试顺序，层层筛选淘汰形式，先参加理论知识考试，合格员工参加操作技能考核。考核内容，统一采纳国网公司技能等级评价标准和题库，其中，理论知识考试包括基础知识、专业知识和相关知识，理论知识试卷中国网公司题库试题分值原则上不少于总分数的 60%，理论知识考评组依据技能等级评价标准，结合工种实际自命试题，原则上不超过总分数的 40%；其中操作技能考核包括基本技能、专业技能和相关技能，可依据国网公司技能等级评价标准，参考国网公司题库进行本土化修订。

初级工、中级工、高级工的成绩管理：理论知识考试 60 分及以上合格，且操作技能考核 60 分及以上合格，两项均合格为技能等级评价通过。技师的成绩管理：考评总成绩按理论知识考试成绩占 30%、操作技能考核成绩占 40%、工作业绩评定成绩占 15%、潜在能力考核成绩占 15%的比例计算汇总。各分项考评成绩均不少于 60 分，且总成绩满 75 分及以上者方可参加综合评审。评价机构组织专家对参评人员工作业绩、潜在能力等进行综合评审，评审采用不记名投票表决方式进行，原则上三分之二及以上评委同意，为技师评价通过。优化成绩权重，适当提高专业技能考试成绩所占权重，从 40%～50%提升至 60%～70%。

典型案例四：某电力企业打造“一站式”人才评价服务平台

为进一步规范人才选拔、评价工作，营造公平、公正的人才成长环境，某电力企业分别依托管培中心和技培中心成立了人才服务中心和技能等级评价中心。

人才服务中心主要负责专家人才评选、职称评定、员工招聘、岗位竞聘等支撑服务；配合开展试用期、首次续订劳动合同两个窗口期人员考核；整合系统内外部资源，开展人才测评技术研究应用，建立规范化、专业化人才评价、考核平台；建设完善评价专家库、评价标准及题库，为岗位竞聘提供支撑服务。

技能等级评价中心主要负责组织实施技师及以下技能等级评价和各层级岗位能力认证工作；建立完善各专业技能等级评价标准及题库；统筹中高级考评员资源调配，认证管理中级考评员、质量督导员；督导各评价基地开展工作，实施质量抽查。

该电力企业将发挥人才服务中心、技能等级评价中心的作用，建章立制，夯实管理基础，加强能力建设，完善监督考核，实现规范运行，打造“一站式”人才评价服务平台，加快人才评价技术的研究与应用，为人才培养、选拔、流动等提供有力的支撑。

典型案例五：某电力企业构建基于队伍建设提质增效的新型人才评价体系

某电力企业通过构建新型人才评价体系，整合公司现有管理要素，网罗公司内部人力资源管理数据，有效利用大数据优势，在基础评价、业绩评价、专业评价、学术成果和表彰奖励五个维度，根据专业分类、职务分类、业绩分类等多种模块对公司员工进行多维度、全方位的测评。充分发掘不同职工特点，综合了解人才的各方面能力特点，利用大数据分析技术，将数据挖掘和人才测评有机结合，帮助职工进行科学的职业生涯规划，引导员工树立正确的干事创业理念。使不同的人才匹配适合的岗位，做到人尽其才、人岗匹配，最终实现人力资源最优配置，有效助力队伍建设提质增效，为建设有中国特色国际领先的能源互联网企业打造高素质专业化干部队伍。具体措施如下：

基建立直观的评价维度。于队伍建设提质增效的新型人才评价体系从员工“基础评价、绩效评价、专业评价、表彰奖励、学术成果”五个维度对员工进行量化评分，客观准确地反映人才价值，根据岗位需求和专业性质对员工的素质状况、发展潜力、个性特点等做出科学评价，为引导激励员工职业发展提供全面、直观的分析，其中基础评价、绩效评价、专业评价分别占 25%；表彰奖励占 15%；学术成果占 10%。

建立全面的评价要素。在新型人才评价体系中，基础评价涵盖了就业学历、后续学历、职称、技能等级四个方面评价员工个人基础能力；绩效评价注重岗位价值和近三年绩效考核结果；专业评价从工作经验、专业阅历、专家人才、竞赛调考四个方面综合评价员工业绩，突出业绩贡献和“状元精神”的引领作用；表彰奖励以近年获得公司及以上单位评选的综合类、专业类、专项类表彰为主，突出表彰奖励的示范作用；学术成果整合了公司当前进行评比的著作论文、发明专利、管理创新、科技创新、群创质量管理、典型经验六个项目，评价以获得省公司以上奖励为主，且仅限第一作者或第一署名人，提高学术成果评选的含金量，发挥科学评价的风向标作用。

建立大数据分析体系。搭建新型人才评价体系管理工具，发挥大数据优势，通过数据筛选整理、系统建模，整合员工在工作中所有要素信息，以柱状图和雷达图的形式，全方位、立体化展示员工在不同维度、不同层级位置，明确未来努力的方向，做好自己的职业生涯规划。在人机交互功能上，做到数据时间线筛选、专业分类筛选、年龄段筛选等多种功能。在基础数据平台之上，开发了可自由定制的积分评价管理模块。使用者可定义不同的方案，并设置不同的人才评价维度与权重等级，可根据不同的试用场景进行人才的评价。

新型人才评价体系从不同维度全方位评价满足“3、5、8”条件的职工，全面准确地反映经过培训的职工素质，精准判断职工特长特点，综合评价人员的能力水平和个人特点进行科学调配。对于个人来说，新型人才评价体系可以帮助个体了解自己，有助于个人职业生涯设计和职业生涯发展，实现更好的自我发展，为职工职业生涯规划指明方向。

典型案例六：某电力企业“育评励”激发复合型人才成长新动力

某电力企业把人才工作作为关系事业发展全局的根本性问题来抓，以业务融合发展为导向，面向变电运维等一线技能岗位，健全复合型人才培养机制，建平台、提效能、激活力，着力打造“一专多能、精一会二”复合型人才队伍，为人才发展新高地建设提供鲜活经验。

坚持促创新促融合，升级人才成长“新平台”

为顺应电网设备规模大幅增长、技术不断升级，进一步适应公司发展战略和电网安全运行需求，坚持促创新促融合，以“传经验”“师带徒”“干代培”等培养方式，实施变电站设备主人复合型人才培养，倾力打造了一支变电站设备“全科医生”队伍。在检修试验等专业优选了业务骨干组建柔性专家团队，定期为运维人员开展理论、实操培训，以“传经验”方式助力运维人员业务水平提升。选派运维人员全程进行调控保护跟班培训，实行“一对一”“手把手”跟踪培养模式，以“师带徒”方式实现“运维+监控”业务的加速融合。遴选运维骨干全程参与变电站改造工程，涵盖工程勘查设计、调试验收等环节，以“干代培”方式强化电网设备全寿命周期管理。

坚持高标准高质量，迭代人才评价“新模式”

创新迭代复合型人才评价机制，优化量化积分管理、实施等级动态调整、划定红线否决标准、开展通关“培训+考核”，促进人才大有作为，在人才评价考核上打出了一套高标准高质量的“组合拳”。开展基于量化积分的复合型人才定期评价机制，以业绩导向，以基本素质、业务能力、工作业绩、综合表现 4 个维度进行综合量化考评，细化复合型业务要求和评价指标，择优选聘初级复合型人才，全面细致量化复合型人才工作业绩及专业能力，实施等级动态调整，引导复合型人才主动学习业务，提升自身素质。设立严重违章作业等“红线”指标，凡违反者，“一票否决”，畅通变电站设备主人等复合型人才“出口”真正实现岗位能进能出、人才能上能下。

坚持有面子有里子，强化人才激励“新活力”

注重复合型人才激励，以变电站设备主人复合型人才为例，薪酬分为一级至五级，有效地调动了员工的工作积极性和主动性，鼓励优秀技能人才立足岗位、扎根一线、建功立业。真正做到以能力“定高低”、凭业绩“论英雄”。该电力企业同样也加强了复合型人才在福利激励、职工疗养、评先树优等方面的激励，持续提升员工幸福感和获得感。

目前已全部开展复合型人才培养，30 余名员工被评为变电站设备主人复合型人才，激发了员工队伍活力，提升了企业效率效益，实现了企业和员工双赢。

“功以才成，业由才广”。该电力企业坚持党管人才、为党育才，加强“一专多能、精一会二”复合型人才培养，倒闸操作效率、缺陷发展指数保持全省前列，真正实现复合型人才培养工作更好助力公司服务“碳达峰、碳中和”、构建新型电力系统、安全生产等重点工作。

第八章

电力企业人才管理之核

激励体系是电力企业人才管理的核心内容。恰当的激励，有利于激发电力企业人才工作热情。深入了解激励的内涵、内容、方法，有助于电力企业更好加强人才全周期管理。

第一节　电力企业人才激励理论

一、经典激励理论概述

电力企业人才激励以经典激励理论为基础。经典的激励理论主要有八种，具体如下：

需要理论。主要有三种：美国人本管理学家马斯洛把人的需要分为五种，从低到高依次为生理的、安全的、社交的、尊重的和自我实现需要。生理需要、安全需要是人的基本的低层次需要；社交需要、尊重需要和自我实现需要是高级的需要。人的需要的满足具有层次性，对于大多数人来说，只有当较低层次的需要得到满足后，才会产生高一个层次的

图 8－1 电力企业人才激励的理论基础

需要[1]。美国心理学家麦克利兰把需要分为三种：友谊需要、权力需要与成就需要。其中重要的是成就需要，所以他的理论又称为成就激励理论。管理学家奥德费提出的 E（生存需要）R（关系需要）G 理论（成长需要），认为这三种需要之间存在着多样化关系，并不都是生来就有的，有些是通过后天的培养而产生的。

双因素理论。美国心理学家、管理理论家、行为科学家赫茨伯格的双因素理论认为，影响人们行为的因素主要有两类：保健因素和激励因素。保健因素是同工作环境和条件相关的因素。激励因素是与工作本身所具有的内在激励感联系在

[1] 陈晓兰，樊亮. 经典激励理论的困境及行为激励理论的解释［J］. 现代管理科学，2015,（5）：12－14.

一起的、能够激励职工工作热情的因素。要调动和保持员工的积极性，首先必须具备必要的保健因素，防止员工不满情绪的产生；更重要的是要针对激励因素，努力创造条件，使员工在激励因素方面得到满足。

X－Y 理论。由美国著名行为科学家、人性假设理论创始人、管理理论奠基人之一麦格雷戈提出。X 理论认为：多数人天生懒惰，尽一切可能逃避工作；多数人没有抱负，宁愿被领导、怕负责任，视个人安全高于一切；对多数人必须采取强迫命令，软硬兼施的管理措施。Y 理论则认为：一般人并不天生厌恶工作，多数人愿意对工作负责，并有相当程度的想象力和创造才能；控制和惩罚不是使人实现企业目标的唯一办法，还可以通过满足职工爱的需要、尊重的需要和自我实现的需要，使个人和组织目标融合一致，达到提高生产率的目的[1]。

期望理论。北美著名心理学家和行为科学家弗洛姆的期望理论可以表示为：激励=效价×望值（$M=V\times E$）。M 代表激励力量、工作动力，V 代表效价、工作态度，E 代表期望值、工作信心。

公平理论。美国行为科学家亚当斯亚当斯的公平理论认为，员工在自己因工作或做出成绩而取得报酬后，不仅关心所得到报酬的绝对量，还会通过自己相对于投入的报酬水平与相关他人的比较来判定其所获报酬是否公平或公正。

强化理论。美国的心理学家、行为科学家斯金纳的强化理论认为，人的行为是对其所获刺激的反应，当刺激对他是有利的，他的行为就会重复出现；若刺激对他不利，他的行为就可能减弱[2]。强化的具体方式有以下四种：正强化、惩罚、负强化、忽视。

组织支持和组织支持感理论。美国社会心理学家艾森伯格根据社会交换理论及互惠原则提出的组织支持和组织支持感理论认为，组织的支持能够满足员工的

---

❶ 陈晓兰，樊亮. 经典激励理论的困境及行为激励理论的解释［J］. 现代管理科学，2015，（5）：12－14.

❷ 陈晓兰，樊亮. 经典激励理论的困境及行为激励理论的解释［J］. 现代管理科学，2015，（5）：12－14.

社会情感需求，如果员工感受到组织愿意并且能够对他们的工作努力进行回报，员工就会为组织的利益付出努力；员工如果得到重要的资源，就会产生义务感，按照互惠原则通过增加角色内和决策外绩效来帮助组织达成目标[1]。组织支持感主要包括：员工对组织是否能重视其贡献的感受；员工对组织是否关注其幸福的感受；可以促进员工实现工作目标，激励员工成长与发展，满足员工的社会情感需求。影响员工组织支持感的因素：组织公平、主管对下属的支持、组织奖赏、工作条件。

综合激励模型。美国行为科学家波特和劳勒的综合激励模型认为，满意与其说是工作绩效的原因，不如说是工作绩效的结果，也就是说工作绩效能使人感到满意。不同的绩效决定不同的报酬，然后不同的奖酬又在员工中产生不同的满意程度，从而以非传统的方式来确定激励、满意和绩效这三个概念间的关系。

二、电力企业人才激励

电力企业人才激励内涵。一代管理学大师彼得·德鲁克认为，激励人才是领导者必备的能力，必须学会如何激励别人，才能发挥领导作用[2]。电力企业人才激励，是指电力企业设计适当的外部奖酬形式和工作环境，以一定的行为规范和惩罚性措施，通过信息沟通，激发、引导、约束和改变电力企业人才的行为，确保电力企业发展目标顺利实现的系统性活动。换而言之，电力企业人才激励是通过一套理性化的机制来反映激励主体与激励客体相互作用的工作方式。

[1] 陈晓兰，樊亮. 经典激励理论的困境及行为激励理论的解释［J］. 现代管理科学，2015，（5）：12－14.

[2] 李志刚. 我国电力企业人力资源开发现状及对策研究［J］. 经济研究，2011（9）：38－39.

电力人才小百科

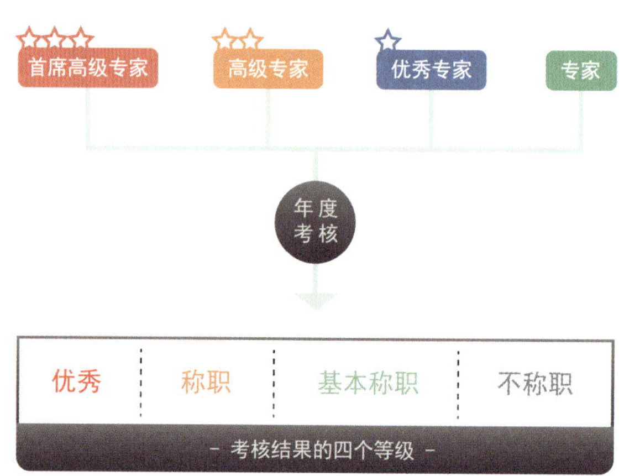

聘期内年度考核全部为优秀且符合必备条件的，经相关专业部门评估，并履行相应层级单位决策程序后，期满可直接续聘，不满1届的待遇保持至退休。

考核内容：思想品德、目标任务、创新能力、业绩贡献、人才培养和团队建设等。

考核方式：专家评议、业绩举证等。

首席高级专家、高级专家、优秀专家、专家薪酬待遇分别参照本单位2级、3级、5级、7级职员标准确定。三、四、五级领导（管理）人员当选的，原待遇高于入选专家级别待遇的，按就高原则执行。专家人才待遇实行津贴制，通过绩效工资补差的形式发放专家津贴，并严格与考核结果挂钩。

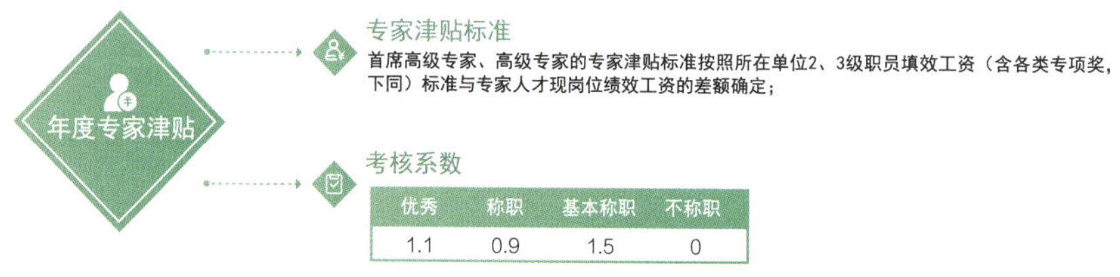

优秀	称职	基本称职	不称职
1.1	0.9	1.5	0

优秀专家、专家的津贴标准由各市公司级单位分别参照5、7级职员确定，考核系数可自行确定。

首席高级专家薪档积分标准为3.5分。

国家和地方政府评选的专家人才，公司按照政府奖励标准加发同等水平奖励。政府无奖励的，由各单位根据地方经济水平，结合实际制定奖励标准，发放一次性奖励。

优先推荐作出重大贡献的专家人才参加国家和地方政府人才评选，以及职业晋升和评先评优。

将专家人才纳入各级党委联系服务专家范围，可安排其参加或列席职工代表大会、重要专业会议等。

电力企业人才激励要素。电力企业人才激励具有五大组成要素：诱导因素集合。能够激发电力企业人才工作积极性的各种报酬资源，包括各种外在性奖酬和内在性奖酬。行为导向机制。电力企业对其员工期望的努力方向、行为模式和应遵循的价值观念的规定，主要包括大局观念、长远意识、创新理念、服务意识、团队意识，等等。行为幅度机制。电力企业对由诱导因素所激发的员工行为在强度方面的控制规则，对电力企业员工行为幅度的控制主要是借助改变激励内容与员工工作业绩之间的相关性，以及激励内容本身的价值来实现的。行为时空机制。电力企业人才激励在时间和空间方面的约束，包括特定的外在性报酬和特定的绩效相关联的时间限制，电力企业员工与一定的工作任务相结合的时间限制，还包括有效行为的空间范围。行为转化模式。推动员工行为向电力企业期望的方向转化，对违反行为规范，或者达不到要求的员工进行教育和处罚。行为转化是推动新员工融入电力企业的一个系统工程。以上五个方面构成电力企业人才激励体系。其中，诱导因素起到触发电力企业员工行为的作用，其他四个方面则起到导向、规范、约束电力企业员工行为的作用。

图 8－2　电力企业人才激励的组成要素

电力企业人才激励特征。电力企业人才激励是对人才潜能的开发。不同于自然资源、物质资源开发，电力企业人才激励具有鲜明特征：电力企业人才激励产生行为动机呈现动态变化态势。从电力企业人才心理认知维度看，电力企业员工行为受到多种主客观因素的相互影响、相互制约、相互作用，激励产生的员工行为动机往往不是固定不变的。在不同的工作环境下，电力企业人才具有不同的行为表现。根据激励对象不同电力企业人才激励方法千差万别。从电力企业激励对象维度看，激励对象的需求千差万别，不同电力企业人才对激励的满足程度和心理承受能力各不相同，电力企业人才激励方法要因人而异，对不同员工使用不同激励手段。从激励效果看电力企业人才激励往往无法事先感知。电力企业人才激励往往以员工心理活动为基础，激励过程通常也是员工心理活动。员工心理活动过程无法直观感知，只能通过员工外在行为表现来感知和推测。因此，电力企业人才激励一般不可能事先感知。受限于主客观因素电力企业人才激励往往是有限的。电力企业人才激励目的是确保员工潜能得到最大限度的发挥。但是，电力企业员工潜能不是无限的，而是受到生理因素及自身条件限制。电力企业不同员工的潜能是不同的。电力企业人才激励应当讲究适度原则，不能也不应该超过员工生理、能力的极限。

电力企业人才激励原则。目标结合原则，引导性原则，合理性原则，明确性原则，按需激励原则，时效性原则，物质激励和精神激励相结合原则，正激励与负激励相结合的原则[1]。

第二节　电力企业人才激励模式

从国网安徽省电力有限公司等省级电网企业实践看，电力企业人才激励主要包括发展激励、薪酬激励、股权激励、荣誉激励、情感激励等模式。

一、电力企业人才发展激励

电力企业人才发展激励，是指电力企业把人才从低一级职位提升到新的更高职务，同时赋予与新职务一致的责、权、利的激励方法。电力企业人才发展激励

[1] 李志刚. 我国电力企业人力资源开发现状及对策研究［J］, 经济研究，2011（9）：38－39.

图 8-3　电力企业人才激励模式

为人才职业生涯打通道路，电力企业人才可以锚定职业发展通道通过努力不断得到晋升。通过绩效考核、能力测评和职务职级晋升，激活电力企业人才队伍，引导人才不断提升能力、提升素质、提升业绩，赋能电力企业高质量发展新动能。

从国网安徽省电力有限公司等省级电网企业实践看，电力企业人才发展激励应当重点关注如下内容：树立重视工作实际的鲜明导向。切实用好电力企业职级职数职务资源“硬杠杆”，发挥职级晋升的激励效应，把电力企业统筹测算职级职数职务与所属单位核定职级职数职务有机结合起来，分级分类统筹部分岗位职数向工作业绩突出的优秀人才倾斜，把好电力企业人才发展激励“方向关”。细化电力企业不同层级职级职务晋升程序及审批权限等事项，把好电力企业人才发展激励“程序关”。考准考实人才工作的实绩表现。注重考准考优秀人才实综合能力表现，注重考准考实优秀人才工作作风表现，注重考准考实优秀人才日常工作表现。要探索量化考核评价办法，对优秀人才德、能、勤、绩、廉等方面，明确具体考核要素。从工作实绩、工作数量、难易程度、工作态度等方面，对优秀人才日常表现进行准确“画像”、立体评价，确保电力企业人才发展激励建立在精准评价基础。建立系统完备的职业发展通道。电力企业人才发展激励应当建立在完备、科学、系统的领导职务、职员职级、专家人才“M”型职业发展通道基础上，确保电力企业人才职业发展通道纵向符合电力企业人才队伍建设特点，通道长度适中、层级无缝衔接，横向能够实现并行互通、有序切换。

二、电力企业人才薪酬激励

电力企业人才薪酬激励，是电力企业组织通过提供一定的薪酬刺激，激发员工努力完成一定工作任务，顺利实现电力企业工作目标。

电力人才小百科

早期薪酬理论。最低工资理论。

薪酬和其他商品一样，有一个自然的价值水平，这一价值就是工人生活的基本消费需求。最低工资不仅是工人维持生存的基本保证，也是雇主生产经营的必要条件。工资基金理论。一个社会一定时期用于支付工资的资本总额是一定的，这就是该社会的“工资基金”取决于工资成本与其他生产成本的比例。在工资基金确定的情况下，一些工人的工资变动必然会导致另一些工人工资的反向变动。工资差别理论。造成工资差别的原因主要有两大类：一种是由于不同的职业性质造成的，另一种是由于不同的工资政策造成的。在现实中，社会组织内部和组织外部的工资差别客观存在。

近代薪酬理论。边际生产力工资理论。

在一个完全自由的市场中，社会组织特别是企业为获得最大利润，必然要实现生产要素的最佳配置。就劳动力要素来说，表现为雇佣工人的边际产出等于付给工人的工资。工资水平取决于员工提供的边际生产率。集体谈判理论。工资水平反映社会组织与员工之间的利益关系，由两者之间的力量对比决定，集体谈判就是协调双方利益、决定工资水平的主要方式。

现代薪酬理论。激励理论。

员工的绩效水平是与激励相关联的，具体表现为：员工绩效=员工能力x激励程序。在员工能力一定的情况下，所受到的激励水平越高，其绩效表现水平也越高。员工最基本的需求是经济需求，这要通过工资实现。社会组织工资管理的关键，是努力发挥其激励功能。人力资本理论。有技能的人是所有资源中最为主要的资源；人力资本投资的效益大于物力资本投资的效益；教育投资是人力资本投资的主要部分，教育对经济发展有影响。人力资本理论虽然不是工资决定理论，但对工资的决定有影响，并为之后能力薪酬的形成提供了强有力的理论依据。

经典薪酬理论

早期薪酬理论。最低工资理论。薪酬和其他商品一样，有一个自然的价值水平，这一价值就是工人生活的基本消费需求。最低工资不仅是工人维持生存的基本保证，也是雇主生产经营的必要条件。工资基金理论。一个社会一定时期用于支付工资的资本总额是一定的，这就是该社会的“工资基金”取决于工资成本与其他生产成本的比例。在工资基金确定的情况下，一些工人的工资变动必然会导致另一些工人工资的反向变动。工资差别理论。造成工资差别的原因主要有两大类：一种是由于不同的职业性质造成的，另一种是由于不同的工资政策造成的。在现实中，社会组织内部和组织外部的工资差别客观存在。

近代薪酬理论。边际生产力工资理论。在一个完全自由的市场中，社会组织特别是企业为获得最大利润，必然要实现生产要素的最佳配置。就劳动力要素来说，表现为雇佣工人的边际产出等于付给工人的工资。工资水平取决于员工提供的边际生产率。集体谈判理论。工资水平反映社会组织与员工之间的利益关系，由两者之间的力量对比决定，集体谈判就是协调双方利益、决定工资水平的主要方式。

现代薪酬理论。激励理论。员工的绩效水平是与激励相关联的，具体表现为：员工绩效=员工能力×激励程序。在员工能力一定的情况下，所受到的激励水平越高，其绩效表现水平也越高。员工最基本的需求是经济需求，这要通过工资实现。社会组织工资管理的关键，是努力发挥其激励功能。人力资本理论。有技能的人是所有资源中最为主要的资源；人力资本投资的效益大于物力资本投资的效益；教育投资是人力资本投资的主要部分，教育对经济发展有影响。人力资本理论虽然不是工资决定理论，但对工资的决定有影响，并为之后能力薪酬的形成提供了强有力的理论依据。

电 力 小 百 科

电力人才小百科

公平理论

员工会将自己的收入与付出与他人的收入与付出进行比较，如果两者的比例相等，就会感到公平；如果两者不相等，尤其是当自己从付出中所得的比率比别人低的时候，就会感到不公平，并会力图纠正它。在一个社会组织中，员工关心的不仅是自己的实际工资水平，而且关心与他人工资的比较。

分享经济理论

主张雇员工资与企业利润挂钩，因为当企业利润减少时，雇员规模不变，工资水平则下降；而且随着工人规模的增加，工资继续下降，即单位劳动成本随就业量增加而下降，边际劳动成本低于平均劳动成本。因此，实行利润分享的企业倾向多雇佣工人，从而稳定就业，减少失业。

企业薪酬理论

公平理论。员工会将自己的收入与付出与他人的收入与付出进行比较，如果两者的比例相等，就会感到公平：如果两者不相等，尤其是当自己从付出中所得的比率比别人低的时候，就会感到不公平，并会力图纠正它。在一个社会组织中，员工关心的不仅是自己的实际工资水平，而且关心与他人工资的比较。

分享经济理论。主张雇员工资与企业利润挂钩，因为当企业利润减少时，雇员规模不变，工资水平则下降；而且随着工人规模的增加，工资继续下降，即单位劳动成本随就业量增加而下降，边际劳动成本低于平均劳动成本。因此，实行利润分享的企业倾向多雇佣工人，从而稳定就业，减少失业。

电力小百科

电力企业人才薪酬激励基本原则。以岗位定级，确保电力企业人才薪酬激励的内部公平性，薪酬一般不容易做到绝对公平，但是要做到相对公平，岗位价值评估可以有效解决薪酬的内部公平性；以市场定位，确保电力企业人才薪酬激励外部公平性；以能力定薪，确保电力企业人才薪酬激励的个体公平性；以绩效定奖，确保电力企业人才薪酬激励的企业公平性[1]。

电力企业人才薪酬激励注意事项：应当基于电力企业核心业务实施薪酬激励，充分发挥薪酬激励杠杆作用。应当把电力企业人才专业能力与基本薪酬挂钩，激活电力企业高业绩员工工作动力。应当确保电力企业关键业务、技术人员薪酬具有竞争力，与其积极强挂钩，尽量避免优秀人员流失。应当把电力企业管理人员和职能部门员工薪酬与企业整体净利润挂钩。应当推动电力企业技能人才薪酬与其实际工作内容挂钩。

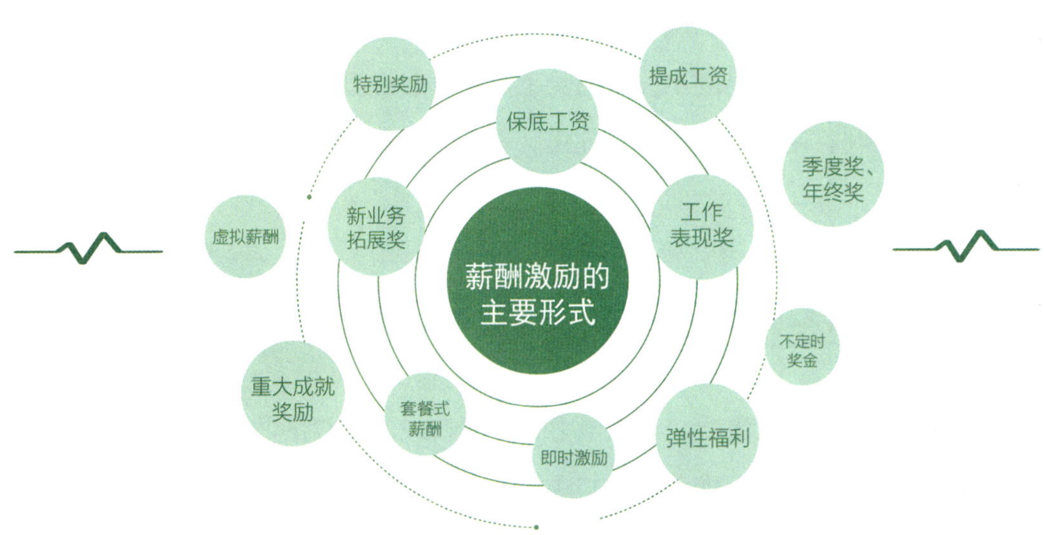

图 8-4　电力企业人才薪酬激励的主要形式

电力企业可以根据本企业发展战略、工作岗位等因素，设计差异化薪酬激励模式，电力企业人才薪酬激励的形式可以包括：保底工资，亦即责任底薪，要求电力企业员工保底业绩不能降低，否则按照完成保底业绩的百分比核减责任底薪；提成工资，用超过去年业绩的部分进行核算提成；季度奖、年终奖，每个季度计

[1] 罗宾斯，贾奇，孙建敏，李原，黄小勇. 组织行为学［M］. 第 14 版. 北京：中国人民大学出版社，2018，442－445.

算一次业绩超额完成部分，年终核算业绩超额总量，根据超额任务完成情况发放奖金；工作表现奖，每个月对工作积极、认真负责的电力企业员工，给予一定奖励；不定时奖金，对于表现优异的电力企业员工，或者有重大贡献的电力企业员工，在适当时机给其发放奖金；特别奖励，电力企业员工做出特别贡献时，可以给其发放特别贡献奖；新业务拓展奖，对于开发战略性业务客户的员工，可以给其发放新业务拓展奖；重大成就奖励；对于电力企业部分优秀员工，根据其业绩，给予专项奖励；套餐式薪酬，低底薪加高提成适用于电力企业成熟人才，中等底薪加中等提成适用于电力企业骨干人才，高底薪加低提成适用于电力企业新员工；虚拟薪酬，为一些承担本职工作以外任务的电力企业员工发放虚拟薪酬，其可以兑换为职级晋升资格、参加战略研讨会议机会、带薪休假等；即时激励，亦即马上激励，为工作表现突出的电力企业员工及时发放激励工资，主要突出激励的即时性；弹性福利；电力企业提供个性化、差异化福利套餐，确保电力企业员工有选择性[1]。

三、电力企业人才股权激励

电力企业人才股权激励，是把电力企业股权或者股权的收益权以某种方式授予关键技术、业务人才，推动其参与决策、分享收益、承担风险，激励优秀人才为电力企业长期发展服务的一种激励模式。

---

[1] 罗宾斯，贾奇，孙建敏，李原，黄小勇. 组织行为学［M］. 第 14 版. 北京：中国人民大学出版社，2018，442－445.

电力人才小百科

代理人理论。

代理人对其自身的工作能力和工作努力程度的了解当然要高于雇主，因而就在雇主与代理人之间产生了信息不对称问题。代理人知道这种信息不对称的存在，因此，他们就有可能利用这一点在执行代理职能时不以雇主的利益最大化为目标，甚至做出有损雇主利益的决策。为了防止这一点，雇主就要对代理人的行为进行监控或将代理人的利益和自己的利益结合起来，进而转嫁或消除所谓的“代理人风险”。股票期权可以将管理人员自身利益和公司股东的利益结合起来，从而在一定程度上消除“代理人风险”。

合作预期理论。

虽然通过监控能给雇主提供更多有关代理人的信息，但是，雇主和代理人双方通过不断的谈判和合作最终能达成一个合理的协议，就是业绩薪酬合同。代理人和雇主彼此相信对方的诚信，而代理人也愿意和雇主共担由其管理引起的风险。

股权激励理论基础

代理人理论。代理人对其自身的工作能力和工作努力程度的了解当然要高于雇主，因而就在雇主与代理人之间产生了信息不对称问题。代理人知道这种信息不对称的存在，因此，他们就有可能利用这一点在执行代理职能时不以雇主的利益最大化为目标，甚至做出有损雇主利益的决策。为了防止这一点，雇主就要对代理人的行为进行监控或将代理人的利益和自己的利益结合起来，进而转嫁或消除所谓的“代理人风险”。股票期权可以将管理人员自身利益和公司股东的利益结合起来，从而在一定程度上消除“代理人风险”。

合作预期理论。虽然通过监控能给雇主提供更多有关代理人的信息，但是，雇主和代理人双方通过不断的谈判和合作最终能达成一个合理的协议，就是业绩薪酬合同。代理人和雇主彼此相信对方的诚信，而代理人也愿意和雇主共担由其管理引起的风险。

电力小百科

图 8-5　电力企业人才股权激励途径

电力企业应当结合全面深化“三项制度”改革要求，结合本企业实际，进一步丰富电力企业人才股权激励途径：

电力企业业绩股票。电力企业在年初确定一个较为合理的业绩目标，当关键业务、技术人才在年末达到预定目标时电力企业就授予其一定数量的股票，或者提取一定奖励基金购买电力企业股票。

电力企业股票增值权。电力企业授予关键业务、技术人才的一种权利；电力企业股价上升，优秀人才可以通过行权获得相应数量股价升值收益；电力企业优秀人才不用为行权支付现金，行权后获得现金或等值的股票[1]。

电力企业虚拟股票。电力企业授予关键业务、技术人才的一种股票。电力企业优秀人才可以享受一定数量的分红权和股价升值收益，但是没有所有权、表决权，也不能转让、出售，当激励对象在离开电力企业时自动失效[2]。

电力企业股票期权。电力企业授予关键业务、技术人才的一种权利。电力企业优秀人才有权在规定的时间内以事先确定的价格购买一定数量的流通股票。电力企业股票期权行权时间和数量限制，需要优秀人才自行为行权支付现金。

电力企业员工持股。电力企业让员工持有一定数量本企业股票。这些股票是电力企业无偿赠予，或者是电力企业补贴激励对象购买，或者是员工自行出资购买的。电力企业员工在股票升值时受益，在股票贬值时则会受到损失。

电力企业限制性股票。电力企业事先授予关键业务、技术人才一定数量股票。但是，对股票的来源、出售等有特殊限制。只有电力企业实现扭亏为盈等特定目

---

[1] 贝可. 人力资源管理实务［M］. 北京：清华大学出版社，2016，111－113.
[2] 贝可. 人力资源管理实务［M］. 北京：清华大学出版社，2016，111－113.

标时，优秀人才才可以出售限制性股票。

电力企业管理层收购。电力企业管理层利用杠杆融资购买本企业股份，与其他股东风险共担、利益共享，改变电力企业股权结构、控制权结构、资产结构，实现持股经营。

电力企业股权延期支付。电力企业人才薪酬的一部分是股权激励收入，其不在当年发放，而是按照电力企业股票公平市价折算成股票数量，在一定时间后，以电力企业股票，或者按照电力企业股票市值以现金方式支付给优秀人才[1]。

四、电力企业人才荣誉激励

荣誉是以满足电力企业人才自尊需要为基础，是对员工或者团队的崇高评价，能够激发员工锐意进取、奋发有为。电力企业人才荣誉激励，是电力企业根据工作表现和贡献，给予人才的荣誉奖励，包括颁发荣誉证书、会议表彰、在内外媒体上宣传报道、记功、休假、疗养、给予外出培训机会、推荐申报更高级别荣誉，等等。电力企业人才荣誉激励是为了奖励先进，表扬贡献，鼓舞士气，应当避免平均主义，避免出现“荣誉轮流坐，本月到我家”现象。

电力企业人才荣誉激励设置原则：电力企业人才荣誉激励是奖励先进的，不是奖励权力的；各级荣誉特别是基层荣誉，应当适当控制领导参与比例。电力企业人才荣誉激励是奖励贡献的，不是奖励资历的，不能论资排辈。电力企业荣誉激励应当坚持精神奖励与物质奖励相结合，将荣誉激励与经济利益、福利利益、机会利益等相挂钩，使电力企业员工保持持久的热情。电力企业人才荣誉激励应当具有仪式感，避免简单草率从事。

电力企业人才荣誉激励注意事项：电力企业人才荣誉激励应当具有统一规范的评价指标，为评价指标设置必要的副选项，提高取得荣誉称号的难度；电力企

[1] 贝可. 人力资源管理实务［M］. 北京：清华大学出版社，2016，111－113.

业应当合理设置荣誉称号比例，既不失去荣誉的先进性，也不降低员工的参与性；电力企业有必要加强监督，防止有人浑水摸鱼、名不副实，一旦发现不符合评选方式、评选标准的员工当选，应当严肃批评教育甚至取消其荣誉称号；电力企业应当实施动态荣誉激励，而不是静态荣誉激励[1]。

五、电力企业人才情感激励

现代企业管理的核心理念是"以人为本"。任何个人都有追求各种情绪价值的需求。情感是影响电力企业人才行为的直接因素之一。电力企业人才情感激励，是电力企业领导主动关心员工的生活，关注员工精神文化需求，提升各级各类人才情绪控制力和心理调节力的激励方式。电力企业人才情感激励的核心是真心关怀员工、真诚赞美员工、真正尊重员工、真实感动员工，持续提升电力企业人才情绪价值。

电力企业人才情感激励应当坚持真心关怀员工。电力企业应当始终坚持尊重人才、爱护人才、关心人才，着眼于电力企业人才情感需求，加强思想沟通与情感交流。电力企业各级领导干部和人才工作者应当主动走近、靠近、贴近人才，对人才的辛勤付出给予肯定。真心关怀人才，电力企业人才在实际工作中如遇到困难时，在第一时间伸出一只手，确保电力企业人才感到心情舒畅。关心人才家庭，让其家人感到电力企业的温暖。

电力企业人才情感激励应当坚持真诚赞美员工。电力企业各级领导干部和人才工作者应当经常赞美人才，认真选择赞美时的用语，让电力企业人才明白得到赞美的原因，确保电力企业人才从赞美中获得自豪感。善于从细节开始赞美人才。电力企业人才即使再小努力，再微不足道的成绩，都应当给予适当赞美，让其精神愉悦。善于赞美人才的突出优势。了解电力企业人才的性格，了解其优势与特

[1] 袁庆宏. 人力资源管理［M］. 天津：南开大学出版社，2019，289－291.

点，抓住其心理，不失时机地鼓励，提升人才获得感，让其充满激情为电力企业高质量发展奋斗。善于观察、发现每一位员工独特的、创新性的、对电力企业有价值的行为，将其作为赞美对象，增强人才的心理“爽点”。真诚地赞美电力企业人才，真正打动电力企业人才，避免让人才觉得是敷衍。

电力企业人才情感激励应当坚持真正尊重员工。迪斯尼大学总务长沙恩·哈伍德曾说过，“如果你在前头耕犁，后头有人吆喝，你肯定无法忍受这种工作方式。你无法忍受别人站在一旁，对你的工作指手画脚。正确的做法应该是走上前，欢迎你的员工，比如灿烂的微笑，我相信这样一切都会进行得很顺利。[1]”电力企业各级领导干部和人才工作者应当善于给予人才精神激励，学习尊重人才，善待人才。应当做到与电力企业人才坦诚交流，掌握与员工交流的正确方法。应当懂得给予电力企业人才“面子”，善于营造让人才觉得自己对电力企业很重要的氛围，确保电力企业人才感到被重视。

电力企业人才情感激励应当坚持真实感动员工。电力企业人才情感激励的最高境界是让人才感动。实现真正感动电力人才的目标，电力企业各级领导干部和人才工作者应当多说让人才感动的话，多说真诚的话、走心的话、能戳中人才内心深处、能让人才“破防”的话。应当多做让人才感动的事，善于组织评选感动电力企业员工、表彰功勋员工表彰、员工生日会等活动，营造电力企业每一位人才被感动的同时，也去感动身边的人的良性循环氛围。

第三节　电力企业人才激励短板

电力企业普遍比较重视人才激励，注重创新激励措施，各项激励取得积极进展。但是，应当认识到，与世界领先级企业相比，电力企业人才激励依然存在一些短板。

---

[1] 袁庆宏. 人力资源管理［M］. 天津：南开大学出版社，2019，289－291.

一、电力企业人才激励内容有待丰富

有的电力企业采用薪酬+福利的单一式人才激励激励方法，未能充分考虑到不同层次、不同类型人才的差异化需要，电力企业人才激励缺乏针对性。一些电力企业采取“一刀切”式人才激励方式，未能充分体现人才能力差别、贡献差别、潜力差别，导致电力企业人才激励效果不够理想，未能激发先进、带动中间、鞭策后进的作用。电力企业应当聚焦各级各类人才的需求层次、性格特征、心理特点，进一步提升人才激励的针对性，特别是激励方法、激励措施应当尽可能做到因人而异，实现更好激励人才效果。

二、电力企业人才激励手段有待精准

一部分电力企业人才激励比较注重单向度的正向激励或者负向数励，未能将两者结合起来，导致激励效果不尽如人意。有些电力企业人才激励只采取物质激励而忽视精神激励，或者只采取精神激励而忽视物质激励，结果造成电力企业人才获得感较低，未能实现应有目的。电力企业应当把正向激励和负向激励有机结合起来，把物质激励和精神激励有机结合起来，改进激励方式，丰富激励内容，激发人才创新创造热情。

三、电力企业人才激励机制有待健全

有的电力企业人才激励评估标准不够系统科学，人才评价机制有待健全完善，甚至仍然以“大锅饭”“平均主义”方式实施激励，未能体现激励的公正性、公平性，影响了电力企业优秀人才的工作积极性和主动性。电力企业应当建立健全科学有效、务实好用的电力企业人才评价机制，全面客观评价电力企业员工工作表现和贡献。依据电力企业人才评价结果和员工美好生活需要，实施电力企业人才激励。贯彻多劳多得、功大多得激励原则，确保电力企业受嘉奖者和被鞭策者都心服口服，培育凭实力说话、用业绩证明的企业生态。

四、电力企业人才激励沟通有待深入

一部分电力企业人才激励过程缺乏沟通反馈，只是单方面向员工下命令、指令，电力企业员工把激励措施当成可有可无的“鸡肋”，导致电力员工处于相对封闭的工作环境，不知道自己的表现在电力企业处于何种水平，电力企业不清楚激励措施是否到位。电力企业应当通过电力企业党员代表大会、职代会、书面通知、微信群等方式，发布人才激励措施和实施条件，加强过程沟通、结果反馈，确保电力企业员工知道自己的贡献被电力企业肯定，增强电力企业员工的职业荣誉感与自豪感，引导电力企业员工更加努力工作。

第四节　电力企业人才激励创新

电力企业人才应当主动顺应时代发展变化，结合新生代员工队伍特点，坚持科学激励、全面激励、趣味激励，持续创新电力企业人才激励内容、方法、形式、机制，切实提升激励效果，不断增强电力人才职业获得感、自豪感和荣誉感。

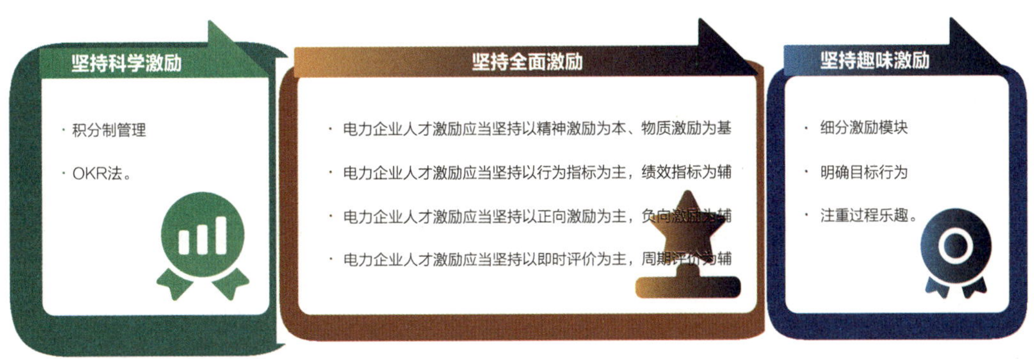

图 8-6　电力企业人才激励创新

一、坚持科学激励

电力企业可以借助积分制管理、OKR 法（Objectives and Key Results，目标与关键成果法）等管理工具，切实提升人才激励工作的科学性。

积分制管理。亦即把电力企业人才政治素质、专业能力、综合表现、核心价值、团队贡献用分值进行量化管理，通过即时加、减分实现对电力企业员工的评价、激励[1]。积分制管理的基本原则：各尽所能、按劳分配，适用于简单工作、重复工作、可量化的工作。积分制管理有助于推动游戏变成等级，积分就像打游戏一样，增强电力企业工作的趣味性。积分制有“计分”和“奖分”两种形式，计分就是完成电力企业分内工作，奖分就是超预期完成电力企业工作。积分制管理契合新生代员工特点，能够对电力企业员工的能力、综合表现用奖分进行量化评价，实现点对点的鼓励员工表现。积分制管理有助于有效解决目标管理的问题，人人有目标任务，完成有奖分，完不成有扣分。积分制管理可以激励电力企业员工跨部门工作，打破部门之间的信息壁垒和工作。

OKR 法。由英特尔公司原 CEO 安迪·格鲁夫发明。OKR 关注产出，而不仅仅是指标有没有达成，主张激发电力企业员工内驱力，让电力企业员工主动工作，让工作变成“我要做的事”[2]。OKR 法从电力企业发展战略开始确定年度目标、季度目标，目标应当是具体的、可衡量，应当具有挑战性，目标应当是电力企业领导与员工直接充分沟通后的共识。明确为完成目标，电力企业员工应当做什么，完成从季度目标到关键成果的分解。推进执行，根据关键成果，形成行动计划，并抓好落实。定期回顾，电力企业员工在每个季度初需要确定本季度的 OKR，在一个季度结束后需要依据工作完成情况给 OKR

---

[1] 袁庆宏. 人力资源管理［M］. 天津：南开大学出版社，2019，289－291.

[2] 陈晓兰，樊亮. 经典激励理论的困境及行为激励理论的解释［J］. 现代管理科学，2015，（5）：12－14.

打分。电力企业每半年进行一次业绩回顾，根据业绩回顾结果调整电力企业员工职级和薪酬。

电 力 人 才 小 百 科

公平理论

- OKR法是一种由公司、团队和个人协同制定目标并落实到关键工作结果上的方法，是确保将整个组织的力量都聚焦于完成对所有人都同样重要的事项的一套管理方法。
- OKR法强调目标应该是重要的、具体的、具有行动导向并且能鼓舞人心的。关键结果是检查和监控如何达到目标的标准。有效的关键结果应该是具体的、有时限的且具有挑战性的，但又必须是能够实现的。
- 缺少关键结果的目标是空洞的，容易流于形式，这是OKR与KPI的主要区别。在OKR中，是关键结果的可度量性和时限性使目标具有可度量性，而不只是目标本身具有可度量性。

OKR 法的特征

OKR 法是一种由公司、团队和个人协同制定目标并落实到关键工作结果上的方法，是确保将整个组织的力量都聚焦于完成对所有人都同样重要的事项的一套管理方法。

OKR 法强调目标应该是重要的、具体的、具有行动导向并且能鼓舞人心的。关键结果是检查和监控如何达到目标的标准。有效的关键结果应该是具体的、有时限的且具有挑战性的，但又必须是能够实现的。

缺少关键结果的目标是空洞的，容易流于形式，这是 OKR 与 KPI 的主要区别。在 OKR 中，是关键结果的可度量性和时限性使目标具有可度量性，而不只是目标本身具有可度量性。

电 力 小 百 科

电力人才小百科

关键结果（1980年第二季度）

1. 开发并发布5个基准，显示8086系列的性能（应用开发部）
2. 重新包装整个8086系列产品（市场营销部）
3. 将8MHz部件投入生产（工程部、制造部）
4. 最近6月15日，对数学协处理器进行采样（工程部）

关键结果

1. 4月5日前完成成像照片
2. 4月9日前向芯片制造厂交付2.3版本
3. 5月15日前完成磁带测试
4. 最迟5月1日，芯片制造厂开始制作产品样品

英特尔公司1980年第二季度的OKR举例

英特尔公司的目标 使8086成为性能最好的16位微处理器系列
关键结果（1980年第二季度） 1. 开发并发布5个基准，显示8086系列的性能（应用开发部） 2. 重新包装整个8086系列产品（市场营销部） 3. 将8MHz部件投入生产（工程部、制造部） 4. 最近6月15日，对数学协处理器进行采样（工程部）

工程部门目标（1980年第二季度） 5月10日前向CGW公司交付500个8MHz部件
关键结果 1. 4月5日前完成成像照片 2. 4月9日前向芯片制造厂交付2.3版本 3. 5月15日前完成磁带测试 4. 最迟5月1日，芯片制造厂开始制作产品样品

电力小百科

二、坚持全面激励

电力企业应当在承认人才绩效贡献的同时，对电力企业人才行为、态度、努力等方面给予全面认可、评价和反馈，确保电力企业人才感受到自己的组织价值被认可。

电力企业人才激励应当坚持以精神激励为本、物质激励为基。结合薪酬奖金兑现创新电力企业人才激励。但是，应当尽量避免过分突出薪酬的影响性，倡导电力企业员工的工作成为工作本身最大回报的导向，全方位提升新生代员工获得感。结合新生代员工队伍特点，着力从精神层面认可电力企业人才的付出与贡献。善于创新激励手段，通过礼物、纪念品等公众性认可，确保电力企业人才留下深刻印象。

电力企业人才激励应当坚持以行为指标为主，绩效指标为辅。应当建立健全以行为导向的认可指标为主的电力企业人才激励指标体系，引导人才养成电力企业认可、鼓励的行为方式和工作模式，以行为转变促进电力企业优秀企业文化落地生根。换而言之，电力企业应当追求对员工行为的全面认可与激励，而不仅仅是绩效认可与评价。电力企业人才激励应当是多元化评价模式，包括过程评价、行为评价，也包括绩效认可与评价。通过实施基于行为认可评价的电力企业人才激励，引导电力企业人才提升价值创造意识，推动员工在行动中学、在学中前进、在前进中创造价值。

电力企业人才激励应当坚持以正向激励为主，负向激励为辅。电力企业应当聚焦新生代员工心理需求和精神文化特点，以正向激励为主，通过认同、认可、表扬、点赞等方式，给电力企业人才传递正能量，持续提升电力企业人才行为学习能力。

电力企业人才激励应当坚持以即时评价为主，周期评价为辅。电力企业应当借助大数据、云计算、人工智能以及 5G 等新技术，采用灵活、即时方式，在第一时间内对电力企业人才的表现和贡献作出积极反馈，有效纠正传统绩效评价结果应用的滞后性。

三、坚持趣味激励

电力企业可以借鉴元宇宙理念，结合新生代员工队伍特点，将趣味化思维、游戏化思维引入人才激励工作。

趣味激励方法：点数，电力企业工作任务的数值表示；勋章，亦即徽章，电力企业员工工作的可视化成就标示；排行榜，电力企业将员工工作表现和贡献积分进行排序，分列总榜单和单项榜单；挑战，电力企业人才激励体系中设置悬赏、攻关等任务模块，供电力企业人才"揭榜"；等级，表明电力企业人才薪酬、职位序列、年终绩效考核、奖金分配、职责权限等区别❶。

电力企业应当综合应用各种趣味激励方法，创新激励形式。电力企业人才激励应当细分激励模块。从价值导向、行为簇等维度，搭建可以自由组合的激励模块，深度拓展每个激励模块的特指行为，明确其认可行为子项和具体措施❷。电力企业人才激励应当明确目标行为。主要包括目标行为子项描述、具体的日常行为、激励对象、评价者、评定周期、评价方式等内容。电力企业人才激励应当注重过程乐趣。电力企业人才激励应当重视反馈速度，设置有挑战性但是可以实现的目标，善于制造意外惊喜；着眼提升个体乐趣，根据激励目标、激励对象、激励内容，灵活应用秒杀、抢购、拍卖、众筹等方式，提升激励过程乐趣。

---

❶ 袁庆宏. 人力资源管理［M］. 天津：南开大学出版社，2019，219－224，289－291.

❷ 李志刚. 我国电力企业人力资源开发现状及对策研究［J］. 经济研究，2011（9）：38－39.

第五节　电力企业人才激励案例

典型案例一：某电力企业构建三通道并行互通机制，推进人才发展激励

三通道并行是指领导职务、职员职级、专家人才三个序列相互独立，齐头并进，原则上互不兼任，因工作需要可向下兼任其他序列岗位。互通是指三个序列同为员工发展通道，三者互联互通，员工可在序列内纵向发展，也可以在通道间横向流动、相互转聘。根据三条通道的定位，转聘一般在专家人才与职员职级间、职员职级与领导职务间实施，特殊情况下也可在专家人才与领导职务间实施。职务、职员、专家间转聘包括平级转聘、晋级转聘和降级转聘三种。一般按平级转聘原则进行，也可根据实际需要采取晋级或降级方式转聘。各通道间级别对应关系：国网首席专家，省、市、县公司级专家人才分别对应一、三、五、七级职员，职员职级与职务间级别按有关规定交错对应。转聘一般以组织选用为主（调配、选聘、竞聘），也可以采用个人申请与组织批准相结合的方式。规范转聘管理，原则上员工转聘应符合转聘目标岗位现行办法规定的基本条件，并履行必要的聘任程序。直接转聘或直接续聘的，应履行公示、决策程序。促进三通道并行互通的主要措施如下：

职务、职员转聘专家。职务、职员转聘专家原则上按《专家人才管理实施细则》等规定执行。领导人员、职员聘期内担任过公司级及以上科研项目“主帅”“总师”，且近三年绩效考核积分不低于 5 分的，申请转聘同层级专家人才的，同等条件下优先聘任；申请转聘上一层级专家人才的，同等条件下优先推荐；申请转聘下一层级专家人才的，有职数空缺时可以履行公示、决策程序后直接转聘。

职务、专家转聘职员。职务、专家转聘职员原则上按照《职员职级管理实施方案（试行）》等规定执行。专家人才聘期内年度考核均为“称职”以上，担任过

公司级及以上科研项目“主帅”“总师”，且近三年绩效考核积分不低于 5 分，在转聘同级职员时，同等条件下优先聘任；申请转聘下一层级职员的，有职数空缺时可以履行公示、决策程序后直接转聘。

专家、职员转聘职务。专家、职员转聘领导职务原则上按照领导人员管理有关规定执行。无职务经历的专家人才、职员转任职务时，原则上从五级或四级副职开始任职。有职务经历的专家、职员转任职务时，原则上在原职务级别基础上选拔任用。

建立职员、专家职数调剂、倾斜机制。职员职级与专家人才高层级的职数可调剂用于低层级职位聘用，同级的可相互调剂使用，原则上用于调剂的职数不应超过单一通道内原层级职数的 10%。对省部级及以上级别实验室等专业技术密集型组织，公司核定其依托单位职员、专家人才职数时可给予一定倾斜，调增比例分别不超过 10%、15%。

下放四级及以下职员任职年限条件制定权。对获得省部级及以上表彰奖励、有重大发明创造和科技创新成果的，市公司级单位可自主制定办法，明确四级及以下职员任职年限要求，履行决策程序后实施。原则上首次聘任年限要求可比现行规定年限缩短 1～2 年，电科院等科研单位技术岗位人员聘五级职员首次聘任年限可缩短 1～5 年；职员晋升时原层级职员任职年限要求不应少于 3 年。

下放部分待遇标准制定权。领导职务、职员职级、专家人才薪酬待遇标准原则上与其级别挂钩，按按有关规定根据考核结果核定兑现。各单位可对四级及以下职员、市（县）公司级专家人才规定待遇标准进行细分，根据需要设立多档标准，原则上档间差距不少于年度绩效工资或津贴的 10%。

完善工资总额单列机制。公司核定各单位工资总额时，将四级及以上企业负责人、三级及以上职员待遇、省公司级及以上专家人才津贴单列核定；市公司核定县公司工资总额时，将四级及以上企业负责人、五级及以上职员待遇、市公司级及以上专家人才津贴单列核定。

典型案例二：某电力企业创新薪酬激励，激发人才内生动力

设立高端人才激励计划。成功申报并牵头承担国家级重大科技项目，或国家级重大科技项目子课题，分别一次性奖励项目团队 10 万元、5 万元，验收通过后，分别一次性奖励项目负责人 5 万元、3 万元，其他研究人员 5 万元、3 万元，团队奖励由项目负责人自主分配。科技成果获得省部级一等奖及以上且入选国家（国网公司）级新技术推广目录，并得到实际应用的，一次性奖励项目主要负责人 3 万元（2 万元）。高端人才激励计划与其他政策获得的奖励可重复享受。

优化专家人才薪酬待遇。对入选国网公司首席科学家的，给予每年不少于 20 万元的津贴。国网首席专家、省、市、县公司级专家人才，原则上分别参照专家所在单位一、三、五、七级职员薪酬标准确定待遇，重点依据工作业绩、履职能力、专业传承等情况兑现，并在工资总额中单列。

建立灵活多元激励方式。对公司通过社会招聘“绿色通道”引入的紧缺急需高端人才、特殊人才，以协议方式确定薪酬待遇，并根据业绩情况兑现。建立柔性团队分类分层激励机制，对成功实现创新成果转化的柔性团队成员实施“薪酬、人才、考核、创业”四维激励。对科研单位、市场化单位、新兴企业，探索实施项目分红、岗位分红、虚拟股权、项目跟投等，构建企业与专家人才利益共同体。

强化福利保障。企业年金增量向作出突出贡献的专家人才倾斜，对国家级、省部级、地市级人才分别一次性给予 2 万元、1 万元、0.5 万元的企业年金激励。对专家人才实施激励性福利措施，各级专家可增加不多于 2 天的疗养天数，疗养费用标准可按照其他员工的 1.5 倍设置。各单位根据实际情况差异化设置专家人才体检标准，进一步提升企业对专家人才的凝聚力和吸引力。

典型案例三：某电力企业试点开展重点岗位中长期激励

某电力企业丰富激励方式，在试点探索的基础上，进一步扩大试点领域及范围，推出项目分红、项目跟投等中长期激励措施，并设置专项奖励工资，丰富完

善薪酬分配方式，实现员工个人利益与企业效益紧密结合，最大限度激发人才创新创造活力。

在电科院等单位试点开展项目分红，通过自行投资、合作转化、股权、期权和科技成果作价入股等方式，进一步强化对科研人员的激励。

选取对主导产品或核心技术、工艺流程作出重大创新或改进的项目负责人及核心技术人员、项目产业化主要经营管理人员作为激励对象，遵循“外部转化大激励、内部转化小激励”的原则，按照项目净利润和分红比例进行激励，其中，人均激励水平不高于上一年度本单位人均工资的 25%；个体激励水平不高于上一年度本人工资收入的 25%。

在综合能源服务公司试点开展项目跟投激励，由员工个人出资，通过投资平台（有限合伙企业）融资借款，跟随企业共同投资运营项目并获取收益。在项目跟投激励中，直接参与项目运营、与项目关联度较大的员工作为强制跟投对象直接参与跟投；其他员工作为自愿跟投对象，按照个人意愿参与跟投。根据激励方案，单个项目跟投总额不超过项目总投资额的 30%；员工跟投资金不超过该项目总投资额的 1%；个体激励水平不高于上一年度人均工资的 15%。

此外，在新兴产业、省管产业单位逐步探索实施岗位分红激励、超额利润分享激励，加大薪酬分配向科研人员、核心骨干人才倾斜力度，激发员工创新活力，激活企业内生动力。

典型案例四：某电力企业用好三重“激励”让员工从“被动执行”到“主动作为”

某电力企业积极探索以员工能力和业绩为导向的三重“激励”员工绩效管理模式，努力打好“手中的牌”，做活“人”字文章，员工工作主观能动性得到有效激发。

班组“积分制”凸显工作量化激励。对班组的考核中，依据数量质量两个层面将不同专业班组工作任务进行分值量化，共性工作设定统一分值标准，差异性工作逐项制定激励标准，以一把尺子衡量班组规定动作，个性化标准激发班组干事动力。

综合评价压实绩效经理人直接激励。充分发挥绩效经理人考核主体作用，由经理人围绕重点工作，对表现突出和进步明显的员工予以一定程度的绩效经理人评价考核，践行公司“多劳多得、以绩定酬”的绩效管理理念，激发员工围绕重点工作干事创业、争当排头的热情和斗志。

“绩效沟通”关注员工情感激励。按月完善一线员工绩效考核积分看板、明细并在班组内部进行公示，员工直线经理人按季度与员工开展绩效面谈，客观分析员工考核结果，帮助员工调整工作情绪，做好绩效改进。同时将绩效考核结果关联应用在员工送温暖、灵活休假、办公条件改善和后勤服务保障等方面，充分满足员工多样化的激励需求，使员工舒心工作、快乐生活，增强员工的获得感与归属感。

下阶段，该电力企业将严格落实以员工能力和业绩为导向的三重“激励”员工绩效管理方式，充分激发一线员工干事创业的工作热情和内生动力，最终实现员工工作态度从“被动执行”到“主动作为”的积极转变。

典型案例五：某电力企业实施员工个性化激励

某电力企业以促进企业和谐发展和服务员工持续成长为出发点，坚持物质激励与非物质激励“双轮”驱动，注重员工个性化激励需求，以充分调动员工的积极性、主动性，为员工和企业共发展创造优异的激励软环境。

根据兑现形式和激励对象，将激励措施主要划分为个性化激励和定向型激励两大类。个性化激励采用“业绩信用卡+激励超市”的模式，即员工通过“业绩信用卡”获得的积分，可在“激励超市”按对应标准兑换成具体的激励项目。业绩信用卡积分可适度滚存和透支。定向型激励则员工达到一定条件后即可享受，无需积分兑换。

强化“业绩信用卡”积分管理。统一组织建立员工“业绩信用卡”积分账户，记录并管理员工的“业绩信用卡”积分，用于员工兑换激励项目。积分由基础积分和奖励积分两个部分组成。基础积分每年获得一次，其中上年度绩效 B 级及以上员工为 70 分，C 级为 35 分，D 级为 0 分。当年退休的员工，根据当年在职月数折算基础积分。奖励积分根据员工上年度的业绩考核结果、获得荣誉等情况确定，分为业绩类积分和荣誉类积分。一人同时符合业绩类和荣誉类积分事项的，不同类之间的积分可累加，但同类内积分事项不累加，按其中最高单项积分执行。员工的基础积分当年必须全部兑换，过期清零。奖励积分可滚存，有效期两年。有奖励积分的员工，可以根据自身实际，透支下一年度奖励积分，透支的最高额度为本年度新获得的奖励积分。员工如下一年度未获得足够的奖励积分以偿还透支额，不足部分从基础积分中双倍抵扣。

实施“激励超市”管理。根据“激励超市”的激励项目、兑换方式等，编制“激励超市”清单。电话费补贴、个人门诊医疗报销、学习补贴每年根据局可用资源的情况设置兑换总额度限制。如果员工总申请数超过兑换总额度，每位员工的兑换额将按比例缩减。实物用品、个性化体检项目的具体内容和兑换分值每年确定一次。

第九章

电力企业人才管理之新

江山代有才人出，各领风骚数百年。电力企业人才退出机制与梯队建设是人才管理的重要组成部分，为电力企业人才成长提供压力与动力，电力企业人才队伍建设提供“新鲜血液”。电力企业应当严格人才提出机制，定期更新、维护人才库，加强人才梯队建设，为人才全周期管理提供新动能。

第一节　电力企业人才退出机制

一、电力企业人才退出的意义

电力企业人才退出，是为了保持电力企业人才队伍的精干、高效，通过自愿离职、二次创业、停职、退休、末位淘汰等方式，让不适应企业发展战略和业务发展需要的员工直接或者间接退出现有工作岗位，实现人才资源优化配置的过程[1]。电力企业人才退出机制是人才管理的重要组成部分，是电力企业结合发

[1] 梁娟娟. 浅议电力企业人才队伍建设存在的问题及对策［J］. 中国电力教育，2015（8）：127 – 128.

展战略和业务需要，根据员工绩效考核结果，对达不到岗位胜任要求的人员，按照不同情形，采取降职、调岗、内部待岗、离岗培训、解除劳动合同、退休等措施的一种人才管理方式。换而言之，电力企业人才退出包括离岗培训等方式，如果员工培训结束后如果达到电力企业的要求就继续回到原有工作岗位工作。电力企业人才退出与解除劳动合同之间存在降职、调岗、内部待岗、离岗培训等缓冲带。解除劳动合同只是电力企业人才退出方式之一，而不是电力企业人才退出的唯一途径❶。

电力人才小百科

出现下列情形之一的，取消称号和相应待遇：

违反国家法律法规和公司员工奖惩规定、供电服务奖惩规定、安全工作奖惩规定等，受到处分的。

年度绩效考核为D级的。

专家人才年度考核不称职的。

退休、辞职、解除劳动合同的。

调离参评专业的。

其他不适合的情形。

某电力企业专家人才退出情形

人才退出有助于电力企业持续加强人才队伍建设，不断优化人才结构、人才素质，人才资源实现吐故纳新，在人才退出的同时为电力企业注入新鲜血液，引人新思想、新理念，不断提升电力企业创新能力和综合能力，确保人才管理更好服务保障电力企业发展战略落地执行。具体来说，电力企业人才退出的重大意义表现在以下四个方面：

❶ 陈浩. 当代电力企业人力资源管理面临的挑战与发展［J］. 人才资源开发，2017（8）：35-37.

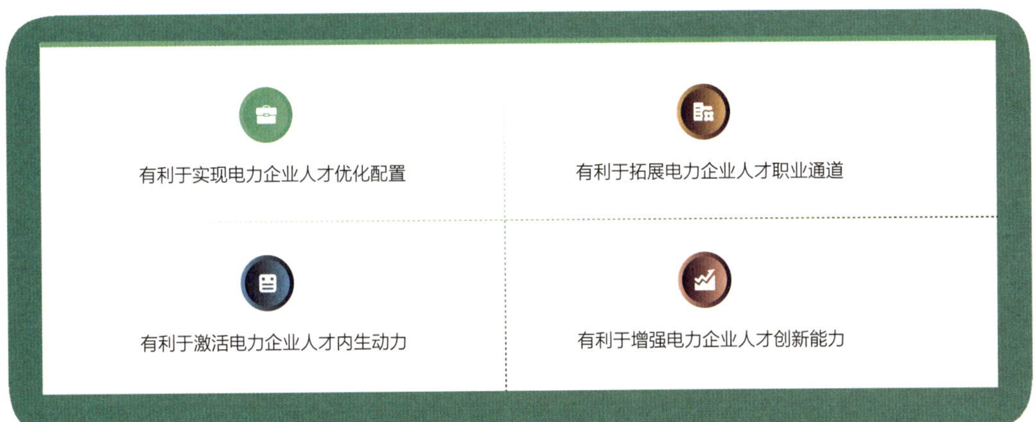

图 9-1　电力企业人才退出的重大意义

有利于实现电力企业人才优化配置。电力企业人才退出以一般以年度绩效考核为基础。通过电力企业年度绩效考核，全面评价员工近期工作表现，以考核结果为依据做出降职、降薪、调岗、待岗、退休等人事决策，定期诊断电力企业人才的适岗程度，及时优化调整，促进电力企业人才与工作岗位、工作岗位与能力素质的优化配置，提升电力企业优秀人才满意度、获得感[1]。

有利于拓展电力企业人才职业通道。科学有效推进电力企业人才退出，能够有力配合、支撑电力企业人才职业发展通道建设。实施电力企业人才退出，一部分能力、绩效较低的员工可以退出其现有工作岗位，为能力、潜力较高的优秀人才提供发挥优势、施展才华的机会，为电力企业优秀人才开辟宽广的职业发展道路。通过电力企业人才退出，以宽广的职业发展道路留住电力企业真正需要的关键人才，能够激发全体员工的工作积极性和主动性，有助于提升电力企业人才资源的利用率，提升电力企业管理效率。

有利于激活电力企业人才内生动力。电力企业人才退出机制能够推动员工处于流动状态。如果员工绩效不佳，就会面临降职、降薪、调岗、待岗、解除劳动合同的压力。这样，通过电力企业人才退出，营造能者上、庸者下、劣者汰的良好氛围，使员工处于充满压力、动力的工作状态，有利于电力企业人才队伍始终

---

[1] 陈浩. 当代电力企业人力资源管理面临的挑战与发展 [J]. 人才资源开发，2017 (8): 35 - 37.

保持较高的工作士气，为实现高绩效而不断努力。反之，如果电力企业未建立人才退出制度，就会出现职务能上不能下、员工能进不能出、收入能增不能减现象，员工没有压力也就没了动力，无法在电力企业内部营造竞争气氛，无法提高员工工作士气。

有利于增强电力企业人才创新能力。电力企业为了激发组织活力，提升组织机构效能，往往从电力企业外部引进优秀人才，特别是高端人才，能够为电力企业注入新动能。电力企业人才引进与退出是一体两面，电力企业在人才退出同时为电力企业注入新鲜血液，引入新思想、新理念，实现电力企业人才资源的吐故纳新，促进电力企业不断提高创新能力。

二、电力企业人才退出的路径

电力企业人才引进、人才内部流动和人才退出模式影响员工稳定性和职业发展，影响电力企业员工能力水平和综合素质。结合国网安徽省电力有限公司等省级电网企业实践，笔者认为，应当立足电力企业实际，设计适合电力企业发展阶段的人才退出模式。

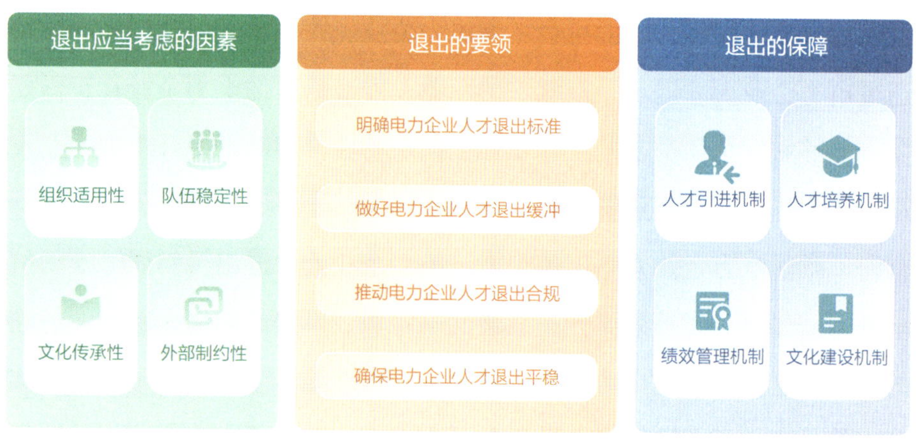

图 9－2　电力企业人才退出的路径

（一）电力企业人才退出应当考虑的因素

电力企业人才退出应当综合考虑企业发展战略、人才队伍、企业文化等多种因素。

电力企业人才退出应当考虑组织适用性。根据现代企业管理理论，实施电力企业人才退出，能够使落后员工退出工作岗位甚至退出电力企业，为激发组织活力提供路径。电力企业应当坚持人才退出与人才引进相结合，保持人才队伍的多样性。电力企业人才多样性往往有利于创新，但是人才多样性有时会产生电力企业组织适用性问题。电力企业外部“空降兵”，或者从电力企业其他工作岗位调过来的员工，往往缺乏实施重大管理变革的权力，或者无法承受实施重大管理变革带来的风险。

电力企业人才退出应当考虑队伍稳定性。电力企业人才退出能够给员工队伍带来动力和压力。但是，当电力企业人才退出带来的压力让员工产生不安全感，就会产生电力企业员工忠诚度降低，员工工作动力不足等现象。一部分电力企业人才希望自己直到退休都在同一个电力企业工作，往往在与电力企业的关系上有更长远的目光，接受工作调动的意愿较少，电力企业人才退出对其正向激励作用较低。这就是说，电力企业人才退出机制对较年轻，正在寻求提升职位、能力提升员工的正向激励作用较强，但是对相对年长、比较追求工作环境稳定性的员工正向激励作用比较有限。此外，如果电力企业人才引进与退出没有人数限制和成本预算约束，电力企业可能不会在人才资源开发、人才培育上投入资源。反之，如果电力企业人才退出时间、经济成本较高，电力企业领导就会在人才引进时比较慎重，在电力企业人才开发上投入较多精力。电力企业人才资源开发与人才发展既能提升员工能力素质，又能改善人才与组织的关系。电力企业应当把人才引进、人才培育、人才退出等多种措施有机结合起来，在绩效管理、人才激励、薪酬体系、工作环境、能力素质提升等多方面发力，既提升电力企业人才的忠诚度，保持电力企业人才队伍稳定性，又激发电力企业人才队伍活力。

电力企业人才退出应当考虑文化传承性。企业文化是影响人才的价值观念，塑造员工集体行为的强大力量，每个电力企业都有其独特的企业文化[1]。电力企业人才退出直接影响着员工和组织的互动关系，决定着员工能否在一起学习、传播、实践电力企业的核心价值理念，影响着企业文化建设。同时，一些电力企业长久以来形成的“亲情文化”等亚文化现象，可能与电力企业人才退出机制存在冲突。如果没有把人才退出理念在员工中进行宣贯、培训，乃至形成一种文化。当电力企业实施人才退出时，人才退出就会与电力企业文化存在直接冲突，既影响人才退出效果，也影响文化传承。

电力企业人才退出应当考虑外部制约性。电力企业人才退出的目的是激发人才队伍活力，提升管理效率、效能和效果，促进电力企业实现持续高质量发展。受传统思维惯性影响，有些电力企业员工认为，电力企业存在的主要目的是提供稳定的工作环境和对员工有意义的幸福生活，电力企业人才退出可能会影响就业环境的稳定性。电力企业应当深入研判人才退出对员工职业发展规划的影响，认真审视广大干部员工对电力企业人才退出的看法，避免人才退出给电力企业品牌形象带来消极影响。

（二）电力企业人才退出的要领

电力企业人才退出是一个循序渐进的过程，需要各个环节密切配合。

明确电力企业人才退出标准。为确保员工接受人才退出，应当制定电力企业人才退出的明确标准和程序，应当在人才引进与招聘环节向人才候选人宣贯电力企业人才退出标准。电力企业引进与招聘认同人才退出标准的员工，可以避免将来实施人才退出时，遭到阻挠甚至产生劳资纠纷。

做好电力企业人才退出缓冲。电力企业人才退出以员工绩效考核结果为基础，根据电力企业员工工作岗位实际，采取不同措施，确保电力企业工作连续性和队伍稳定性。缓冲是电力企业人才退出重要步骤，是指员工绩效考核结果达不到工作岗位要求，电力企业根据员工绩效考核具体情况作出适当反馈，对于有潜力、

---

[1] 梁娟娟. 浅议电力企业人才队伍建设存在的问题及对策［J］. 中国电力教育，2015（8）：127－128.

能力，但是处于适合其发展的工作岗位的员工，对其采取的退出措施就是调整的适合其能力素质的工作岗位；对于具备学习能力，但是缺乏必要专业技能而导致绩效低下的员工，对其采取的退出措施则是在职培训或者离岗培训；对于绩效低下并且已经没有提升潜力的员工，电力企业才会与其解除劳动合同[1]。

推动电力企业人才退出合规。电力企业人才退出应当以符合国家法律法规为前提。电力企业在与员工签订劳动合同时，应当注意合同解除条款，避免在人才退出时出现违法现象。特别是解除劳动合同时，应当按照《劳动合同法》等法律法规给予员工相应的经济补偿，避免引发劳资纠纷。在实际工作中，应当根据国家法律法规确定电力企业人才退出方案，必要时应当向当地人力资源社会保障行政部门咨询，甚至可以把退出方案向当地人力资源社会保障行政部门备案，确出电力企业人才退出方法、程序合法。应当有书面材料记录员工相关行为，确保电力企业人才退出具有充分证据。在电力企业人才退出时，应当和人力资源社会保障行政部门做好沟通，解释实施人才退出原因及结果，取得人力资源社会保障行政部门的支持。电力企业与员工解除劳动合同，使低绩效员工依法合规退出，应当能够证明员工不能胜任现有工作岗位要求；对员工进行培训或调整工作岗位后，其依然无法胜任工作；符合履行提前通知或额外支付工资的法定程序性要求[2]。

确保电力企业人才退出平稳。电力企业人才退出特别是解除劳动合同事关企业高质量发展，只有理性正视，才能有效解决。电力企业人才退出本身是刚性的，但是人才退出过程中如果过于刚性，不仅可能激化矛盾，还让员工对电力企业失去信心，电力企业人才退出的时间、经济成本也会直线上升。电力企业人才退出的操作层面应当有一定柔性，在人才退出过程中引导员工降低心理预期，避免员工心理失衡，降低人才退出成本。在实际工作中，应当根据电力企业发展战略和业务痛点，构建系统的电力企业人才退出机制，制定科学的电力企业人才退出计划，确保电力企业人才退出在机制层面实现制度化、流程化、

❶ 付贺. 企业人才选拔和培养方法的探索［J］. 经济视野，2019（3）：180－181.
❷ 付贺. 企业人才选拔和培养方法的探索［J］. 经济视野，2019（3）：180－181.

程序化、规范化，在操作层面以柔性化、人性化方式开展工作，确保电力企业人才退出实现预期效果。

（三）电力企业人才退出的保障

电力企业人才退出是人才管理的一个环节，与人才发展其他活动密切相关。实施电力企业人才退出，要考虑强化绩效管理等支撑保障措施。具体包括：

电力企业人才引进机制。人才引进是电力企业人才资源形成环节，主要包括招聘、筛选、录用等环节，是在正确时间为正确工作岗位匹配正确人选的过程。有效的人才引进机制既能为电力企业筛选真正优秀的人才，又能有效降低电力企业人才无序流动与退出带来的成本损耗。

电力企业人才培养机制。电力企业人才培养机制是确保人才退出机制有效运行的重要前提。根据电力企业人才评价结果，发现电力企业员工与业务发展要求存在差距，分析问题原因，采取相应人才培养措施。对于员工能力素质存在的不足，应当开展针对性人才培训活动，激发员工潜力，提升员工工作能力，特别是停当组织各种情境模拟、实战体验类高端人才培训，不断提升高端人才的管理能力、专业能力和创新潜力。培训合格的员工经过严格的考核，可以在电力企业内部寻找合适的工作职位。对于仍然不能适应工作的员工，才会被解除劳动合同。为避免关键岗位人才退出后，电力企业暂时未能找到合适人选而影响工作开展，电力企业应当树立长远眼光，全面加强人才梯队建设。电力企业还应当探索多元化职业发展规划与管理、加强内部人才市场建设、规范关键岗位人才梯队培育流程建设，最大程度留住人才、培育人才、用好人才、成就人才[1]。

电力企业绩效管理机制。电力企业员工的奖惩、岗位调动、降职、解除劳动合同，应当以绩效考核结果为重要标尺。电力企业人才退出对绩效管理的公平性、合理性和有效性带来全新要求。电力企业绩效考核结果应当与激励约束机制协同联动，通过正向激励与负向约束，引导员工朝着电力企业发展目标前进，形成良性循环系

---

[1] 饶征，孙波．人力资源管理概论［M］．第 1 版．北京：中国人民大学出版社，2018，370－373.

统。电力企业优秀人才“跳槽”很大原因是因为电力企业缺乏有效的激励机制。电力企业充分整合绩效管理与激励体系，则可以降低电力企业优秀人才的自愿退出。

电力企业文化建设机制。电力企业人才退出应当坚持文化先行，营造市场化选人用人的文化氛围，推动员工转变思维观念、价值理念，在思想上认同电力企业人才退出机制，将职务能上能下、员工能进能出、收入能增能减的理念固化到电力企业管理制度中，为顺利推进电力企业人才退出铺平道路。

第二节　电力企业人才梯队建设

一、电力企业人才梯队发展阶段

电力企业应当着眼发展战略和业务发展需要，超前培养现有人的“接班人”，做好人才储备。当电力企业现有人才变动后，人才工作能及时得到补充，形成水平不同人才序列，仿佛人站在梯子上有高有低一样，形象地称为电力企业人才梯队。主要包括四个阶段：

图 9－3　电力企业人才梯队发展阶段

电力企业高管团队人才梯队建设。主要解决电力企业高级管理团队后继无人问题，确保电力企业高级管理团队的稳定性和连续性。

电力企业中层干部人才梯队建设。主流的电力企业人才梯队计划，侧重应急和应对危机，以解决不同部门、不同单位和关键工作岗位人才断档问题。电力企业中层干部人才梯队建设的主要挑战在于有的关键工作岗位不断更换人员，有的关键工作岗位人员流动缓慢，为电力企业关键工作岗位人员能力素质建模、人才开发带来挑战。

电力企业战略导向人才梯队建设。不仅覆盖电力企业专业管理岗位，还应当包括电力企业科技研发、生产技能等工作岗位。有些电力企业还设立专门的人才管理部门负责人才梯队建设。电力企业基于发展战略的人才梯队建设，主要专注于内部人才库建设，全面应用电力企业人才能力素质模型、人才评价、绩效管理、IDP 等人才管理专业工具，帮助电力企业人才面向未来开发潜力。

电力企业业务生态人才梯队建设。不仅关注员工队伍建设，还应当适度关注外部人才库建设，包括知名大学教授、电力行业顶尖人才、上下游合作伙伴专家等基于业务生态的人才，其与电力企业是“弱连接”关系，但是，其具有较强的行业影响力，能够在关键时候影响电力企业的发展[1]。

二、电力企业人才梯队建设计划制定

电力企业人才梯队建设计划制定主要包括明确重点任务、界定目标群体、细化工作职责等内容。

图 9-4 电力企业人才梯队建设计划的内容

明确电力企业人才梯队建设重点任务。主要介绍制定电力企业人才梯队建设计划的原因，重点任务的内容，电力企业希望的预期效果等。主要包括：电力企

[1] 罗双平. 人才发展方法、案例及模板［M］. 北京：化学工业出版社，2016，414－419.

业人才特别是高潜人才、高绩效人才的定义及其在电力企业高质量发展中的独特优势；电力企业人才识别的标准是什么；电力企业关键工作岗位的标准及价值；电力企业应该如何填补将来空缺的关键工作岗位；电力企业关键岗位中女性、年轻群体的员工应占多大比例；电力企业高绩效人才应当为晋升做什么准备；在电力企业高潜人才的能力提升过程中，所在部门和人力资源部门的角色和职责是什么，等等。

界定电力企业人才梯队建设目标群体。电力企业人才梯队建设计划重点关注对象，电力企业的板凳力量薄弱环节。电力企业人才梯队建设主要关注三个方面：电力企业高管团队人才板凳，其工作岗位绝对数量少，但是最为稀缺，对于制定、实施电力企业战略至关重要；电力企业中层干部人才板凳，其工作岗位是绝对数量较多，但是电力企业不同部门、不同单位间的板凳差异度极高；电力企业特殊岗位人才板凳，电力企业难以填补的技术、技能等专业职位往往数量有限，但是稀缺性比较强、培养难度高，电力企业一旦失去优秀技术、技能人才，很难在短时间内招募、培养接替人选[1]。

细化电力企业人才梯队建设工作职责。主要是电力企业领导班子、业务部门负责人、人才工作者及目标对象的职责。电力企业领导班子应当高度重视人才梯队建设，承担把关定向、推动协调职责，认真审核人才梯队建设计划，及时协调解决人才梯队建设中遇到的难题。电力企业为引导业务部门负责人重视人才梯队建设，应当建立健全人才培养责任制，通过关键指标考核、推动业务部门负责人内吸引、培养和留住优秀人才。电力企业人才工作者在人才梯队建设中的主要作用是协调、支持，包括负责跟进、收集电力企业关键人才、关键岗位当前和未来的数据，提供技术支持，满足相关部门、员工发展需求等。电力企业人才梯队建设中如果没有目标对象的深度参与，其效果必然事倍功半。电力企业业务部门负责人、人才工作者应当定期与目标对象沟通交流，引导其结合人才梯队建设计划设定职业发展目标，明确职业发展措施，主动承担更多挑战性工作。

---

[1] 罗双平. 人才发展方法、案例及模板［M］. 北京：化学工业出版社，2016，414－419.

电力人才小百科

专家人才工作实行“党委领导、人资归口、专业主责、分级管理”模式。公司人才工作领导小组负责统筹指导协调，审定人才制度，决策重大事项等，领导小组办公室设在公司人资部。

公司人资部是专家人才队伍建设归口管理部门，主要职责如下：

贯彻落实党和国家、地方政府、国网公司有关人才方针政策，统筹公司专家人才队伍建设。

执行国网公司专家人才管理规定，制定公司专家人才管理制度。

选拔推荐国网公司级专家人才候选人，报备专家人才评选规模。

牵头组建公司专业委员会，组织开展公司级专家人才评选工作，组织做好培养、使用、激励和考核等工作。

制定专家人才待遇政策，指导和监督各单位专家人才管理工作，提供政策支持和服务。

宣传优秀事迹，搭建交流平台，总结推广典型经验。

公司各专业委员会负责本专业专家人才工作的组织管理，主要职责如下：

审定专家人才分支专业，分解确定各分支专业规模。

审定专业选拔条件、选拔方式、评价标准。

组织开展本专业专家人才选拔和考核工作。

组织编制本专业专家人才培养和使用计划。

公司科技部是科技人才队伍建设责任部门，主要职责如下：

推荐中国电科院院士、国网公司科技研发类首席专家参评人选。

负责公司级科技类专家人才科研项目资金安排，组织学术会议和研修考察等日常管理工作。

指导各单位科技人才梯队建设工作。

公司各专业部门是本专业人才队伍建设责任部门，主要职责如下：

组建公司级专家人才评选专业委员会，设置分支专业，制定业绩条件和评选标准，开展评选工作。

负责本专业公司级专家人才培养、使用和年度考核等日常管理工作。

编制实施本专业公司级专家人才培养和使用计划，指导所属单位专业人才梯队建设工作。

公司各单位是专家人才队伍建设主体，主要职责如下：

贯彻落实上级单位人才政策，统筹本单位专家人才队伍建设。

选拔推荐公司级专家人才候选人，报备本单位专家人才评选规模。

组织开展地市公司级及以下专家人才评选工作，负责培养、使用、激励和考核等日常管理工作。

宣传优秀事迹，总结推广典型经验。

某电力企业专家人才工作职责分工

三、电力企业人才梯队建设重点任务

（一）电力企业人才梯队建设模式

电力企业人才梯队建设模式主要有四种：

图 9-5　电力企业人才梯队建设模式

基于发展战略目标的电力企业人才梯队建设模式。亦即自上而下的电力企业人才梯队建设模式，是由电力企业发展战略驱动人才梯队建设的模式。有的电力企业推进数字化转型和国际化发展战略，应当提前做数字人才的校园招募，或者内部人才的海外派遣培育。

基于职业发展规划的电力企业人才梯队建设模式。亦即自下而上的电力企业人才梯队建设模式，当电力企业成长发展到一定阶段时，电力企业内部人才产生职业发展和能力素质提升的内生需求，不论是工作岗位再设计，还是员工能力开发，都应当适度满足电力企业内部人才职业发展规划。

基于业务问题驱动的电力企业人才梯队建设模式。亦即应急式电力企业人才梯队建设模式，是为了解决电力企业当前面临的、具体突出业务问题，而加强电力企业人才梯队建设。特别是当电力企业职级比较高的管理人员、技术人员流动率高于预期时，制定实施电力企业人才梯队建设计划，就是寻求短期内解决问题的方案。

基于核心市场驱动的电力企业人才梯队建设模式。亦即跟随式电力企业人才梯队建设模式，由电力企业业务需求和市场竞争态势决定。当电力企业的竞争对手大都推进新能源转型、综合能源服务，电力企业一般也会进行防御性跟进，应当及时提升电力企业人才储备、开发人才能力，以便应对市场竞争压力。

（二）电力企业人才梯队建设步骤

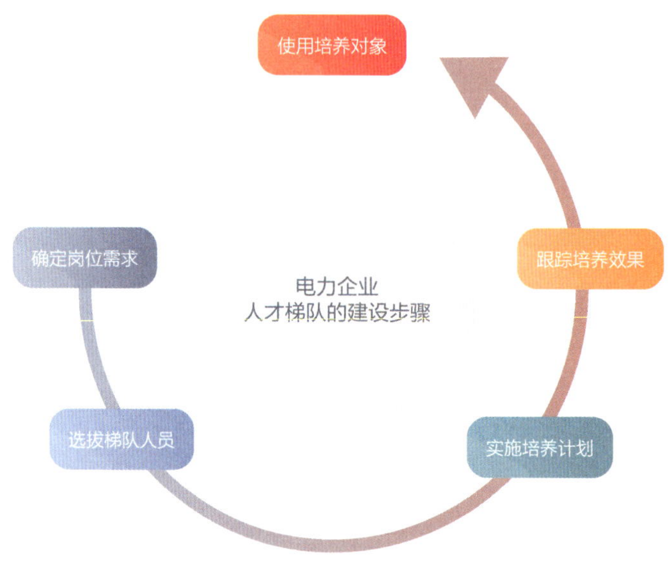

图 9-6　电力企业人才梯队建设步骤

确定岗位需求。通过电力企业人才盘点，了解电力企业人才资源现状，预测电力企业未来业务需要对人才数量、质量、结构要求，通过与电力企业人才盘点结果对比，进一步明确梯队人员需求。换而言之，借助电力企业人才盘点，电力企业能够了解人才现状，结合核心业务发展战略，确定电力企业应当培养的人才梯队重点目标。

选拔梯队人员。确定入选电力企业人才梯队工作岗位后，深入开展电力企业梯队人员选拔。电力企业梯队人员选拔往往以内部选拔为主。只有电力企业特别重要的工作岗位，并且电力企业内部没有合适培养对象时，才考虑外部引进。电力企业人才梯队选拔，应当结合电力企业发展战略对人才能力素质的要求，统筹兼顾知识技能与发展潜力，识别高潜力人才。

实施培养计划。电力企业应当根据人才能力素质模型，结合培养对象能力素质现状，制定针对性人才梯队培养计划。培养方式包括：内部培训、外派培训、人才学历及职称提升、岗位轮换、行动学习等。电力企业人才工作者应当为培养对象选定导师，加强对培养期管理，推动培养计划按时推进。定期评估培养计划实施情况，及时培养计划调整。

跟踪培养效果。坚持季度考核、阶段考核与终期考核相结合，加强跟踪考核，确保电力企业人才梯队建设取得预期效果。考核评语一般以关键任务指标考核为主，360°测评为辅。季度考核、阶段考核合格，才能够进入下一培养阶段。考核不合格的，应当重新培养学习。多次考核不合格的，退出人才梯队，确保培养对象滚动进出、优胜劣汰。

使用培养对象。只培养不使用，电力企业人才梯队建设将成为无根之木、无源之水，对于顺利通过考核的人员，应当及时纳入电力企业人才库，推动其承担重要工作；根据工作业绩，提拔到新工作岗位；定期跟踪、评估已经走向新工作岗位的培养对象工作绩效情况，检验电力企业人才梯队建设有效性，为今后制定实施相同工作岗位人才的培养计划提供借鉴[1]。

（三）电力企业人才梯队建设注意事项

电力企业人才梯队建设周期。电力企业人才梯队建设与人才盘点比较类似，一般是每年定期开展。但是，电力企业人才梯队建设的内容比人才盘点更丰富，包括绩效评价、IDP、潜力开发等。一言以蔽之，电力企业人才梯队建设是一个持续性的日常工作，需要持续决策、持续信息收集和持续推进，工作量比较大。推进电力企业人才梯队建设时，一般都是从周期性工作开始，逐渐过渡为持续性工作。

电力企业人才梯队建设对象。专门性电力企业人才梯队建设计划，一般是为了解决某些部门、某些专业人才严重流失或、过度更替等突出问题，主要是面向电力企业特定工作岗位、工作领域。综合性电力企业人才梯队建设计划，是为大

---

❶ 饶征，孙波. 人力资源管理概论［M］. 第 1 版. 北京：中国人民大学出版社，2018，370－373.

部分人才在电力企业所有工作类别、工作级别晋升做好准备，时间周期往往比较长，是电力企业员工职业发展的出发点和指南针。

电力企业人才梯队建设的协同。电力企业人才梯队建设要结合企业实际情况和业务痛点，应当积极争取电力企业领导班子和业务部门的支持。电力企业人才梯队建设过程中应当加强对导师的激励，坚持以正向激励为主，辅以一定的负激励。加强对梯队人员的动态管理，有进有出，保证梯队人员质量。明确梯队管理参与人员职责，各司其职。

电力企业人才梯队建设的文化。根据电力企业文化类型来确定人才梯队建设的透明度。如果是相对传统的封闭型的企业文化，电力企业往往会把人才梯队建设像薪酬管理一样，当成企业的商业机密。电力企业的领导班子是人才梯队建设的设计者，人才梯队建设涉及的当事人也仅限于知情，个人发展目标不影响决策者的决定。如果是开放、透明的企业文化，电力企业人才梯队建设一般是可以公开，像员工传递职业发展信号，指明在能力、潜力、业绩等维度的努力方向。

四、电力企业人才梯队建设活水源头

产教融合最早可以追溯到 1991 年国务院颁布的《国务院关于大力发展职业技术教育的决定》，其中提到“提倡产教结合，工学结合”。2017 年国务院办公厅印发的《关于深化产教融合的若干意见》，第一次专门针对产教融合制定国家级推进政策，赋予产教融合促进结构性改革、推进晋级转型升级和培育经济发展新动能等多项职能。电力行业产教融合，是指电力行业职业院校根据所设专业，积极开办专业产业，把产业与教学密切结合，相互支持，相互促进，把职业院校办成集电力人才培养、科技研究、技能服务为一体的产业性经营实体，形成电力行业职业院校与电力企业浑然一体的办学模式。推动电力行业产教融合是深化教育改革，培养适应电力企业转型升级和实现高质量发展需要的高素质应用型人才的根本要求和有效途径，有助于拓宽电力企业人才梯队源头。

电力人才小百科

人力资源开发论。

人力资源开发就是为实现一定的经济目标与发展战略，开发者通过学习、教育、培训、管理、文化制度建设等有效方式，对既定的人力资源进行利用、塑造、改造与发展的活动。人类社会发展的历史，可以说是人力资源开发的历史，当然不同历史时期人力资源开发的内涵不同，开发的路径和手段越来越多样化。

工作场所教育论。

工作场所就是一个将学习和工作联系在一起的学习场所，即在实践中学习（learningin practice）、通过实践学习（learning through practice）和依靠实践学习（learning by practice）。一般认为，工作场所学习就是在工作场所发生的学习，学习者在工作场所中发展工作能力的学习方式，是一种在参与真实任务，并有熟练成员直接或间接指导的活动中获得知识和技能的途径。

人才供需适应论。

人类社会自从产生了商品以来，供求关系就一直存在，市场机制是一个平衡器，调节着供求关系。当市场商品供大于求，商品价格就会下降，生产者无利可图就会减少生产量，供给量减少从而使商品价格逐步上升，最终达到供求平衡；当市场上商品供不应求，商品价格就上升，生产者有利可图就会扩大生产规模，增加供给，随着供给的增加，商品的价格逐步降低，使供求逐渐走向平衡。供求关系除了数量关系外，还有结构关系。学校是人才供给方，　企业是人才需求方，也存在着上述供求关系，学校培养的人才不仅数量上要适应企业需求，而且人才专业结构和层次结构也要适应产业结构和企业人才需求结构的变化。

技术技能创新传承论。

人类社会的发展历程就是技术技能传承创新的过程，不同历史时期传承创新的途径不同。工业革命以前，科学不发达，技术难以外显或难用语言文字表达，需要通过师徒制来传递技术技能，推动人类社会不断向前发展。当时经济社会发展缓慢，社会生产力水平低下，市场空间非常有限，往往出现同行是冤家的局面，在现实中一方面师傅在向徒弟传授技术技能，另一方面存在着“教会徒弟饿死师傅”的弊端，往往导致师傅在临终时才传授给徒弟最核心的技艺。表面上看在一定程度上有碍于技术技能传承，实际上这一机制也迫使徒弟发奋图强，加大对技术的创新力度，也才能青出于蓝而胜于蓝，推动技术技能进步，较好地把传承与创新有机地融合，不断推动产业和人类社会的进步。

资源优化配置论。

资源优化配置是指在市场经济体制下，由市场根据平等性、竞争性、法制性和开放性的一般规律，由市场机制通过自动调节对资源实现配置，即市场通过实现自由竞争和“理性经济人”的自由选择，由价值规律来自动调节供给和需求双方的资源分布，用“看不见的手”进行优胜劣汰，从而自动地实现对全社会资源的优化配置。从技术技能人才市场来看，职业教育也存在市场经济条件下人力资源优化配置的问题，但从产教融合、校企合作的角度来讲，我们讲的资源优化配置是指学校教育和企业教育、学校教学场所和企业工作场所、学校教学内容和企业实践内容、学校教师和企业工程技术人员等之间的优化配置，根据不同层级的技术技能人才培养目标，按照各自的优势和特色，对上述两个方面进行科学合理配比，以最经济的方式实现人才培养目标。

产教融合基本理论

人力资源开发论。人力资源开发就是为实现一定的经济目标与发展战略，开发者通过学习、教育、培训、管理、文化制度建设等有效方式，对既定的人力资源进行利用、塑造、改造与发展的活动。人类社会发展的历史，可以说是人力资源开发的历史，当然不同历史时期人力资源开发的内涵不同，开发的路径和手段越来越多样化。

工作场所教育论。工作场所就是一个将学习和工作联系在一起的学习场所，即在实践中学习（learningin practice）、通过实践学习（learning through practice）和依靠实践学习（learning by practice）。一般认为，工作场所学习就是在工作场所发生的学习，学习者在工作场所中发展工作能力的学习方式，是一种在参与真实任务，并有熟练成员直接或间接指导的活动中获得知识和技能的途径。

人才供需适应论。人类社会自从产生了商品以来，供求关系就一直存在，市场机制是一个平衡器，调节着供求关系。当市场商品供大于求，商品价格就会下降，生产者无利可图就会减少生产量，供给量减少从而使商品价格逐步上升，最终达到供求平衡；当市场上商品供不应求，商品价格就上升，生产者有利可图就会扩大生产规模，增加供给，随着供给的增加，商品的价格逐步降低，使供求逐渐走向平衡。供求关系除了数量关系外，还有结构关系。学校是人才供给方，企业是人才需求方，也存在着上述供求关系，学校培养的人才不仅数量上要适应企业需求，而且人才专业结构和层次结构也要适应产业结构和企业人才需求结构的变化。

技术技能创新传承论。人类社会的发展历程就是技术技能传承创新的过程，不同历史时期传承创新的途径不同。工业革命以前，科学不发达，技术难以外显或难用语言文字表达，需要通过师徒制来传递技术技能，推动人类社会不断向前发展。当时经济社会发展缓慢，社会生产力水平低下，市场空间非常有限，往往出现同行是冤家的局面，在现实中一方面师傅在向徒弟传授技术技能，另一方面存在着“教会徒弟饿死师傅”的弊端，往往导致师傅在临终时才传授给徒弟最核心的技艺。表面上看在一定程度上有碍于技术技能传承，实际上这一机制也迫使徒弟发奋图强，加大对技术的创新力度，也才能青出于蓝而胜于蓝，推动技术技能进步，较好地把传承与创新有机地融合，不断推动产业和人类社会的进步。

资源优化配置论。资源优化配置是指在市场经济体制下，由市场根据平等性、竞争性、法制性和开放性的一般规律，由市场机制通过自动调节对资源实现配置，即市场通过实现自由竞争和“理性经济人”的自由选择，由价值规律来自动调节供给和需求双方的资源分布，用“看不见的手”优胜劣汰，从而自动地实现对全社会资源的优化配置。从技术技能人才市场来看，职业教育也存在市场经济条件下人力资源优化配置的问题，但从产教融合、校企合作的角度来讲，我们讲的资源优化配置是指学校教育和企业教育、学校教学场所和企业工作场所、学校教学内容和企业实践内容、学校教师和企业工程技术人员等之间的优化配置，根据不同层级的技术技能人才培养目标，按照各自的优势和特色，对上述两个方面进行科学合理配比，以最经济的方式实现人才培养目标。

提升产教融合水平，拓宽电力企业人才梯队建设渠道的办法有：

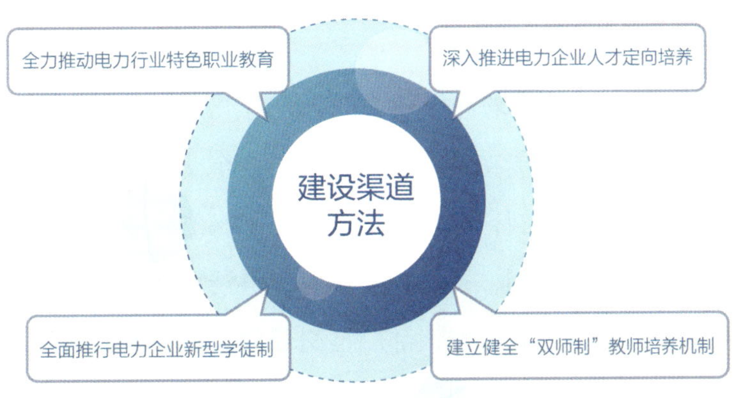

图 9-7　提升产教融合水平，拓宽电力企业人才梯队建设渠道的办法

全力推动电力行业特色职业教育。应当充分发挥电力企业用人主体牵引优势，落实中央关于推进职业院校高质量发展意见，按照高水平技能型大学办学要求，

推动电力行业职业院校进一步做精做优学历教育和员工培训，打造电力行业特色高水平专业群、高水平专业化产教融合实训基地矩阵。深入实施“1+X”证书制度，扎实推进教师、教法、教材、教案改革，广泛开展实习实训和企业实践活动。

深入推进电力企业人才定向培养。应当落实“四个双元”培养要求，不断深化产教融合、校企合作，采用定向培养模式解决电力企业“退休潮”“招工难”的问题。应当加大产教融合定向人才培养力度，面向紧缺专业、艰苦偏远地区、一线生产岗位定向培养技术技能人才。应当落实用人单位、电力行业职业学院培养“双主体”责任，全面实行在校学理论、现场做实践的“双场所”培养。采取有效的激励约束措施，增强定向培养生的归属感、认同感，确保定向培养工作取得实效。

全面推行电力企业新型“学徒制”。可以重点依托电力行业职业学院，采取“校企双制、工学一体”的培养模式，组织技能岗位新入职人员和转岗员工参加新型学徒制培训，签订培养协议，实施培养和评价“双结合”、企业实训基地和院校培训基地“双基地”、企业导师和院校导师“双导师”培养模式，探索弹性学习制和学分制管理手段，使新入职员工和转岗员工接受高质量岗前职业技能培训和转岗储备性技能培训。

建立健全“双师制”教师培养机制。应当推广“双挂制”，建立公开课、示范课制度，通过定向培养、轮岗交流、以赛促培、校企交流等，提升教学技能和实践水平。大力推行“双挂”制，每年组织不少于10%的专职师资到电力企业基层一线挂岗锻炼。挂岗锻炼期间，开展技能学习、科技术服务、科研创新等活动。组织电力企业内外部专家到人才培训部门挂岗任教，承担实训教学、培训任务。打造电力企业职业院校优秀教学团队，落实“一人一策”定向培养方案，推进教学团队建设。通过QC创新、课题研究、专项项目、名师工作室等多种途径，全力打造省部级、国家级优秀教学团队。

第三节　电力企业人才更新案例

典型案例一：某电力企业员工市场化退出取得新突破

为推动三项制度改革举措落实落地，某电力企业紧紧咬住“能下、能出、能减”的关键环节发力攻坚，结合财务共享中心组建，就财务共享中心成立后空缺岗位完成了首次公开遴选工作。

公司计财线条全体员工按照“起立再坐下”的原则竞争上岗，是公司健全市场化用工机制、实现员工市场化退出的大胆探索。2 名未能上岗人员退出现岗位，实现了市场化退出。公司在此次公开遴选中首次使用了综合素质测评系统，对员工的个性、动力、能力等开展测评，综合测评由笔试、面试、绩效评分和综合素质测评四个维度构成，测评手段更加多元化，测评结果的信度和效度进一步提高。

典型案例二：某电力企业实施管培生储备计划

某电力企业将综合素质较好、积极性高的高潜型员工列入管培生储备计划，针对具有适应复杂事务潜质，有较强事业心、分析能力、快速学习能力、表达能力等入职五年内的青年员工，通过培训讲座、社会实践、岗位锻炼、导师带徒、课题研究等方式，提升员工服务奉献意识、专业技术素养、组织协调能力和探究创新能力，择优纳入管理类的专家人才后备梯队和高端人才的储备力量。

建立管培生培育目标群。针对公司 35 岁以下青年员工，充分分析管培生作为管理类专家人才储备力量的角色定位，分别基于价值观、专业素养、创新能力和管理能力四大目标，构建管培生能力标准，建立公司管培生培养体系。

引入管理潜质测评体系。管理潜质测评从自我成长与发展、管理他人、管理事务、管理动力四个维度出发，共 12 个指标。其中：自我成长与发展涵盖学习与探索动机、寻求和应用反馈、情感成熟度 3 个指标，管理他人涵盖发挥他人、人际洞察、同理心 3 个指标，管理事务涵盖跨领域思考、概念性思维、适应变化情境 3 个指标，管理动力涵盖领导意愿、追求成就、组织意识 3 个指标。通过多维度指标设置，全方位测评，辅助公司更全面、更准确地分析和判断员工队伍素质。

组织开展管理潜质与胜任力“双测评”。采用管理潜质测试与胜任力评估结合的方式进行双重测评，根据测评结果分析，组建管培生人才库。首批托举各单位管理类青年人才 80 人，并形成相应的“一人三档”，即素质能力测评报告、人才培育个人报告、职业生涯发展规划指导，提出重点员工专业能力素质和管理潜质的分析及发展建议，包括能力培养、职业生涯规划、培训发展等。

建立管培生综合培育体系。遵循人才培养规律，围绕管培生培养目标，建立“分维度、多形式”的综合培养体系。将管培生的成长分为“能力奠基、岗位实践、拓展提升、考核评估”四个维度，综合采用授课、实习、项目锻炼等形式逐步提升管培生能力。

能力奠基。以价值观培养、专业素养培养为基础，开展应急能力培养和管理能力培养，促进管培生综合素质提升，为培养管理核心能力奠基。价值观培养，组织管培生专项培训，市公司统一组织市、县公司级专项培训，公司统一组织公司级专项培训，通过案例宣讲、拓展训练等形式，帮助管培生学习及了解企业文化、行为准则等，树立管培生的团队意识和奉献意识，强化对管培生价值观培养。专业素质培养，根据管培生能力需求，宣贯公司组织结构、业务流程和管理知识，帮助管培生掌握公司生产运营等核心业务体系、组织管理架构等，为后续能力培养形成基础。应急能力培养，依托公司应急管理体系，通过应急演练、集中培训等形式对管培生应急知识储备及意识进行锻炼培养，帮助管培生提升处理突发事件的应急能力及培养危机意识。管理能力培养，围绕管培生培养目标，分层分级组织开展专业训练营、管理训练营和创新训练营。

岗位实践。综合运用轮岗交流、职业导师、一线岗位实践等方式，强化管培生一线岗位培养锻炼。开展轮岗交流，帮助管培生深入学习了解不同层面、不同岗位的工作形式和工作内容，能够完成不同岗位的基本工作任务。重点安排管培生参与管理、技术等岗位实习，培养管培生作为管理类专家的思维习惯，增强高标准、严要求的意识，为将来带队伍、抓工作奠定基础，促进管培生快速成长。职业导师培养，轮岗交流后，组织开展职业导师培养。优先从各级各类人才专家中选择导师，导师亲自组织管培生日常训练、项目实践等工作，“点对点”“面对面”，针对每个管培生自身特性灵活调整培养方案，迅速提升管培生专业技术素养，帮助员工快速成长。送变电一线实践培养，按年度遴选新入职员工赴送变电一线岗位高强度“实战”，通过在施工项目部、基层班组“跟班”，丰富一线工作经验，磨炼吃苦耐劳、艰苦朴素的职业品格，培养爱岗敬业、勤劳奉献的职业精神。

拓展提升。树立“智慧借助”理念，充分发挥“外脑”作用，提升自身创新水平；创建职业发展通道，引导管培生投身核心业务，促使其快速转变为适应公司未来长远发展的重要储备力量。鼓励创新，鼓励加大创新性研究与应用的经费投入，支持管培生开展管理创新、技术攻关、课题研究等，促进研发技能提升；鼓励与知名高校、科研院所建立合作伙伴关系，拓展管培生创新理论视野；鼓励与全国各行业龙头企业开展合作，借助外部创新力量，实现研发成果转化的技术支持；聚焦智慧能源与“大云物移智链”等技术的融合创新与应用，推动管培生向高端人才发展和蜕变。畅通通道，创建管培生专业领域和管理领域并存的双向职业发展通道。引导管培生投身核心业务，促进管培生快速成长为专业领域内高精尖的业务骨干，成为支撑公司发展的中坚力量；遴选业务优异的管培生，针对性提高专业技术和管理水平，托举为专业管理领域的专家人才候选人，纳入公司高端人才储备库。

考核评估。建立“目标管理、过程监控、业绩考核”为一体的动态考核评估体系，引入人力资源部门牵头、职业导师引导、主管部门协同的业绩评估机制，做好对管培生的业绩表现、技术技能提升和发展潜力开发等方面的动态监控，根据考评结果，实现培育方案的及时调整，动态掌握管培生成长情况。

加强宣传引导。搭建管培生宣传平台，建立管理生宣传队伍，以“自建自管”为导向，发挥管培生的自身管理能力优势，提升管培生人才工程参与度；定期开展管培生政策宣讲会、座谈交流会，专题培训班等，一是扩大人才政策知晓度和覆盖面，吸引更多的新员工投入人才发展计划；二是宣传管培生的优秀事迹风采，树立创先争优榜样；三是满足管培生个性培养需求，促进自身优势发展，营造尊重人才、支持人才、关心人才、成就人才的浓厚氛围。

典型案例三：某电力企业创新培训模式，培育建立优秀人才梯队

某电力企业创新培训模式，开创一种适合自身的，形式多样、灵活便利的企业员工四级培训模式。实施以来，广大青年职工的业务素质和技能水平得到大幅提升，培育建立了一支优秀的人才梯队，一大批 80 后 90 后青年职工迅速成长，在各类技能比武中取得好成绩。

“师徒制”入门。该电力企业作为具有 30 年运营历史的老厂，近年来随着转型升级的要求，生产岗位新进员工大专及以上学历人数占比达到 70%，员工在趋于高学历和年轻化的同时，单兵技术素质偏低，现场动手能力偏弱的短板日益突出，解决实际问题的能力尤显不足。该电力企业对“师带徒”的传统进行了改革，出台《师带徒管理规定（试行）》，对师徒制从培训内容、考核方式、奖惩措施进行了明确的要求，要求新进厂的员工一律要先拜师学徒，签订师徒合同，半年后厂里考核，考核合格可以出徒的，对师傅发放补贴和奖励。“制度施行以来，新员工的适应期大大缩短，技能水平迅速提高。”该电力企业党委书记表示。

“平台”上练手。通过搭建专业培训平台，100%仿真的现场生产实际，既大大降低了大修的耗时，也为青年职工提供了实践的平台。检修专业培训平台，目前已建成热工专业、汽机专业、热电保护专业三个平台，该电力企业将机组更新改造更换下来的设备补充至培训平台，不仅节约了大量费用，更使培训富有现场感、更加贴近实战，使平台兼具了技能成果转化、人才交流培养和锤炼技术的功能。

手机上考试。在网络培训平台成熟的前下，开发手机机客户端移动平台，闯关练习、政策查询、技能鉴定、问卷调查，网络考试于一体，方便职工随时随地

学习。大大解决了企业点多面广、员工分散、集中培训难的问题。大力推行在线网络考试功能，为此组建了与厂设备参数、规程制度一致，针对性强的基础题库，每年进行一次更新，保证题库的实时性。

大赛中成长。完善的培训机制，为青年职工的出彩人生铺就了道路。在上级单位组织的技能竞赛中，捷报频传，成绩创历史新高。特别是在集团公司电气一次检修技能竞赛中获集体一等奖，三名员工包揽成绩前三名，创造了参加此项竞赛的历史最好成绩。为了鼓励青年职工参加各种技能大赛，该电力企业每年从教育经费中提取部分资金，作为员工教育培训的专项奖励基金，用于奖励在员工教育培训中做出突出贡献、各级技术比武中取得优异成绩的个人和集体。

典型案例四：某电力企业选拔工匠后备人才

为深入落实公司人才强企战略和人才发展规划，大力弘扬和培育工匠精神，全面提升技能人员能力素质，根据“工匠计划”工作安排，某电力企业选拔工匠后备人才，建立健全常态工匠后备人才选拔培养机制，加强工匠后备人才梯队建设。

人才选拔工作采取综合考评与竞赛考试相结合的方式，其中：综合考评占50%，重点对工匠后备人选的个人绩效表现、工作履历和业绩表现进行综合评价；竞赛考试占50%，包括理论考试和实操考试，理论考试和实操考试比重分别占40%和60%。

培训资源开发。按照“上接国网、下接基层”的开发原则，完成五个专业知识体系梳理和题库开发，确保知识考核点对应试题数量符合题库规模要求，增加实操题库所占比重。依据专业课程计划，开发60部专业课件。所有课件资源全部通过公司门户网站专题专栏进行共享。

理论实操学习。依托“工匠计划”门户网络平台培训资源，组织全体工匠后备人选开展理论和实操学习。理论学习以各专业“工匠计划”知识体系和理论题库为基础，开放国网大学员工自测功能，员工可通过网络大学进行在线自测，跟踪学习进度和知识点掌握情况。实操学习以各专业“工匠计划”实操课件、工匠榜学习课件为依据，提升专业操作和现场作业能力。

综合考评工作。综合考评主要包括年度绩效情况、工作履历、培育阶段表现和近三年工作业绩等内容，综合考评组考评专家成员严格按照回避原则，在公司内部非参评单位抽调 5 名专家担任。所有工匠后备人选按要求填写《报名登记表》，将相关佐证资料电子扫描件报送公司人资部，人资部组织综合考评组对参选人员的业绩材料进行综合测评打分。

组织竞赛考试。理论考试。依托网络大学在线平台开展，采取集中闭卷考试方式。考试内容以“工匠计划”理论题库为基础，从题库中抽取三套试卷，由命题专家对抽取试题进行修改调整，增加考试灵活性和试题难度。试卷满分为 100 分，全部为客观题。答题时长 90 分钟，答题速度初步设定每分钟 4～6 道。提前对命题人员、网络大学技术人员进行封闭，签订保密协议，并于考试前一天完成组卷工作，统一上传网络大学系统。考试当天由领导组办公室从三套试卷中随机确定一套作为考试试题。实操考试。根据公司专业实操场地分布情况，分别在技培中心太原本部和临汾分部组织实施（信息技术专业在技培太原本部组织，其他四个专业在技培中心临汾分部组织）。考试内容采取“$N+1$”考试模式，即：实操项目（不少于 3 项）和导师现场出题项目。其中，实操项目：由竞赛评委从各专业部门提供的实操项目清单中选择不少于三项实操项目，提前制定实操考试评价标准，进行现场布置（考试内容不提前公布，考试现场不提前开放），考试当天各位考生按顺序依次完成各项实操考试项目。导师现场出题项目：各工匠导师团队考试前一天向竞赛考试组提供十道开放性考题，考生在实操项目结束后在考题中抽取一道现场作答，各工匠导师团队选派两名考官结合抽取考题进行现场提问并打分（现场提问数量控制在 1～2 题）。分值分配：实操考试得分（满分 60 分）+ 实操项目（满分 45 分）+ 导师现场出题项目（满分 15 分）。

综合排名。根据综合评审和竞赛考试成绩分数进行统计汇总，由领导组办公室提出入围人选建议，报领导组审核。

公示结果。通过公司门户网站公布人才选拔名单和成绩结果。领导组办公室在最终确定名单中择优推荐 15 名左右人选，参加公司工会“晋电工匠”评选。

待遇落实。依据公司“工匠计划”方案要求，落实相关人才待遇。工匠后备人才入选公司人才储备库，作为省公司级技能类人才进行统一管理使用，享受省公司级优秀专家人才待遇，择优向公司“千人计划”英才储备库推荐，在公司年度各类评先选优中予以优先考虑。“晋电工匠”及其导师享受省公司级专业领军人才待遇，对符合条件的工匠人才，在职员职级方面优先推荐。

第十章

电力企业人才管理之翼

数字化发展能够为电力企业人才全周期管理插上“信息化的翅膀”，推进电力企业人才数字化管理是大势所趋、发展所需。电力企业应当将人才管理数字化融入本企业数字化转型发展战略，全力推进人才管理各领域数字化。

电力人才小百科

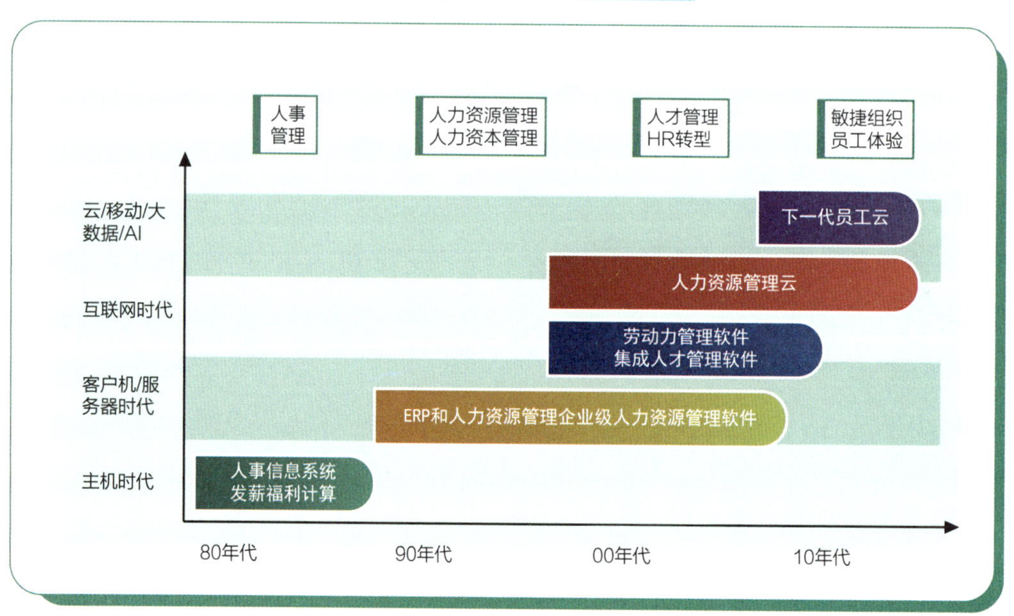

人才管理数字化发展简史

第一节　电力企业人才数字化管理意义

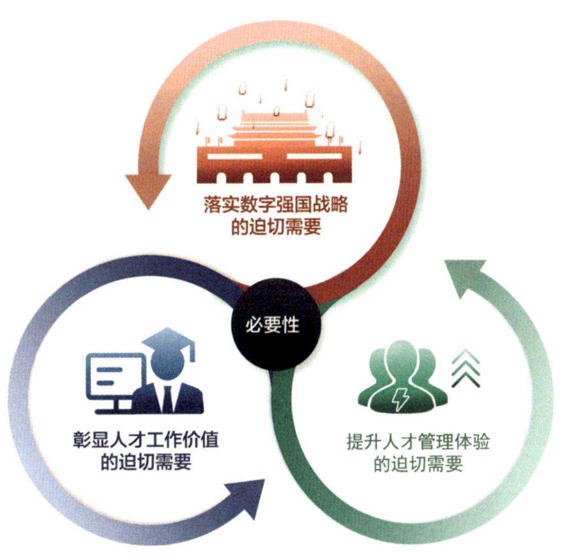

图 10-1　电力企业人才数字化管理意义

电力企业人才数字化管理是电力企业人才管理从信息技术承载的数字向以新一代 IT 技术为基础的数据转型，实现技术应用升级迭代；从实体状态过程向信息系统中的数字转型，从物理形态的数字向虚拟形态的数字转型，打通全方位、全过程、全领域数据实时共享，实现信息技术与电力企业人才管理真正融合[1]；适应元宇宙时代需要，加快电力企业人才发展各项工作深度变革。

一、落实数字强国战略的迫切需要

党的十九大报告提出，推动互联网、大数据、人工智能和实体经济深度融合，建设数字中国、智慧社会。加快数字化转型，是落实数字强国战略的迫切需要，

[1] 方振邦. 战略人力资源管理［M］. 北京：人民大学出版社，2016，337－340.

是实现“碳中和、碳达峰”目标的必然要求，是电力企业在“互联网+”时代生存发展的“必修课”，也是电力企业实现基于长青的新动能。近年来，电力企业坚持战略引领、坚持价值导向、坚持企业级建设、坚持跨专业协同、坚持全要素驱动，加快数字化转型，充分释放数字化红利，呈现“比特”与“瓦特”良性互动、深度融合态势。人才管理是电力企业重要工作之一，其数字化发展水平高低直接关系人才队伍建设质量、电力企业长远发展。电力企业应当聚焦落实数字强国要求，结合各自实际，加快推进人才发展全要素、全周期、全领域、全体系数字化转型，有利于提升人才队伍转型，对电力企业整体工作数字化转型，促进“碳中和、碳达峰”目标如期实现具有积极意义。

二、彰显人才工作价值的迫切需要

天下武功，唯快不破。在数字化时代，面对 VUCA（Volatile、Uncertain、Complex、Ambiguous，易变、不确定、复杂、模糊）环境，效率成为企业趋之若鹜的关键词，人才管理对于电力企业发展的影响程度不断加深。如何快速、精准地养人才，更好支撑电力企业高质量发展；如何避免人才工作者将大量时间和精力用于基础性事务中，更好体现人才工作价值；如何以更低力、时间成本完成人才管理日常，提升电力企业各级管理人员和业务部门的认可度，等等。这些问题在新生代员工大规模涌入，数字技术、思维快速更新的电力企业发展环境中逐一显现。针对这些问题，电力企业应当加强人才识别数字化管理、人才引进数字化管理、人才培养数字化管理、人才使用数字化管理、人才激励数字化管理，高效培养优秀人才，彰显人才工作价值。

三、提升人才管理体验的迫切需要

电力企业是随着经济社会、技术、市场、人才等多元要素的发展不断进化。

当前，很难见到一个没有配备任何信息系统的电力企业。随着人工智能、云计算、大数据、区块链以及 5G 等新技术不断发展，电力企业人才管理各领域的软件、平台层出不穷。同时，随着职场新生代员工逐渐成为电力企业员工队伍的生力军，员工在人才管理与服务体验方面要求也不断提升，电力企业发展已经沐浴在智能化阳光之中。从国网安徽省电力有限公司等省级电网企业实践看，笔者认为，电力企业人才发展数字化管理已经不存在要不要的问题，而是好不好的问题。电力企业应当顺应人才管理管理数字化转型浪潮，加快人才发展数字化管理步伐，提升电力企业人才管理体验，增强优秀人才职业获得感自豪感。

第二节　电力企业人才数字化管理路径

彼得·德鲁克在《动荡时代的管理》中强调："动荡时代最大危险不是动荡，而是延续过去的逻辑。"面临不确定时代，电力企业数字化转型几乎是不可逆的发展趋势。电力企业数字化转型过程中，信息化、自动化、智能化等新流程建立后，电力企业运营对于"人"的依赖减少，组织能力也得到升级。从国网安徽省电力有限公司等省级电网企业实践看，"十四五"期间，几乎所有电力企业都把数字化转型纳入企业发展规划，电力企业对于数字化转型认知已经较为成熟。同时，电力企业已经不满足于信息化、数据化、智能化应用三个阶段循序渐进地发展，大部分电力企业是叠加式三阶段并行发力，将给电力企业人才全周期管理带来巨大挑战。换而言之，电力企业人才数字化管理不再是跨越式发展、一步到位，而是有节奏的多态并行、融合过程。电力企业人才管理有多个模块，不同模块虽然彼此密切联系，但是，仍然有自己的专业性。在每一个模块中，也有蕴含其自身特点的数字化转型进程。具体而言，电力企业人才数字化管理主要包括以下七个方面：

图 10－2　电力企业人才数字化管理路径

一、电力企业人才画像数字化

电力企业人才画像数字化，以电力企业显性职位描述和隐形能力素质为基础的，借助数字化技术，描述人才能力素质特征，既电力企业人才画像数字化意味着充分应用云大物移智链、5G 等数字化技术，塑造面向未来的电力企业人才画像[1]。新一代信息技术，特别是人工智能、大数据，能够推动电力企业人才画像更有应用价值。

（一）电力企业人才画像数字化路径

电力行业是较早推进人才画像的行业。人才画像数字化大大提升工作效率和质量，是电力企业人才管理数字化的重要入口和核心要素。但是，如何刻画电力企业人才画像，画像准不准，还需要依靠人工智能、大数据等新一代信息技术。电力企业人才画像数字化的核心工作，是利用存储在服务器上的海量日志和数据库里的大量数据进行分析、挖掘，给电力企业人才贴标签。所谓标签，是表示电力企业人才某一维度特征的标识。为确保人才画像数字化成为电力企业可以普遍

---

[1] 方振邦．战略人力资源管理［M］．北京：人民大学出版社，2016，337－340.

应用的基础工具，通常对人才画像字段进行数值化处理，其中，性别、年龄、工作年限等结构化数据，比较容易编码；工作经历、职能、技能等非结构化数据多数为文本类型，处理难度较高[1]。在电力企业人才画像构建过程中，对于结构化数据，电力企业已经积累大量成熟有效方案。非结构化数据包含全面、深度人才潜在信息，目前通过词向量加权平均依旧是主流处理方法。但是，生成的文本完全基于语义表达，缺失内在业务含义；直接加权平均方法，容易掩盖掉重要信息，权重不好定义。

（二）电力企业人才画像数字化创新

为确保人工智能、大数据驱动的电力企业数字化人才画像、人才发展更精准智能，电力企业应当把技能、职能知识图谱作为基础知识，以电力企业海量人才简历和岗位为依据描述电力企业人才数据，专门对画像知识体系中的技能等字段进行深度优化。其提供的知识表征，不仅包含技能、职能内在关系，还能保证重要信息不丢失。经过优化的电力企业人才画像，在电力企业人才引进、人岗匹配、人才盘点、薪酬预测等电力企业人才发展数字化管理多个场景实现优化提升。通过电力企业人才画像分析，确保电力企业人才供给与业务发展高度匹配，优化人才队伍配置效率，降低人才流失率。通过电力企业岗位画像和人才画像的匹配度分析，实现电力企业人才和岗位最优配置，提高电力企业人力资本效率。利用大数据分析及人工智能技术，全面挖掘电力企业人才素质，评估电力企业人才潜力，动态调整电力企业人才画像，即时展现人才能力、绩效、潜力等分布情况，为电力人才识别、发展、配置提供价值，赋能电力企业人才发展。根据电力企业人才画像与岗位画像，结合电力企业工作岗位，分析候选人能力及潜力，精准预测候选人薪酬水平。

（三）电力企业人才画像数字化展望

对标世界级领先企业，电力企业可以尝试构建知识表征模型，更好推进人才

---

[1] 方振邦．战略人力资源管理［M］．北京：人民大学出版社，2016，337－340．

画像数字化。知识表征模型，是以多层自注意力单元作为基本特征提取器，尝试从电力企业丰富的人才数据中挖掘出描述技能、职能特征及其关系的人才画像工具，能够将电力企业各工作岗位职能以及所需技能的实体名称作为提取粒度，实现端到端特征提取，能够避免字粒度模型提取特征后还需将其重新组合成词语的弊端，也可以减少模型信息损失[1]。借助知识表征模型，电力企业可以构建职能、技能前后拼接的数据结构。其中，来自相同模块数据的职能、技能作为正样本，来自相似领域中不同模块数据的职能、技能作为负样本。为了对冲模型仅抽取职能对技能的依赖关系，可以将职能和技能调换顺序后的数据加入样本，以提取双向依赖关系，确保知识表征模型能够提供多样化的使用方式。知识表征模型最后一层输出和输入序列等长的序列群，其中第一个序列包含整条数据特征，之后每个序列与输入序列的词语一一对应，分别是每个词语的动态特征；将序列头接入下游任务网络中，可以对模型进行微调，可以用于电力企业人才管理不同细分领域；知识表征模型其余序列也可以直接作为词语特征使用；针对某些性能要求较高的业务场景，可以将模型输入层对应的序列作为静态词向量使用，通过查表方式大大简化运算流程[2]。为验证知识表征模型有效性，应当从电力企业人才薪酬预测、人岗匹配等方面，进行多轮测试。测试过程中，知识表征模型可以将大部分被覆盖的词语还原为正确结果。即使存在从测试样例中抽取的部分数据没有正确还原的情况，知识表征模型也可以预测到和正确结果相似的答案，充分说明知识表征模型对电力企业人才画像数字化具有较强实用价值。

二、电力企业人才盘点数字化

随着新一代信息技术飞速发展，在人事档案、人才地图的基础上，电力企业

[1] 陈晓萍，徐淑英，樊景立. 组织与管理研究的实证方法［M］. 北京：北京大学出版社，2018，522－524.

[2] 陈晓萍，徐淑英，樊景立. 组织与管理研究的实证方法［M］. 北京：北京大学出版社，2018，522－524.

人才盘点步入大数据时代。电力企业人才盘点天然具备一定的内部人才管理数字化基础，掌握应用人才盘点数字化技术有利于加强电力企业内部人才发展数字化管理，提升电力企业人才工作效能，延长电力企业人才职业生涯生命周期。从人才盘点切入数字化是一部分电力企业推进人才数字化管理的做法。

（一）电力企业人才盘点数字化挑战

防止电力企业出现人才“数据孤岛”。在电力企业进行人才盘点时，即使是复杂度不高的数字化人才盘点模式，也要防止出现“数据孤岛”。近年来，各种人才数字化测评工具层出不穷，给电力企业人才盘点带来很大便捷。但是，人才测评、调研结果，应当作为电力企业人才盘点的参考，不能直接预测一个人才的发展潜力。在评价电力企业人才时，电力企业应当从绩效、能力、潜力、价值观、经验、风险等维度综合评价人才，纵横拉通数据信息，确保做出高质量人才评价。

防止数字化人才盘点方法过于简单。在开展电力企业人才盘点数字化的过程中，经常会面对以下困惑：为什么人才盘点不能像电力企业财务数据那样简单明了，直接输入数据，就能输出结果。电力企业人才盘点过程应当是定量的，确保电力企业人才绩效是对应的相应数据，能力对应的相应数据。其实，电力企业人才盘点是较为复杂的，一方面，对人的评价本身就存在一定难度和不确定性，现有人才数字化测评技术不可能保证 100%准确，很难像财务数据一样客观、精准；另一方面，电力企业人才与组织、岗位相互作用，不同工作岗位对人才能力有不同关注点。在人才盘点过程中，电力企业应当综合考虑各个环节的影响，在工作质量和效率之间求取平衡，不能过度追求操作简化，避免天平完全倒向效率一端，影响数字化人才盘点工作质量[1]。

（二）电力企业人才盘点数字化途径

电力企业人才盘点数字化注重回顾人才在电力企业中的信息。一名员工在电力企业中的信息主要包括：人事基础信息，如电力企业人力资源管理系统中的人

---

[1] 浅谈电力企业人才的选拔培训［J］. 大科技，2013（21）：10－11.

员背景信息等；电力企业人才在组织环境中的绩效考核信息；电力企业人才测量评价信息。电力企业可以这几个方面汇总一份人才信息总表。把这些数据，根据不同维度形成一个 App 结构，便于后续盘点分析。通过大数据处理，有助于电力企业精准把握需要进行人才发展的员工群体；通过员工敬业度调研、电力企业组织能力调研，明确群体绩效问题是否和电力企业组织环境相关，某个群里的绩效问题是员工能力问题，还是其直接领导能力问题。通过深度分析、挖掘电力企业人才大数据，精准把握电力企业群体性人才发展规律，以及某一人才群体具有的共性特征；精准把握电力企业稳定的高绩效人才、持续低绩效员工；精准把握电力企业某一人才群体的共性优势和短板；精准把握电力企业某一群体取得高绩效的原因；精准把握绩优因子背后的电力企业人才规律；精准把握确保人才效能达到最优的电力企业管理幅度；精准把握电力企业绩优人才在年龄与学历上是否存在固定特征[1]。深入分析以电力企业发展战略为基础的人才发展具体措施，通常需要电力企业人才工作者掌握一定的统计学知识，灵活对电力企业人才大数据进行相关性分析、回归拟合分析、均值标准差计算。通过多张图表呈现电力企业人才盘点结果，逐步深化对电力企业人才发展规律的认识。随着电力企业人才盘点数字化飞速发展，目前已经有一部分电力企业通过在人力资源管理系统增加人才盘点模块等简便、实用工具，通过自动化大数据分析来帮助电力企业人才工作者快速、有效实现这一过程，使得电力企业人才工作者留出更多精力在洞察电力企业人才发展规律和制定人才发展政策上。

三、电力企业人才引进数字化

当前，世界级领先企业正在不断利用数字化技术，创建智能人才库管理系统，打造智能化人才推荐功能，全方位创新人才吸引与引进。例如，谷歌在寻找具备

[1] 浅谈电力企业人才的选拔培训［J］. 大科技，2013（21）：10－11.

“谷歌范儿”的产品经理时，构建产品经理的双 H 能力模型，基于海量、多维数据不断验证其价值，以减少错误招聘量。又如，阿里巴巴则采用熟人模型联结 10 余万员工与优秀候选人，让人才内推自然顺畅发生。电力企业人才吸引与引进较早开启数字化。当前，电力企业迫切需要通过数字化工具解决人才吸引与引进过程中的突出问题是：优化人才引进流程，提升人才引进效率；对候选人进行精准评价；改善候选人体验，提升电力企业品牌形象。基于问题导向，面向未来，电力企业人才吸引与引进有望实现全面智能化，让人才吸引与引进过程不再有轮次概念，而是不断补充候选人信息，通过元宇宙面试、人际网络分析、情绪识别等数字化技术、工数字化具，确定匹配电力企业工作岗位的最佳候选人。数字化能够帮助电力企业人才吸引与引进实现三方面突破：全面识人、长期连接、工作效率升级。在实际工作中，电力企业可以从以下四个方面深入推进人才吸引与引进数字化：

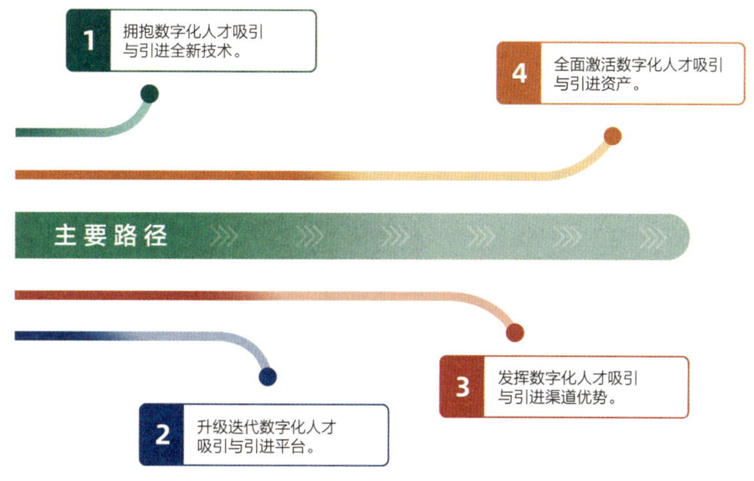

图 10-3 电力企业人才吸引与引进数字化的主要路径

拥抱数字化人才吸引与引进全新技术。随着大数据、人工智能、云计算、元宇宙和人才吸引与引进的深度融合，逐步衍生出智能外呼机器人、全流程在线招聘平台、AI 视频面试工具、元宇宙 + 面试等，可以有效提升电力企业人才工作效率的新工具。电力企业应当结合本企业特点，大力推广应用人才库激活、简历解析、瞬间面试等数字化工具，加快推进电力企业流程化、智能化、科学化人才甄选工作。

升级迭代数字化人才吸引与引进平台。电力企业应当主动顺利数据时代发展趋势，尽早规划、着手升级迭代数字化人才吸引与引进平台，实现全要素、全体系、全流程、全量数据在线。持续升级迭代电力企业数字化人才吸引与引进平台，从需求提出到入职管理在线完成电力企业人才吸引与引进全部工作，不断提高电力企业人才吸引与引进流程的规范性，降低电力企业管理难度。

发挥数字化人才吸引与引进渠道优势。电力企业可以尝试建设一套集招聘门户、社交渠道、外部人才推荐、内部人才市场、人才库的人才吸引与引进于一体的全渠道数字化人才吸引与引进体系。打造电力企业人才吸引与引进数字化专业团队，对外以招聘平台、官网、企业官方微信公众号作为精准传播载体，对内以人际关系裂变为依托，大批量人才引进逐步减少对外部渠道的依赖。同时，充分利用数字化人才吸引与引进工具的连接特性，将电力企业人才吸引与引进自运营渠道扩展至部分内部人才、离职员工群体，发挥自动化、智能化、可视化等优势，进一步连接电力企业工作岗位和优秀候选人。

全面激活数字化人才吸引与引进资产。在电力企业人才吸引与引进过程中，将持续产生大量的数据。用好电力企业人才吸引与引进数据，有利于电力企业发现招聘过程存在的问题，可以验证电力企业创新尝试的价值。通过电力企业人才吸引与引进数据跟踪、面试官评价和行为数据，电力企业能够对人才吸引与引进的有效性、达成率等关键指标形成闭环分析。通过电力企业数字化人才画像、候选人多维度数据分析，电力企业能够获取人才识别效能、人才质量等关键指标的结果，作出科学有效的人才决策。

四、电力企业人才培训数字化

从国网安徽电力有限公司等省级电网企业实践来看，电力企业围绕人才培训数字化做了大量富有成效的工作。面向未来，电网企业应当建设面向全员的人才培训数字化开放平台，以微服务架构为基础，升级智慧校园建设，创建教培模块，丰富应用场景。

（一）夯实电力企业人才培训数字化基础

电力企业应当顺应“元宇宙”发展潮流，推进面向全员的人才培训数字化开放平台建设。

深化平台建设。电力企业应当建设面向全员的人才培训数字化开放平台，支持各单位积极推动教育培训和人才发展工作上云，通过提供便捷、优质、可选择的云应用，支持各单位开展教育培训、人才评价等工作。建设开放应用接口体系，支持各方主体提供通用化的教育培训云应用，构建多元参与的教育培训新生态。

丰富平台应用。电力企业应当依托面向全员的人才培训数字化开放平台，创建可挺拔、可拓展式应用模块，拓展网络学习空间，兼容各类平台终端，支撑泛在学习和掌上服务。鼓励支持引导各单位基于面向全员的人才培训数字化开放平台开发个性化教育培训资源模块，加大优质教育培训数字资源供给力度。可以构建电力企业统一的知识图谱，分类标识已有教育培训资源，匹配知识图谱。升级资源搜索引擎，通过平台模式为员工提供海量优质资源和精准资源服务。依托面向全员的人才培训数字化开放平台汇聚各类终端、应用和服务产生的数据，为教育培训和人才发展工作提供支撑，促进规模化培养与个性化培育有机结合。依托面向全员的人才培训数字化开放平台，完善员工教育培训经历体系，建立员工教育培训数字档案，记录存储学习经历与成果。

（二）丰富电力企业人才培训数字化应用

以电力企业面向全员的人才培训数字化开放平台为基础平台，探索“元宇宙+”教育培训的场景、方法与策略，持续推动教育培训元宇宙的融合创新、良性发展。

推进“元宇宙+”情境化教育培训。应用情景化学习理论，采用全景视频拍摄、数字孪生等技术，全景再现发电、电网建设、运维检修、配电、售电、能源综合服务等真实业务场景。用活电力企业面向全员的人才培训数字化开放平台，采用

VR＋直播的形式，展示电力工程建设现场、供电所、营销服务大厅等工作场所的活动。借助 VR、AR 技术，员工能够从多角度浏览虚拟重现的真实教育培训情景、教育培训资源，获取沉浸式教育培训体验，特别是运维检修等专业员工在虚拟环境中可以突破真实世界的时空限制，以瞬移方式前往电网现场任意地点，完成实景运维检修。

推进“元宇宙+”个性化教育培训。以电力企业面向全员的人才培训数字化开放平台为基础平台，丰富教育培训元宇宙的虚拟教育培训环境，模拟新能源产生及其消纳过程等电网业务场景的动态演化规律，以及与真实教育培训高度类似的活动。可以及时实现员工与教育培训环境、教育培训场景、教育培训资源、教育培训活动的交互。员工可以用虚拟化身方式，凭借视觉、听觉、触觉、嗅觉等感官通道感知、理解、响应教育培训环境、教育培训场景、教育培训资源、教育培训活动，开展行动学习、小组讨论等。

推进“元宇宙+”趣味化教育培训。基于电力企业面向全员的人才培训数字化开放平台，借助数字孪生技术重构真实世界，高精度地复原智能电网、特高压工程、新能源现场、变电站、充电桩、储能站等，采用导航、定位、制图等技术，生成现实世界的三维图形，也可以采用 AI 支持的创编系统生成沉浸式虚拟教育培训环境。借助云计算、区块链、5G 等技术，精准定位现实世界员工所处的虚拟教育培训环境，实现虚拟教育培训环境与现实世界深度融合，把虚拟教育培训资源定位、关联在现实培训室、实训基地中，便于培训师在教育培训时直接使用。

推进“元宇宙+”场域化教育培训。以电力企业面向全员的人才培训数字化开放平台为基础，借助智能机器人、物联网、区块链等数字化技术，电力企业培训师、员工在虚实环境之间实现教培、学习、探讨、互动等活动自由切换。把自己的思维方式转化为具体、有形的操作过程，改变虚实世界的教具位置、活动行为、指令设置，实现虚拟教育培训环境和现实世界的共生。培训师、员工还能够通过脑机接口，驱动智能机器人答疑解惑，管理教育培训秩序。

五、电力企业绩效管理数字化

在大数据时代，电力企业绩效管理已经不再是“控制系统”，而是电力企业战略支撑与业务持续改进平台、人才激励与人才发展平台。

（一）电力企业绩效管理数字化的构想

一套行之有效的电力企业绩效管理体系必备要素包括正确的数据、来源、时间与地点、人与决策；电力企业绩效管理体系通过标准工作流程收集并展现多个数据来源的数据，帮助电力企业切实把握现状，做出决策，并加以有效实施；数字化可以赋能电力企业绩效管理全新价值，实现跨区域实时对标、高效及时的数据分析、专业的人完成专业的工作，大团队合作管理闭环[1]。换而言之，绩效管理数字化不仅是拉动电力企业绩效的引擎，还将帮助电力企业加快数字化转型发展。

电力企业绩效管理数字化不是单纯用数字化工具将电力企业绩效管理的各个环节电子化。电力企业应当对绩效管理数字化各个环节进行深入思考并推动落实。主要包括以下五个方面：业务贯通。通过电力企业业务运营系统直接完成数据抽取、清理、分析与展现，形成电力企业内部唯一的信息来源，避免任何数据结果的二次处理，同时为大数据分析积累宝贵的原始数据。剖析根源。由电力企业掌握实际情况的员工或一线管理者在线填写问题产生的原因。这是积累原始数据的有效方法。基于数据的统计基础，电力企业管理人员能更好指导一线员工进行问题的深入分析。动态基准。将电力企业业务信息与设备原料、人才资源相结合，动态计算不同业务组合下工序物耗、人耗的基础，准确呈现偏差。问题升级。按照电力企业业务指标偏离的频率、次数与严重程度来预设报警管理规则，根据轻重缓急将问题逐级通过终端推送给电力企业员工，推动问题及时解决。联动绩效。

---

[1] 付亚和，许玉林. 人力资源管理［M］. 上海：复旦大学出版社，2015，334－336.

将问题浮现、举措闭环等行为结果指标纳入电力企业人才绩效考核评价体系。

（二）电力企业绩效管理数字化的落地

电力企业可以选择 1～2 个瓶颈业务或高成本业务，启动业务实时数据与财务数据的打通；可以选择原有或者新建信息化平台发布结果数据，根据工作岗位不同需求展示和推送绩效过程、绩效结果[1]。在实际工作中，可以从以下四个维度发力：

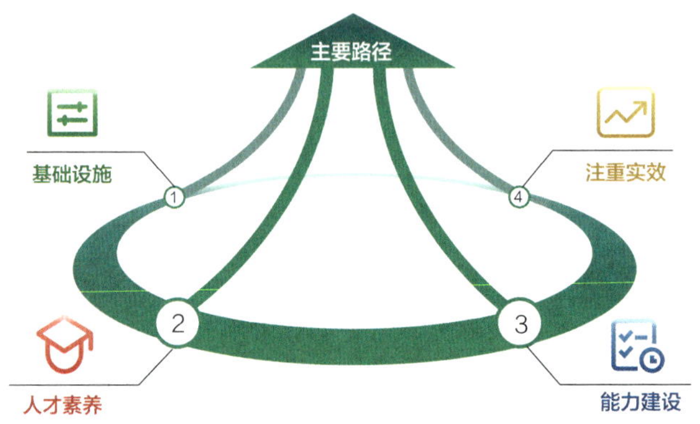

图 10－4　电力企业绩效管理数字化的落地

基础设施。电力企业绩效管理数字化应当为数据积累与分析服务，为在整个电力企业加速数字化转型做铺垫。绩效管理数字化转型期，电力企业以数字化绩效管理为目标，为人力资源管理平台、数据管理架构、IT 硬件基础的可挺拔性和可规模化做好充分准备。

人才素养。电力企业绩效管理数字化成功与否的关键在于人才的行为方式是否发生改变；如果数字化工具无法代替人才原有的工作，或者使用困难，甚至增加了意义不明的工作量，试点落地效果将事倍功半[2]。

能力建设。电力企绩效管理数字化转型推进过程中要尽可能避免完全依赖第三方软件供应商，要把电力企业业务专家、管理骨干、IT 人才纳入绩效管理数字化过程，培养识别人才需求、解决问题与固化推广能力。

---

❶ 付亚和，许玉林．人力资源管理［M］．上海：复旦大学出版社，2015，334－336.

❷ 付亚和，许玉林．人力资源管理［M］．上海：复旦大学出版社，2015，334－336.

注重实效。电力企业数字化绩效管理结果和过程应当以解决具体问题、产生实际价值为目标。只有在定义问题阶段明确回答实施电力企业绩效管理数字化转型带来的量化收益，才能确保数字化的聚焦与有效。

总之，随着大数据、云计算、边缘计算、数据中台、零代码等新技术的发展应用，电力企业数字化管理体系得以深化拓展。电力企业可以围绕基础、人才、能力与实效等四个基本点构建电力企业数字化绩效管理体系，迈出电力企业人才发展数字化转型乃至整个企业转型升级的重要一步。

六、电力企业效能提升数字化

电力企业人才管理的重要目标之一就是组织效能最大化。然而，误用或者过度使用传统管理手段，限制甚至阻碍了组织效能发挥，组织效能低下如同“盒子里”的难题，经常陷入“无解”状态。随着数字化技术迭代成熟，在需求和技术双轮驱动下，电力企业组织效能提升数字化转型正在加速。

（一）电力企业效能提升数字化的底层逻辑

电力企业组织效能提升数字化，主要通过建网、建流、建数来实现。建网，构建电力企业组织运行系统，如同骨骼、韧带、肌肉，连接组织各处，是电力企业组织效能的基本框架；建流，构建电力企业组织循环系统，去除数据孤岛、偏执流程、布雷式管控这些拥堵，加速循环，突破个体效率的空间，倍数提升整体效能；建数，构建电力企业神经系统，敏锐地获悉和感知组织的效能堵点，将电力组织核心目标进行统一和传达，使电力企业不单单图效率，而追求与终极目标相符的效果[1]。新一代信息技术、分布式网络和海量计算能力为电力企业组织效能提升数字化提供了网状信息链接、加速协作，组织整体效率提升、数据驱动治理的条件，精益思想、敏捷思维是电力企业组织效能提升数字化的密钥。

---

[1] 马振宇，侯绍娟，陈蕾．“四点”发力助推培训质效提升［J］．中国电力教育，2019（12）：50－51．

（二）电力企业效能提升数字化的实现途径

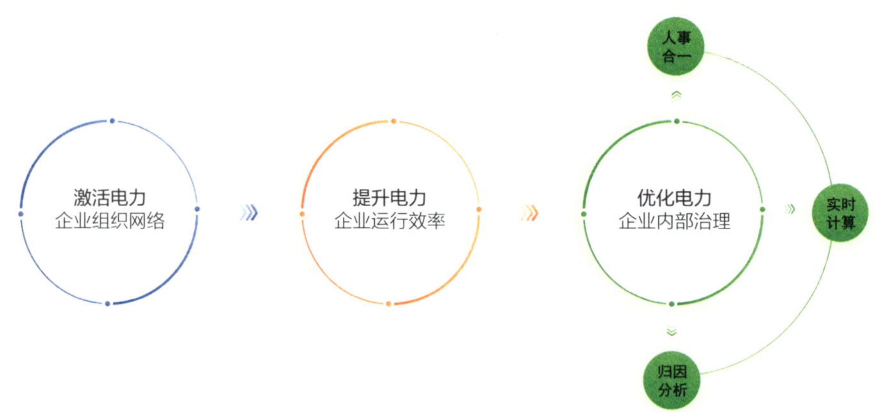

图 10－5　电力企业效能提升数字化的实现途径

激活电力企业组织网络。在数字化时代，分布式协作越来越普遍，电力企业通过无处不在的终端接入网状的协作体系，响应速度变得越来越快。这就是说，以数据为支撑、网状协作的形态，可以提升电力企业快速响应力和分布式创新能力。在电力企业业务现场，一线原本可以直接沟通协调，往往因为层层汇报、等待领导指示、供应商信息传递，造成电力企业沟通低效。同时，对一线员工缺乏信任，或者员工长期依赖领导决策而生的思考惯性、惰性，电力企业缺少来自一线的主动性和创新性，远离现场的领导指示往往与具体执行还有距离，执行走样、缺乏创新活力比比皆是。电力企业各级管理人员应当善于赋能、敢于释能、勇于放权，容忍不确定性带来的非控制感，善于利用数字平台和多样的通信手段来驱动网状的直接沟通协作，打破中心化和层级式汇报决策，减少和缩短信息传递。

提升电力企业运行效率。如果电力企业员工只关注自身职责目标，即使每个工作岗位的处理速度很快，但是信息不连贯，传递不顺畅，就会造成流程等待和消耗，以及业务流、信息流成批拥堵。电力企业组织效能提升数字化转型将所有业务环节看作整体，通过流程再造，加速上下游环节的协同，尽可能避免各业务环节之间的低效。应当推动电力企业上下游标准化信息格式、贯通信息传递、让工作频度和资源调度符合各个工作岗位工作任务的均衡化，减少业务流、信息流批次拥堵现象。否则，当电力企业出现业务流、信息流批次拥堵现象时，由于完整价值链条的割裂，可能造成信息偏差，电力服务质量问题不及时发现并继续传递，处理问题所需排查时间更长，影响用户体验。

优化电力企业内部治理。数字孪生技术、数字虚拟现实技术可以生动描绘数据对现实的复刻和融合。公司治理是电力企业组织效能提升数字化最关键的部分之一，电力企业应当积极推动内部治理数据化。数据可以充分孪生电力企业的发展战略、组织结构、资源分布、目标级联、目标进展反馈。数据越贴近、越精细，电力企业内部治理则越高效。换而言之，随着电力企业内部治理体系被数据化，电力企业能够通过数据实时计算来辅助治理，提高管理治理效率、效果和效益。具体包括：人事合一。在数字化场景中，电力企业充分发挥数据的连接性和直观性，在数字系统中关联工作目标、工作任务、工作负责人、以及进展状态，实现沙盘式实时可视。实时计算。不同于传统人工报告方式，电力企业数据实时呈现，随即反映当前状态。非定期批量数据汇集、加工，实时计算展现统计结果。归因分析。电力企业各级管理人员利用数据时应当明确，数据并不能完全取代管理者现场观察，而是应当以数据作为新抓手，避免“数据满足感”假象，充分发挥数据反映问题的作用，进行归因分析，把握管理时机。

七、电力企业共享服务数字化

数字化技术推动电力企业人才共享服务水平飞速提升，在未来可预期的时间里，电力企业人才共享服务中心员工数量将会大幅下降。新生代人才将更加喜欢在人机互动中迅速得到信息。结合国网安徽省电力有限公司等省级电网企业实践，笔者认为，电力企业人才共享服务与体验的核心发展过程应当是，一方面及时收集人才心声，另一方面创新机器人服务。电力企业人才工作者的效率将得到极大提升，减少无意义、重复性的琐碎工作。

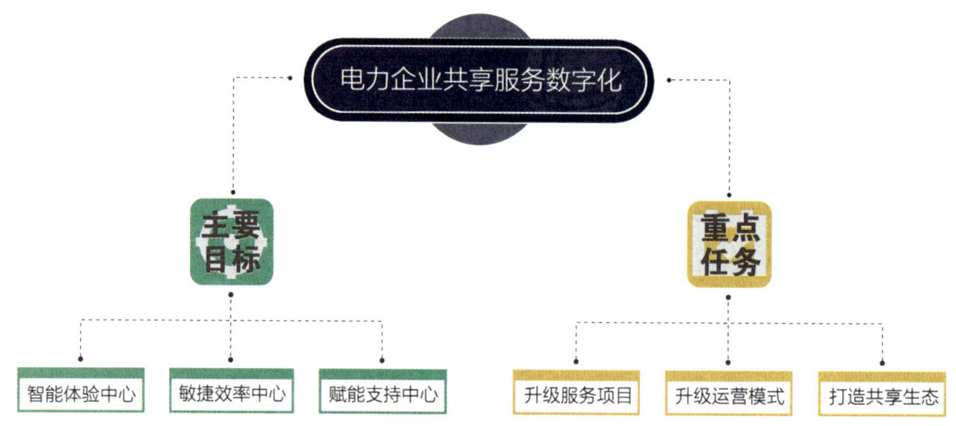

（一）电力企业共享服务数字化的主要目标

电力企业人才共享服务数字化，除了引入更多信息化手段之外，更重要的是电力企业人才共享服务中心所有场景都应当逐渐转移到线上，形成业务流程数字化孪生和员工数字化孪生，实现整个数据流转和业务流程的端到端。这就意味着，无论是电力企业人力资源部门还是业务部门都要打破部门界限，集中并且一体化，实现如下目标：智能体验中心，在员工体验成为未来人力资源发展新趋势的背景下，电力企业人才共享服务中心是提升员工体验的着力点之一，通过线上+线下融合、管理+服务融合、定制+自主融合、赋能+释能的模式，实现电力企业人才服务在线化、自助化、人性化，不断提升人才体验；敏捷效率中心，在电力企业传统人才服务流程再造基础上，借助数字化工具持续提升运营效率和工作效率，推动人才服务跃上新台阶[1]；赋能支持中心，建立一整套以电力企业人才发展系统为基础，以考勤、绩效、培训、招聘等为外围系统，流程为支撑的数据收集系统，建立数据仓库和数据湖，建立数据分析体系和运营体系，真正为电力企业提供及时、准确、有效、智能数据支持，为电力企业决策赋能。

（二）电力企业人才共享服务数字化的重点任务

电力企业人才共享服务数字化以数字化平台建设为基础，辅以持续化运营服

[1] 马振宇，侯绍娟，陈蕾．“四点”发力助推培训质效提升［J］．中国电力教育，2019（12）：50－51．

务，形成专业分工、即插即用的前、中、后台服务承接模式[1]，确保电力企业人才共享服务中心管理运营升级切实可行。

升级服务项目。电力企业人才共享服务数字化不再是过去将简单重的工作集中处理的事务中心，而是人才服务品牌体验中心、人力资源产品中心、管理运营专家中心，实现人才服务项目化、产品化。

升级运营模式。电力企业人才共享服务数字化不应当是上套系统、建个大厅、摆台机器，而是通过共享运作的底层逻辑升级人才共享服务中心管理运营模式，实现人才发展数字化转型。实现降本、增效的同时，将电力企业人才管理措施柔性落地，通过人才体验提升来驱动电力企业人才归属感和创造力提升。

打造共享生态。共享服务建设门槛逐步提升，特别是随着电力企业人力资源共享服务数字化平台建设与应用，单打独斗模式逐渐成为过往，创新、生态无界共享的人才共享服务生态圈正在成为趋势。

总之，人才共享服务中心是承载电力企业人才管理数字化转型和数据洞察的底座。电力企业人才共享服务数字化关键是变革管理，是服务理念、工作定位、组织机制、协同模式、数字化平台的五维动态再造，难度不可小觑。

第三节　电力企业人才数字化管理案例

典型案例一：某电力企业开发场景化、智能化技能等级评价工具，为技能人才精准“画像”

技能等级评价工作是掌握电力企业技能人员专业水平的重要渠道。推进技能等级评价工作数字化转型是大势所趋、企业所需。某电力企业聚焦技能等级评价工作，特别是各类专业人员考评选拔过程实际工作需求，对标国家电网公司各岗

[1] 马振宇，侯绍娟，陈蕾．“四点”发力助推培训质效提升［J］．中国电力教育，2019（12）：50－51.

位能力评价标准，坚持场景化、智能化、高效精准、丰富灵活、简单友好、公平公正设计原则，应用基于离线的人工智能人脸识别训练技术，借助智能移动终端，开发适用于多种实操考评场景的技能等级评价工具，实现技能人员技能等级全过程数字化管理。

基于离线的人脸识别、语音识别技术，借助智能移动终端，开发适用于多种考试、评价场景的技能等级评价工具，能够实现考生人脸识别检录、考评员人脸识别检录、多种考评场景切换、考评标准的导入和体系化呈现、考评过程的语音识别扣分、扣分过程拍摄取证打包、批次考评报告、个体考评报告等等多种功能。技能等级评价结果可以准确地反映参加年度评价的各专业技能人员的多维度能力现状和能力短板，坚持“一人一策”，为测评对象出具个性化职业发展通道建设。同时，多维度、精准化评价结果将为创新员工绩效评价，深化“三项制度”改革提供可能依据。

典型案例二：某电力企业开发集中管理、分级应用的网络学习平台

某电力企业在培训需求大、学员分布广、知识更新快、专业性和一致性要求高的新形势面前应时而动，顺势而为，以互联网技术为基础，探索建设一个集中管理、分级应用的网络学习平台，为公司员工提供个性化学习服务，也为各级管理人员提供不同程度、不同维度的管理服务。

借助互联网的翅膀，将课程带到员工身边，24 小时随时恭候员工的“光临”，真正以“员工”为中心，打破时间空间的壁垒提供随时随地的移动学习体验。通过“岗位（专业）–能力–课程”的逻辑关系，建立员工学习地图，以图形展示岗位晋升路径，配套相关课程，构建统一的标准化课程体系，为员工自主学习提供有效指引。开创“答疑讨论专区”，加入“学员提问–专家回答–学员讨论”的交流互动环节，加强员工之间关于知识、经验、方法的交流，推动组织内部知识的有效流动和沉淀积累；“网络直播功能”更是邀请名师与学员现场连线，在线实时问答，体验与线下相同的面对面沟通，真正将学习延伸到课堂之外，打造交互

的沉浸式学习体验。

建立以过程管理为基础的培训管理体系，实现从需求调研、资源部署、培训实施、教学服务、效果评估的全流程管理，保证科学化、规范化、标准化的培训流程。同时，加强对学员学习过程的监督和控制，设计合理的评估体系和完善的考试考核系统。以系统功能支撑员工在线学习效果，持续提高培训工作的管理水平。

典型案例三：某电力企业构建数字化培评系统，打造技能人才梯队

某电力企业聚焦于一线技能人才培育及评价工作，通过创新式的数字化培评系统，“以培带评、以评促培”，形成了一套过程评价与结果评价并重、短期评价和长期评价相结合的技能人员成长发展机制，为企业源源不断输送技能人才梯队。

画“活”学习地图。立足岗位胜任能力，提炼萃取技能人员从事安全生产业务的能力要素，编制 21 类专业、145 个岗位、12340 项能力要素的通用学习地图，实现技能岗位作业的全覆盖。结合技能人员岗位工作需求，形成每个人的专属学习计划。以“超易学”岗位学习地图为载体，运用履历分析、笔试、面试、实操测试等多种测评手段，对技能人员履行岗位职责所需具备的能力要素进行培训和评价。

走“活”培评路径。“超易学”平台基于行业岗位特点，制定了细致而完善的培评流程：培训计划待办、参加培训（线上自学、线下面授）、获得评价（线上考试、线下实操、导师评价）、实操作业授权、完成作业、岗位认证。支持线上线下混合式培评，灵活调用报名、签到、团队、统计、结业、话题、作业等应用，线上全流程统筹管理，培评数据汇聚于平台，员工成长路径清晰可见，能力要素一目了然。在传统培训结束、评价合格基础上，延伸开展作业授权，由直线经理引导操作并进行作业观察，待具备独立操作能力可获得作业授权，技能人员完成相关评价指标和作业授权要求后，将获得“超易学”平台自动颁发的岗位胜任能力

证书。自申报成为“企业职业技能等级认定试点”后，该电力企业依据《国家职业技能标准》、《电力行业职业鉴定指导书》等要求，将职业技能等级评定与企业内部能力胜任评价相融合，实现了“一考多评”，避免了多头重复评价人才。

“超易学”平台量化绩效模块支持 App 前端便捷创建任务，通过量化任务难度及工作成果，建立实际业务工作与培评的真正连接，是培评工作的深入推进。以培带评，评以致用的特色培评路径，促进了技能人员从知识到能力的转化，实现“培”“评”“用”三大目标的有机融合。

盘“活”培评资源。除了从“培评课表、授课课程、实操教案、理论题库、实操标准”5 个维度构建课程资源，通过“超易学”平台对课程、能力要素进行管理和灵活调用外，还构建了师资全生命周期的管理。“超易学”平台师资管理模块，通过讲师能力认证后才能进行师资的申请，申请成功即入库师资库，可在集中培训中配置为讲师，被评估计分，打通了师资管理流程，实现师资集约化管理。

通过超易学平台，整合资源，推进“评价模式与培训模式统一、评价师资与培训师资统一、评价资源与培训资源统一、评价设施与培训设施填统一”，保障评价工作与培训工作的统一性与标准性。

参 考 文 献

一、专著

[1] 余凯成，程文文，陈维政. 人力资源管理 [M]. 大连：大连理工大学出版社，2001，23－26，59－62.

[2] 德斯勒. 人力资源管理 [M]. 北京：中国人民大学出版社，1999，44－47，102－103.

[3] 孙非. 人力资源管理和开发实务[M]. 天津：天津社会科学院出版社，2002，101－104，222－224.

[4] 于桂兰，苗宏慧. 人力资源管理 [M]. 北京：清华大学出版社，2009，117－214，167－169.

[5] 戴维. 战略管理：概念与案例[M]. 第 12 版. 北京：清华大学出版社，2010，234－239，285－286.

[6] 彭剑锋. 人力资源管理概论[M]. 上海：复旦大学出版社，2011，333－338，412－414.

[7] 罗宾斯，贾奇，孙建敏，李原，黄小勇. 组织行为学 [M]. 第 14 版. 北京：中国人民大学出版社，2018，228－231，442－445.

[8] 贝可. 人力资源管理实务 [M]. 北京：清华大学出版社，2016，78－82，111－113.

[9] 袁庆宏. 人力资源管理 [M]. 天津：南开大学出版社，2019，219－224，289－291.

[10] 饶征，孙波. 人力资源管理概论 [M]. 第 1 版. 北京：中国人民大学出版社，2018，289－292，370－373.

[11] 罗双平. 人才发展方法、案例及模板[M]. 北京：化学工业出版社，2016，355－358，414－419.

[12] 方振邦. 战略人力资源管理[M]. 北京：人民大学出版社，2016，262－264，337－340.

[13] 陈晓萍，徐淑英，樊景立. 组织与管理研究的实证方法 [M]. 北京：北京大学出版社，2018，441－449，522－524.

[14] 付亚和，许玉林．人力资源管理［M］．上海：复旦大学出版社，2015，66－72，334－336.

二、论文

[1] 陈春爱，闫隽．电力企业优化人力资源管理机制的对策［J］．中国三峡建设，2017（2）：22－23.

[2] 吴雪清，钟帅纯．加强电力企业人力资源管理的思考［J］．电力技术经济，2018（4）：27－29.

[3] 李宁．试论新形势下我国电力企业的人力资源管理［J］．科技创业，2017（1）：63－64.

[4] 李艾．构建新一代电力企业人力资源管理核心［J］．广西电业，2018（1）：30－32.

[5] 高振华．市级供电人力资源管理的构建［J］．企业管理，2017（6）：16－17.

[6] 郝云宏，曲亮，吴波．利益相关者导向下企业经营绩效评价的理论基础［J］．当代经济科学，2010（1）：55－56.

[7] 何丹，李文东，时勘．组织文化对员工工作满意度和情感承诺的影响—基于多水平分析的研究结果［J］．北京工商大学学报，2010（5）：23.

[8] 郭玉锦．组织承诺及其中的文化思考［J］．哈尔滨工业大学学报，2011（2）：34.

[9] 梁娟娟．浅议电力企业人才队伍建设存在的问题及对策［J］．中国电力教育，2013（8）：127－128.

[10] 王沁芳．电力企业人才开发和评价之我见［J］．经营管理者，2013（10）：124.

[11] 王井红．关于电力企业人才开发的思考及分析［J］．中国新技术新产品，2014（24）：140.

[12] 施建刚，林陵娜，唐代中．考虑横向公平偏好的项目团队成员知识共享激励研究［J］．运筹与管理，2015，（6）：242－250.

[13] 高铭．电力企业人才甄选问题的思考［J］．人力资源管理，2010（11）：40－41.

[14] 宋雪梅．浅谈电力企业人才队伍建设［J］．才智，2013（8）：290.

[15] 陈晓兰，樊亮．经典激励理论的困境及行为激励理论的解释［J］．现代管理科学，2015，（5）：12－14.

[16] 李志刚. 我国电力企业人力资源开发现状及对策研究[J]. 经济研究，2011(9)：38-39.

[17] 梁娟娟. 浅议电力企业人才队伍建设存在的问题及对策[J]. 中国电力教育，2015(8)：127-128.

[18] 陈浩. 当代电力企业人力资源管理面临的挑战与发展[J]. 人才资源开发，2017(8)：35-37.

[19] 付贺. 企业人才选拔和培养方法的探索[J]. 经济视野，2019(3)：180-181.

[20] 浅谈电力企业人才的选拔培训[J]. 大科技，2013(21)：10-11.

[21] 马振宇，侯绍娟，陈蕾. “四点”发力助推培训质效提升[J]. 中国电力教育，2019(12)：50-51.